Julius Wahle

Das Weimarer Hoftheater unter Goethes Leitung

Julius Wahle

Das Weimarer Hoftheater unter Goethes Leitung

ISBN/EAN: 9783744707183

Hergestellt in Europa, USA, Kanada, Australien, Japan

Cover: Foto ©ninafisch / pixelio.de

Weitere Bücher finden Sie auf **www.hansebooks.com**

Schriften
der
Goethe-Gesellschaft.

Im Auftrage des Vorstandes

herausgegeben

von

Bernhard Suphan.

6. Band.

Weimar.
Verlag der Goethe-Gesellschaft.
1892.

Das

Weimarer Hoftheater

unter Goethes Leitung.

Aus neuen Quellen

bearbeitet

von

Julius Wahle.

Weimar.
Verlag der Goethe-Gesellschaft.
1892.

Dem

Weimarer Hoftheater

zum Gedächtniß

der Feier seines hundertjährigen Bestehens.

—

Urkunden
aus den Zeiten der Theaterdirection Goethes.

Vortrag gehalten in der Generalversammlung der Goethe-Gesellschaft am 8. Mai 1891.

Dem ältesten und ersten Institut, das Goethe als Verweser der Anstalten für Kunst und Wissenschaft in Weimar begründet hat, bringe ich als Vertreter der jüngsten Anstalt, die sich nach ihm und dem großen Genossen seines Wirkens nennt, zum Fest- und Ehrentage herzlichen Glückwunsch. Ich bringe ihn mit dem Worte unseres Dichters: „Wohl dem, der seiner Väter gern gedenkt." Wie das Theater Weimars seiner geistigen Väter gedenkt, das bezeugt es durch die Einrichtung seiner Feier vor einer großen Gemeinde. Wohl also ihm und Glück auf den Weg in das zweite Jahrhundert und hindurch! Wohl und Heil dem fürstlichen Protector und seinem ganzen Hause! Wohl dem kunstsinnigen Leiter! Wohl, jetzt und fortan, allen seinen Gliedern, die, jene hohe Vergangenheit im Gemüthe hegend, der Forderung des Tages dienen, die in ihrer Weise, wie einst der große Dichter in der seinen, „das Leben wenden an das Bild des Lebens". —

Es ist ein alter Brauch, zu solch festlicher Gelegenheit mehr als einen Gruß zu bringen, dem Festgruße wenigstens einen besonderen Inhalt zu geben. Diesem Brauche auch heute sein volles Recht zu ertheilen, ist mir leicht gemacht. Das Goethe- und Schiller-Archiv besitzt schon in seinem alten Bestande mehr als Ein Stück, durch dessen Bekanntgabe, dem Jubilar zu Ehren, ich die Versammlung erfreuen könnte. Da ist jener Aufsatz, dessen Schlußworte die Goethe-Gesellschaft in ihren Glückwunsch verflochten hat: „daß die Kunst" (es ist die Rede vom Schauspiel) „wenn sie erst in ihrer ganzen Tiefe, Fülle und Gewandtheit bestände und anerkannt würde, sich willig und geistreich zu großen und würdigen äußeren Zwecken hergeben könnte, und dabei für sich zugleich unendlich gewinnen müßte". Da sind ferner Briefe der bedeutenderen Künstler unsrer Bühne, beginnend mit der Zeit der schweren Noth, 1806, Zeugnisse der tüchtigen Gesinnung und des Selbstgefühls, mit dem diese Männer sich durchdrungen hatten. Auch ein Jahres-Attenstück — gerade das vom letzten Jahre der Goetheschen Theaterleitung — ist vorhanden. Allein, wenn ich es so betonte, es sei mir leicht gemacht, etwas zu geben aus dem Vollen, wie sich's zum Feste gehört, so denke ich an einen umfänglichen Vorrath, der erst neu hereingebracht und aufgespeichert ist.

Dem Fürsten, der dem Theater das schöne Fest gerüstet hat, verdankt das Goethe- und Schiller-Archiv eine neue Zuwendung, die mit diesem Feste im schönsten Zusammenhange steht. Ich sage Seiner Königlichen Hoheit dem Großherzog auch an dieser Stelle den ehrerbietigsten Dank, indem ich, mit Seiner gnädigen Erlaubniß und auf Geheiß der hohen Herrin des Archivs, der Goethe-

Gesellschaft und den Festgenossen insgesamt die erste eingehendere Mittheilung mache von einem für die Geschichte der Weimarer Bühne bedeutsamen Funde. Gefunden nämlich hat sich ein beträchtlicher Theil des alten Theater=Archivs.

Von diesem Archiv mußte man bis jetzt als von einem verlorenen und verschollenen Schatze sprechen. Große Massen sind, wie man sich erzählt, unter den früheren Verwaltungen vernichtet. Einige größere Partieen sind noch unter der General=Intendanz v. Loëns in das Staatsarchiv gekommen und so gerettet. Aber das Werthvollste und Beste war doch, so schien es, zerstört und auf Nimmerwiedersehen entkommen.

Dieses Beste aber, oder doch ein gutes Stück davon, ist nun wieder zu Tage gefördert worden. Achtundsiebzig Bände und Fascikel. Von dem Umfang kann ich den Besuchern des Archivs eine Vorstellung geben, wenn ich sage: es ist eine ganze Reihe und darüber in einem der großen Wandschränke, die wir im Archiv die drei Gleichen nennen: nicht bloß, weil sie sich gleich sehen, wie Brüder, sondern weil sie zur Aufbewahrung der Schätze dienen, die von den Gleichen, den Freiherren v. Gleichen=Rußwurm gestiftet sind. Hier also ist unsern Bänden ein aktenwürdiges Dasein gesichert.

Ehe sie zu uns, hinter die Glasthüren kamen, haben diese Papiere versteckt und vergessen in einer Bodenkammer des alten ehrwürdigen Gebäudes gelegen, das wir in Weimar die Bastille nennen. In dieser festen Burg sind die Diensträume des Hofmarschallamts, im zweiten Stock die der General=Intendanz unseres Hoftheaters. Eine

schmale Stiege führt von da hinauf zu einem engen ver=
schlagenen Erkerboden. Hier, im dunkelsten, kaum zu=
gänglichen Winkel, hinter einem Repositorium, haben die
Bände gelegen, man weiß nicht wie viele Sommer und
Winter, von einem dichten Staubmantel umhüllt und
bewahrt vor — einer Entdeckung zur Unzeit.

Denn gerade zur Feier des hundertjährigen Bestandes
unserer Hofbühne sollten sie befreit werden, diese Ge=
fangenen der Bastille, und der Leiter unseres Theaters
sollte sich des gemachten Fundes zuerst, als eines guten
Vorzeichens erfreuen. Auch bei diesem Funde hat der
Zufall die Hauptrolle gespielt.

Seit dem Erscheinen des sechsten Theils unserer
„Schriften" ward dem Verbleib jener Musikalien nach=
gefragt, die Goethe sich durch Angelika Kauffmann aus
Italien hatte senden lassen.*) Bei diesem Anlaß kam es
zur Sprache, daß alte Papiere dort oben auf dem Boden
lagern. Der Wunsch eines fürstlichen Autographenfreundes,
Handschriften einiger Mitglieder der alten Weimarer Bühne
zu besitzen, gab die letzte Anregung: Herr General=Inten=
dant v. Bronsart beauftragt seinen Secretär, nachzu=
suchen. Dieser, zugleich Secretär unseres geschäftsführenden
Ausschusses, Herr Schönheit, geht an die staubige Arbeit.
Richtiger wäre gesagt: er kriecht. Denn anders als mit
der tiefsten Verbeugung konnte man an die Papiere nicht
herangelangen. Er findet viel mehr, als wonach gesucht
ward: zum Vorschein kamen — Goethes, Carl Augusts,

---

*) Zur Nachgeschichte der italienischen Reise. Goethes Brief=
wechsel mit Freunden und Kunstgenossen in Italien. 1788—1790.
Herausgegeben von Otto Harnack. Weimar 1890. S. 16. 19. 93.

Schillers Hand. Von dem Funde, dessen hohe Bedeu=
tung sofort erkannt wird, erstattet Herr v. Bronsart, nach
erster rascher Durchsicht, sogleich dem gnädigsten Herrn
Bericht. Seine Königliche Hoheit der Großherzog hat
alsbald von dem gesamten Bestande und von vielen
Werthstücken im einzelnen eingehende Kenntniß genommen
und dann die Gnade gehabt, mich zu unterrichten. Das
war Mitte November 1890. Die Acten blieben zuerst
unter Verschluß in der General=Intendanz. Als Gast
des Herrn General=Intendanten und unter seiner freund=
lichen Theilnahme habe ich die erste Durchsicht vorge=
nommen und begonnen ein Register anzufertigen. Und
auf seinen Vorschlag dann erging die gnädigste Ent=
schließung Seiner Königlichen Hoheit, den Fund dem
Goethe= und Schiller=Archiv zu übergeben. Die Über=
tragung erfolgte am 24. December. Das war unsere Weih=
nachtsbescherung. In allen freien Zeiten hat man dann,
bis in die letzten Wochen hinein, die Arbeit des Regi=
strirens mit vereinten Kräften fortgesetzt, und besonders
Dr. Julius Wahle hatte sich dabei zu bethätigen. Und
wir Betheiligten haben alle das gute Glück gelobt, das
ja schon manches Mal, wenn es galt, dem Goethe= und
Schiller=Archiv zu Hülfe gekommen ist.

Das Vorhandene theilt sich in zwei Massen. Erstens
Directions=Acten, meist bezeichnet als Hoftheater=Com=
missions=Acten. Seit 1797 nämlich wurden die Geschäfte
von einer Dreimänner=Commission geführt: Goethe, v. Luck
und Kirms; später (seit 1808) Goethe, Kirms und Rath
Kruse. Der zweite größere Theil sind die Acten von den
Filialbühnen, d. h. von den auswärtigen Orten, an welche

während der Sommerzeit die Thätigkeit des Weimarer
Schauspiels verlegt war. Die große finanzielle Wichtigkeit
dieser planmäßigen auswärtigen Action darzulegen ist dem
sammelnden, ordnenden, repertorisirenden Fleiße Burk=
hardts gelungen, in früheren Arbeiten bereits, und in
dem neuesten Ergebniß eben seines specifischen Fleißes
und Talents, mit dem er die Freunde des Theaters be=
schenkt hat, dem Buche „Das Repertoire des Weimarischen
Theaters unter Goethes Leitung, 1791—1817". Auch
zu diesen Arbeiten bilden theilweise Acten die Unterlage,
Burkhardt bezeichnet sie gern a potiori als sein „rech=
nerisches Material". Gleichartiges, Berichte des Kassiers
u. s. w. enthalten auch die meisten jetzt gefundenen Stücke,
doch macht das nicht ihren Werth aus und kam, bis jetzt
wenigstens, auch nur nebenbei in Betracht.

Wie unter den Filialbühnen Goethes Lauchstädt (der
Badeort in stiftsmerseburgischem Gebiet, dessen Blüthe in
jene Periode fällt) die größte Bedeutung hatte, so sind
auch die Lauchstädter Acten das Hauptstück der zweiten
Masse, des Fundes überhaupt. Nicht weniger als 35 Bände
und Hefte sind mit diesem Namen bezeichnet, und jedes
Jahr, von 1791 an bis 1811 und 1814 (wo Lauchstädt
definitiv aufgegeben wurde) ja darüber hinaus bis 1816
(wo es sich um Verpachtung, dann Verkauf des 1802
erbauten Hauses handelt) ist vertreten. Am wichtigsten
und interessantesten sind die ältesten Jahrgänge: die Ver=
handlungen mit dem entlassenen Bellomo*), dessen Nach=

---

*) Eine wichtige Urkunde, Carl Augusts Resolution, die Er=
richtung des Hoftheaters betreffend, eigenhändig, zwei Seiten 4°,
ist am Feste selbst, durch Schenkung Ihrer Königlichen Hoheit der

folge man in Lauchſtädt wie in Weimar antreten wollte: Ankauf und Übernahme des von ihm erbauten Theater= hauſes, erſte Einrichtung, Verhandlungen mit der ſtifts= merſeburgiſchen Regierung, und ſo überhaupt die Neu= begründung des Unternehmens. In den Lauchſtädter Acten von 1807 ſind die Schriftſtücke mit enthalten, die das erfolg= und ruhmreiche Gaſtſpiel zu Leipzig betreffen; und mit dem Jahrgang 1811 ſetzt der andre bedeutſame Name: Halle ein, der dann auf drei ſtarken ſelbſtſtändigen Bänden erſcheint. Sieben Stücke betreffen Erfurt 1791—95 und 1815 (ein achtes gehört der nachgoethiſchen Verwal= tung an) zehn Rudolſtadt 1794—1805. Eins Jena, mit intereſſanten Verhandlungen zwiſchen der Ober=Direction und dem akademiſchen Senat; drei ſchließlich Naumburg — die einzige Niete in Goethes Theater=Unternehmungen.

Eine große Menge dieſer Actenſtücke hat Goethe ſelbſt dictirt, durchgeſehen, eigenhändig corrigirt und mit größeren oder kleineren Zuſätzen verſehen. Auch die Zahl der ganz eigenhändigen Niederſchriften iſt nicht gering, doch ent= halten dieſe eigenhändigen Stücke nicht das actenmäßig Wichtigſte. Eine Handſchrift der Vorſpiels „Was wir bringen" (von der Hand des Schreibers Geiſt) vermehrt unſer Material zu den „Werken". Bedeutend iſt der Zuwachs, den die vierte Abtheilung unſrer Goethe=Ausgabe erhält: wir haben 44 Briefe Goethes an Kirms gezählt, 34 an andre Perſonen. Jene, die Briefe an Kirms,

---

Frau Erbgroßherzogin, in das Archiv gekommen. Das Schriftſtück, gewiſſermaßen der Stiftungsbrief des Theaters, befand ſich im Beſitz des Herrn Dr. Kilian Steiner in Stuttgart, welcher ihn der hohen Frau zur Verfügung geſtellt hatte.

beschränken sich durchaus nicht auf das Geschäftliche. Gegenstände von litterarischem Interesse kommen wiederholt darin zur Sprache, auch ganz Persönliches. Im Sommer 1810 hatte sich Iffland an Kirms gewandt, und wegen des „Faust" angefragt, von dem er sich eine „dramatische", d. h. für die Bühne eingerichtete Bearbeitung wünschte. Aber Goethe, dem Kirms nach Karlsbad berichtet hatte, zeigt für theatralische Arbeiten zu dieser Zeit überhaupt wenig Interesse. Sie bringen ihm zu wenig ein, er will nichts damit zu schaffen haben. Ehe er sich dazu entschließt, verlangt er eine Zusicherung von der Berliner Bühne (so hat er sich auch zu der Mannheimer gestellt, als sie eine Theaterbearbeitung des „Götz" wünschte) „jede dritte Repräsentation zum Benefiz des Autors zu geben". Der Dichter war alt genug, und die Zeiten waren zu theuer, als daß man das Ökonomische hätte außer Acht lassen dürfen. Wir hören es hier von ihm selbst, wie das auch seine Production beeinflußt hat.

„Mehrere Pläne und Halbausarbeitungen bedeutender Stücke liegen da, und werden wohl immer liegen, wie die zwei letzten Theile der Natürlichen Tochter, und eine Tragödie aus der Zeit Carls des Großen".*) Könnte man die unternommenen Arbeiten nach und nach vom Stapel lassen; so würde der, durch einen sehr hohen und bedeutenden Theaterkenner mir aufgetragene Brutus wohl auch flott werden; dagegen ich jetzt befürchten muß, daß alle diese Dinge bei mir, wie bisher, stocken und nicht zum Ende gelangen."

---

*) „Bruchstücke einer Tragödie", gedruckt im elften Bande der Weimarer Ausgabe.

Wer war der „sehr hohe und bedeutende Theater=
kenner"? Goethe hat es später dem Rath Grüner gesagt:

„Als Napoleon in Erfurt war, wünschte er, ich
möchte ein Trauerspiel Brutus schreiben. Der Groß=
herzog schickte deshalb eine Estafette an mich. Der
Gegenstand war mir zu heiklig, daher unterließ ich es."

Aber Goethe hat doch, wie wir nun sehen, noch Jahre
lang daran gedacht.

Auch Schiller hat, wie ich sagte, seine lebendige
Spur in diesen Acten hinterlassen. Zwei Briefe von ihm
stehen in dem Lauchstädter Bande des Jahres 99. Im
ersten, Jena den 7. Juli geschrieben, ertheilt er, unter
festen Bedingungen, seine Zustimmung zur Aufführung
des Wallenstein auf der Lauchstädter Bühne. Er heischt
Sicherheit für das Manuscript. Dann stellt er die Haupt=
bedingung.

„Diese Bedingung ist, daß mir von den Picco=
lomini sowohl als von dem Wallenstein die zweite
Kasseneinnahme accordirt werde, denn ob ich mir gleich
eine Ehre daraus gemacht habe und auch ferner machen
werde, den Herrschaften in Weimar meine Stücke zu
produciren, so habe ich gegen ein anderes Publicum
diese Rücksicht nicht und statt derselben muß also der
Vortheil eintreten."

Und der Vortheil trat ein. Am 7. und 8. August
wurden die beiden Tragödien das zweite Mal aufgeführt
— das „Lager" wunderlicher Weise hinterdrein am
12. August. Dieses Mal, wie schon bei der ersten Auf=
führung am 29. Juli war zu dem Vorspiel (um doch

dem lieben Publicum genug fürs Geld zu bieten) noch
ein kleines fremdes Stück gegeben.

Am 26. August dann schreibt Kirms, wie folgt:

„An des Herrn Hofrath Schiller Wohlgeboren in Jena:

Euer Wohlgeboren Meisterwerk hat von Halle und
besonders von Leipzig eine Menge Gelehrte und Unge=
lehrte nach Lauchstädt in Bewegung gesetzt, und hat
allgemeinen Beifall gefunden. Schade daß das Haus
wenige Menschen fassen konnte!

In der Beylage folgen nun der Weihrauch, die
Myrrhen u. s. w., was jene Morgenländer dem neu=
gebohrenen Kindlein mitgebracht haben, dessen Klarheit
sie in einem Quasi-Stall — wo doch der Ochse und
der Esel sichtbarlich nicht gegenwärtig waren — sehen
wollten. Verschmähen E. W. diese Geschenke nicht u. s. w.

„Geschenke" hat Goethe im Concept durchstrichen und
fein geändert: „diese Gabe". Sein G. hat er oben an
die Stelle gesetzt, die das Bedauern über die Enge des
Lauchstädter Hauses ausspricht. Es war ja immer noch
das alte Bretterhaus, in dem Bellomo gespielt hatte:
35 Ellen lang, 31 Ellen breit — der „Quasi-Stall".

„Frey, mit 150 Thaler Courant", steht unter dem
Briefe. Jetzt merken wir, weshalb Kirms wohl von
Weihrauch und Myrrhen, aber klüglicher Weise nicht vom
Golde der heiligen drei Könige gesprochen hat.

Und nun wollen Sie gewiß auch gern vernehmen, wie
Schiller dies „Honorarium" von 150 Thalern für die
Aufführung von zwei großen Dramen entgegengenommen
hat. Er schreibt Jena, den 27. August:

„Mit großer Gemüthsergötzung habe ich das an=
sehnliche Legat in Empfang genommen, das mir der
alte hochselige Herzog zu Friedland, trotz seines schnellen
Hintritts in Eger, vermacht hat, und ich sage Ew. Wohl=
geboren als Executori Testamenti den verbindlichsten
Dank dafür. Möge seine Asche dafür in Frieden ruhen
und sein Nahme bei der Nachwelt leben.

Diese Herzstärkung giebt mir bei meinem jetzigen
neuen Geschäfte doppelten Muth und wird nicht wenig
dazu beitragen es zeitig zu fördern."

Das neue Geschäft war „Maria Stuart". Am
29. Juli 1800 war Kirms wiederum in der Lage, dem
Dichter 150 Thaler als seinen Antheil am Ertrage der
neuen Tragödie zu übersenden, und wieder schließt sich daran
eine im gleichen Ton gehaltene ergötzliche Correspondenz.

Carl Augusts unermüdlicher Antheil an seinem Theater
tritt uns in einer großen Zahl von Schriftstücken ent=
gegen. Bisweilen sind es kurze, öfters motivirte Ent=
scheidungen, die er an den Rand schreibt. Alle wichtigeren
Angelegenheiten gelangen vor ihn: ich nenne beispielsweise
das Privilegium und den Bau des neuen Hauses in
Lauchstädt, 1800—1802, und die Verhandlungen mit
Kursachsen über den Erwerb des Grundeigenthumsrechtes
für dieses Haus. Aber das Interesse des Fürsten erstreckt
sich auch auf das Geschäftliche im Einzelnen, auch auf die
Personen der Künstler. Und seine Natur kommt manchmal
dabei überraschend zum Vorschein. Seine Maxime, das
Vorzügliche überall, wo er es findet, zu bevorzugen, das
kräftig Derbe seiner Rede, die Güte und das Wohl=
wollen, das sich darunter birgt. Da jene wichtigen Ent=

scheidungen ohne eine ausführlichere Angabe des Gegenstandes und der Veranlassung nicht verständlich sein würden, so führe ich ein Beispiel solcher Behandlung des Persönlichen an.

In einem Stück der Directoriums-Acten von 1802, den Hofmusikus Schmiedecke betreffend, findet sich eine solche charakteristische Niederschrift von der Hand des Herzogs, sie füllt fast zwei Seiten in enger Schrift. Die Commission ist nicht gewillt gewesen, auf die Gehaltsforderung Schmiedeckes, 250 Thaler, einzugehen. Der Herzog schreibt, wie es scheint, an Kirms:

„Wegen des Violinspielers beurtheile ich die Sache anderst . . . . Der Schmiedecke hat Verdienst, und spielt besser als unsre übrigen Leute; daß die ersten Geiger besser bezahlt müssen werden wie die Ripienisten habe ich immer behauptet, und immer wünschte ich, daß solche Leute von unserer Capelle zuerst an Zulagen gelangten, die besondere Verdienste erwerben, und daß die Verbesserungen nicht nach der Anciennität gingen; alsdann hätten wir gewiß rechtlichere Leute wie jetzt; und Büchner hätte sich nicht aufs Saufen gelegt, wenn sein hübsches Talent zur rechten Zeit wäre unterstützt worden; Sie besinnen sich noch, was ich schon über diesen Artikel gesagt habe. Daß Schlömilch nicht zu Grunde gehe, daran muß gelegentlich gedacht werden. Engagiren Sie den Schmiedecke für 250 Thaler auf ein Jahr und versichern zugleich Wernern die Zulage von 30 Thalern auch auf ein Jahr. Gelegentlich wollen wir schon bereden, wo das Geld herkommen soll. Carl August."

Das ist derselbe Fürst, der einst als Jüngling, nach Goethes Eintritt in seine Dienste, die Ripienisten, die ausfüllenden Musici des Verwaltungsorchesters, in unvergeßlichen Worten darüber belehrt hat, daß man bei einem Manne, der allein ein ganzes Orchester ist, und Dirigent dazu, nicht nach der Anciennität frage. —

Schmiedecke wurde angestellt, wie der Fürst befohlen hatte, am 23. September 1802. Nach einem halben Jahre verlangte der treffliche Musikus wiederum eine Zulage von 100 Thalern und bat andernfalls um seinen Abschied. Kirms war geneigt ihm eine außerordentliche Zulage (oder wie es damals hieß, ein Geschenk) zu „offeriren", und ihn so wenigstens noch ein Jahr zu halten. Aber unter seinem Bericht steht, in bekannten Zügen, der patriarchalische Bescheid:

„Er ziehe in Frieden. G."

Und nun wenden wir uns wieder ganz zu Goethe und zu den gefundenen Urkunden als Zeugnissen seiner Thätigkeit für das Theater.

In den Directorial-Acten der ersten Jahre fand ich einen merkwürdigen, ja denkwürdigen Erlaß „an die Regie zu Lauchstädt, den 29. Juli 1796". Diese, vertreten durch Vohs, hat über die Unbotmäßigkeit eines der tüchtigsten Mitglieder Klage geführt. Genast, bei der Aufführung der Zauberflöte im Parterre anwesend, hatte sich geweigert, der Aufforderung, in dem Stück selbst als Statist auszuhelfen, Folge zu leisten. Ein Fall, der sich in mancherlei Wendungen wiederholt. Wie nimmt Goethe die Sache?

Nachdem er den Regisseur auf seine Pflicht verwiesen, dem Schauspieler bei Zeiten, was von ihm verlangt werde, anzuzeigen, fährt er fort:

„so bleibt von der andern Seite die Ungefälligkeit des Acteurs gleichfalls äußerst zu tadeln, der nicht in jedem Falle, selbst aus dem Stegreife und ohne sich lange zu besinnen, bei einem jeden Aufruf willig bei der Hand ist. Es sind diese Ereignisse der Direction in gegenwärtigem Augenblick um desto mehr aufgefallen, da bei der allgemeinen Noth und Gefahr, worinne ganz Deutschland schwebt, jeder dessen Existenz einigermaßen gesichert ist, solches Glück dankbar erkennen und seinen Vorgesetzten die Sorge, die sie ohnehin hegen müssen, weder durch Heftigkeit und Übereilung, noch durch Widerstreben und Kleinigkeitssinn, noch mehr erschweren sollte.

Man hofft daher daß nur Ein Geist künftig die Gesellschaft beleben und jedes Mitglied, besonders in diesem critischen Zeitpunkte, die Absichten der Oberdirection auf alle Weise befördern werde. Weimar, den 29. Juli 1796."

Mir kamen, als ich das Schriftstück las, die Mahnungen des Gedichts in den Sinn, das aus den Ereignissen eben dieser schweren Zeit erwachsen ist:

Wahrlich, dem ist kein Herz im ehernen Busen, der jetzo
Nicht die Noth der Menschen, der umgetriebnen, empfindet;
Dem ist kein Sinn in dem Haupte, der nicht um sein eigenes
        Wohl sich
Und um des Vaterlands Wohl in diesen Tagen bekümmert.

Goethe dringt auf die menschlich-sittlichen, auf die bürgerlich-patriotischen Grundlagen des Künstlerberufs. Durch eine ernst und folgerecht geübte, mit wohlwollender Fürsorge gepaarte Strenge hat er den Geist der Pflicht und der Selbstachtung erweckt, den Gesellschaftsgeist seiner Weimarer Schauspieler. Sein Wirken nach dieser Seite war ein zielbewußt pädagogisches. Er hält auf Ordnung und Pünktlichkeit im Besuch der Proben, und auf jede Art der Bethätigung des Kunstfleißes. Erst richtige Aussprache, dann Recitiren und Declamiren. Wir haben im Archiv die Aufzeichnung, die Pius Alex. Wolff, Goethes fähigster Schüler, und ein weniger berühmter Collega nach solchen Lektionen angefertigt haben — sie beginnen mit den Elementen der Aussprache. Aus diesen Niederschriften sind die in Goethes Werken gedruckten Regeln für Schauspieler redigirt. Scharfe Erlasse wegen mangelhaften Memorirens, besonders aber wegen Undeutlichkeit und Vernachlässigung der Aussprache ergingen wiederholt im Jahre 95. „Diese Vernachlässigungen", heißt es da einmal, „setzen den Schauspieler in die Klasse der Handwerker, und wenn er sogar nicht memorirt hat, unter die Wortbrüchigen." Beim Einschreiten gegen allen Schlendrian hatte Goethe seinen Fürsten und Herren stets auf seiner Seite; ein unter dem 26. October 95 dictirtes Circular lautet:

„Durchlaucht der Herzog haben uns abermals zu erkennen gegeben, daß auf dem herrschaftlichen Platze ein Theil der Schauspieler öfters nicht verstanden werde und, besonders bei der Exposition und in leidenschaftlichen Stellen, vieles verloren gehe."

Nach einem Passus des Inhalts, daß Er es an Einschärfung nicht habe ermangeln lassen, kommt zum Schluß Folgendes:

„Serenissimus haben darauf geäußert: daß Sie künftig, sobald ein Schauspieler nicht vernehmlich spreche, denselben unmittelbar an seine Schuldigkeit erinnern würden. Hievon habe ich die Gesellschaft benachrichtigen wollen, damit diese Demüthigung niemanden überraschen möge".

Nach und nach hat Goethe sein Personal an Ordnung und Regel gewöhnt, an die Rhythmik der Sprache und des Lebens. Besonnen und gelassen, hält er sich zunächst soviel als möglich an das Gegebene und Vorhandene. Er wußte wohl, daß gestrenge Herren und stürmische Reorganisatoren nicht lange regieren. Erst zu Ende des zweiten Jahres schreitet er zu durchgreifenden Maßregeln. Am 24. December 1792 hat er eigenhändig die Auftündigung für Ostern 1793 niedergeschrieben, an „sämmtliche Schauspieler und Schauspielerinnen". Der Fortgang dieser wichtigen Action liegt uns in den Directorialacten vor. Einige weniger tüchtige Mitglieder wurden von der Truppe ausgeschieden, der Kern aber blieb beisammen. Und diese Bleibenden verpflichteten sich auf feste Gesetze. Vohs (berühmt als erster Darsteller des Max Piccolomini) hatte nach den Satzungen des Mainzer National-Theaters einen Entwurf in 17 Paragraphen verfaßt, den er, mit einem wackern, eindringlichen Promemoria, sämtlichen Mitgliedern zur Unterschrift zugehen ließ, damit diese Gesetze „dem Herrn Geheimen Rath v. Goethe zur Confirmation vorgelegt werden könnten".

Die Confirmation erfolgte selbstverständlich, denn Vohs und sein Partner Willms hatten nicht ohne Billigung, ja wohl nicht ohne directe Anweisung Goethes gehandelt, wie denn auch ihnen bei der Neubildung der Gesellschaft die Regie übertragen wurde. Die siebzehn Paragraphen enthalten gar manche interessante Einzelheiten; das Hauptgewicht ist augenscheinlich auf die Disciplin gelegt. Und zahlreiche Belege für die Handhabung der Disciplin sind in den Acten gebucht.

Beobachtet man, wie unabläßig Goethe sich mit Lehre, Mahnung, Befehl dessen annimmt, was uns so einfach und selbstverständlich vorkommt, so lernt man den vollen Sinn des Wortes verstehen, mit dem er sein Tagewerk an Weimars Bühne aufgenommen hat: „Der Anfang ist an allen Sachen schwer."

Dies Wort gilt für Goethes Theaterleitung aber ganz besonders in der Anwendung, die wir aus Hermann und Dorothea, die wohl viele von uns noch besser aus dem Leben kennen: „Aller Anfang ist schwer, am schwersten der Anfang der Wirthschaft." Auf strenge Sparsamkeit kam hier alles an, und sich einrichten und behelfen blieb das Leit- und Zauberwort der Haushaltung. In diesem Sinne hat der wackere Kirms vortrefflich zu wirthschaften verstanden. Aber auch Goethe selbst. Das alte Wort, daß der oberste Vorgesetzte sich um das Kleinste nicht kümmere — minima praetor non curat — hat Er nicht anerkannt. Ja mit einer gewissen Beflissenheit hat Er sich um das Kleine gekümmert, es ließen sich ergötzliche Belege dafür geben.*) Von Lessing

*) Nur eine Probe aus den Lauchstädter Acten v. J. 94 (an denen Goethe mit viel eigenhändigen Aufzeichnungen betheiligt ist):

hat Goethe einmal gesagt, er habe für sein mächtig ar=
beitendes Innere ein Gegengewicht gebraucht. Bei Lessing
war es das Spiel. Bei Goethe, scheint mir, war es,
wenigstens von Zeit zu Zeit, der Actensport.

Auch darüber geben die Acten in jedem Betracht Auf=
schluß, wie bescheiden die Mittel waren, mit denen Goethe
und seine Arbeitsgenossen so Bedeutendes geleistet haben.
Kassenberichte, Anweisung der Gagen, der Beneficien, Pe=
titionen um Vorschüsse, Kostenansätze mancherlei sind durch=
zuarbeiten, und Burkhardt wird reichlichen Anlaß
haben auf seine Rechenkünste und deren Resultate die
Probe zu machen. Auch eine gemüthliche Seite ist solchen
Untersuchungen abzugewinnen: Zeugnisse lassen sich auf=
bringen für die Anspruchslosigkeit der guten alten Zeit,
und in manchem Falle werden vergleichsweise die
150 Thaler Courant für den Dichter des Wallenstein und
der Maria Stuart noch recht stattlich erscheinen.

Bei der Gestaltung des Repertoires mußte, um Lebens
und Bestehens willen, besonders auf den klingenden Bei=
fall geachtet werden. Und so hat, dem lieben Publicum
zu Gefallen, Goethe der Theaterdirector manches thun
und dulden müssen, was Goethe der Dichter und Künstler
nicht gutheißen konnte. Aber guter Laune ist er dabei

„Auf Fertigung neuer Kleider kann man in Abwesenheit
der Gesellschaft .... sich nicht einlassen. Wenn daher Mad.
Beck zu der Rolle der Oberhofmeisterin (in Ifflands „Elise
von Valberg") sich nicht eines eigenen Kleides oder des in der
Garderobe befindlichen weißatlassenen bedienen will (Goethe hat
corrigirt: bedienen könnte) so muß dieses Stück in Lauchstedt
zurückstehen.
 Weimar den 15. Juli 94."

doch nicht immer geblieben. Da schreibt er einmal ärgerlich an den Rand: „Ich wünsche, daß das Stück viel Geld einbringen möge, da Geld doch alles entschuldigen soll." Es handelte sich um eine Tragödie von Klingemann „Die Maske" — die dann auch ein paar Mal zur Aufführung gelangt ist.

Ich möchte noch ein Wort sagen von dem Regime der auswärtigen Bühnen. Die betreffenden Acten zeigen sich meistentheils gleichförmig eingerichtet, dem Gang des Geschäfts entsprechend. Die Campagne wird in Weimar umsichtig vorbereitet: Verzeichniß der aufzuführenden Stücke, zum Theil schon mit Austheilung der Rollen; Anweisungen für Regie und Kasse; genaue Bestimmungen über Reise und Transport. Nach Lauchstädt gingen im ersten Jahr neun Wagen; nach Halle aber im Jahr 1812: 15 zweispännige Chaisen, 1 Decorationswagen mit 4 Pferden, 1 Garderobewagen mit 4 Pferden u. s. w. Denken wir nun, daß die Wagen das singende und recitirende Personal (dies ist der amtliche Ausdruck) an das Ziel der Reise befördert haben. Die beschwerliche Sommerfrische ist bezogen. Tags darauf schon beginnt die Thätigkeit. Wöchentlich werden die Berichte des Kassiers und der Wöchner eingeschickt, d. h. der abwechselnd mit Führung der Regie Beauftragten. Berichte über den Erfolg der Vorstellungen und allerlei Persönliches, in der Regel mehr Cabale als Liebe. So geht es, bis die Anordnungen zur Weiterreise an den zweiten Ort oder zur Rückfahrt erfolgen.

In den Berichten der Wöchner steckt manches Mittheilenswerthe über das Verhalten des Personals, des

Publicums, besonders des akademischen aus Halle und
Leipzig — es kommt wohl vor, daß man der Rothröcke
bedarf (der Gensdarmen) um die Studenten in Schranken
zu halten. Selten aber kommt die künstlerische Seite
der Aufführung zur Sprache, und überhaupt ist für dieses
Gebiet, das ästhetische, der Ertrag der Acten spärlich.
Darüber wird sich niemand wundern, der Acten kennt.

Ich beschränke mich auf eine Probe aus dem s. g.
Journal, dem Wochenbericht der Lauchstädter Acten 1795.
Eine Aufführung der „Räuber" ist auf den 13. Juli
angesetzt. Am Tage der Aufführung selbst, bei Abgang
des Boten, schreibt Bohs:

„Mit dem größten Grund läßt sich eine starke Ein=
nahme vermuthen, denn es sind schon über 120 Stu=
denten hier."

Und der nächste Wochenbericht beginnt:

„Die Räuber gefielen ganz außerordentlich! — Es
herrschte bei diesem geräuschvollen Stück so viel Stille
und Ordnung im Parterre, welches doch größtentheils
mit Studenten und zwar sehr zahlreich besetzt war, als
je bei dem ernsthaftesten Conversationsstück herrschen
kann. Das Räuberlied: „Ein freies Leben führen wir"
wurde, nachdem es mit der größten Andacht angehört
war, da capo gerufen, und nun sang das ganze
Publicum einstimmig mit einer wahren Ehrfurcht mit."

Schon damals aber fanden ängstlichere Staatslenker
den Freiheitsgesang der jungen Leute bedenklich. Auch
dies läßt sich aus unsern Urkunden belegen. In den

"Acta den Aufenthalt der Schauspieler in Jena betreffend" v. J. 1796 liest man in einem Briefe des gothaischen Ministers v. Frankenberg an v. Voigt die Stelle: "In der Wahl der aufzuführenden Stücke würde ich etwas behutsam sein, z. B. die Räuber nicht auf das Theater bringen lassen." Es ist dies gerade die Zeit, in der Goethe selbst, positiv gesinnt, den Gemeingeist seiner Schauspieler zur Bethätigung aufruft.

Und nun möchte ich noch eine Seite an unsern Acten hervorheben, mit Bezug eben auf die Zeitereignisse, die mehr und mehr auch auf den Gang des Theatergeschäfts einwirkten. Es kamen die Zeiten der Erniedrigung, der Fremdherrschaft. Die Zeiten, über die man sich zu erheben suchte mit Schillers Trost: "Freiheit ist nur in dem Reich der Träume (der Ideale) Und das Schöne blüht nur im Gesang." Die Weimarische Bühne, vorübergehend in ihrer Existenz bedroht, erhob sich gerade in dieser Zeit der politischen Ohnmacht auf den Gipfel ihrer künstlerischen Leistung. Bekannt ist es auch sonst schon, wie die Weimarer bei ihrem Gastspiel in Leipzig 1807 gefeiert wurden. Wir haben in den Acten Genasts Briefe an Kirms, er berichtet frohlockend über jeden Erfolg.

"Bester Herr Hofkammerrath! Gestern ist der Vogel abgeschossen. Götz von Berlichingen hat bei vielem Beifalle, wo Graff am Ende herausgerufen wurde, Einnahme von 357 Thalern gebracht."

So am 1. Juli 1807. Es war die höchste Einnahme, die bisher je eingekommen war, die auch die Einnahme des Ifflandschen Gastspieles in Leipzig überbot. "Wir haben sie nicht dem Reize der Neuheit, sondern wirklich dem Gefallen an unseren Darstellungen zu danken."

Aber so wichtig äußere Erfolge dieser Art für das Bestehen der Bühne waren, der eigentliche Werth liegt doch auf der immateriellen Seite. Seit 1811 spielen die Weimarer auch in Halle. Halle war damals eine westfälische Stadt. Der Minister des Königs Jerome ertheilt dem Maire von Halle die Genehmigung zu dem établissement momentané, dem Gastspiel der Weimarer. Der Maire erläßt die polizeilichen Vorschriften für die Haltung des Publicums im Theater. Beim Schluß der ersten Saison nun richtet die Hallische Bade-Direction (mit welcher der Theatercontract geschlossen war) an die Theater-Commission zu Weimar ein Schreiben (14. Sept. 1811) in welchem folgende Sätze vorkommen:

„Möge nur der Sinn für die Kunst, der sich in allen Klassen unserer Mitbürger gezeigt hat, durch ein wiederholtes Anschauen und Empfinden immer mehr veredelt werden, und dadurch der Geist, den Deutschlands größter Dichter Ihren Künstlern einhauchte, sich auch bei uns wohlthätig verbreiten."

So haben in der Zeit, wo man sich nur noch im Heiligthum der Künste der Größe Deutschlands getrösten konnte, die Schauspieler des Herzogs von Weimar, die Schüler Goethes ihre Stelle behauptet.

Sei dieses Ruhmesblatt das letzte, was ich für jetzt aus den Acten mittheile. Ich könnte noch manches hinzufügen. Ich habe nicht mehr, als einzelne Proben geben können, und höchstens andeutend den Grundriß und Aufriß des Gebäudes gezeigt, das man aus diesen Materialien herstellen kann. Die Lebensverhältnisse der Schauspieler — das Ganze der inneren Verwaltung — die Stellungnahme zum Publicum — von diesem allen, was sozusagen in das Haus gehört, habe ich kaum etwas anführen, geschweige ausführen können.

Die Ausführung soll anderwärts erfolgen. . . . .

Nachwort.

Die Schrift, mit deren Ankündigung der Vortrag endete, wird den Mitgliedern der Goethe-Gesellschaft jetzt dargeboten. Dem Gedächtniß der Jubiläumstage wurde sie gewidmet, und so wird sich, was damals in erhöhter Stimmung gesprochen und vernommen wurde, auch heute noch zu ihrer Einführung schicken.

„Urkunden zur Geschichte von Goethes Theaterleitung" sollte, jener Ankündigung zufolge, der Titel lauten. Was wir hier bringen, enthält mehr, als damit zugesagt war. Andrerseits aber ist auch von einem Minus zu berichten.

Wir haben uns im wesentlichen auf die Urkunden zur inneren Entwicklung des Instituts, zur Geschichte seiner künstlerischen Leistung und Wirkung beschränkt. Dies ist ein Feld, auf welches jeder uns gern folgen wird. Dagegen hat es sich im Gange der Vorbereitung ergeben, daß das auf die wirthschaftliche Leitung und Verwaltung, insbesondere auch auf die einzelnen Filialbühnen (Lauchstädt ausgenommen) bezügliche Aktenmaterial nur ein örtliches Interesse im engeren Sinne behauptet. Man kann es zu statistisch-geschichtlichen Zwecken ausbeuten, und Veröffentlichungen daraus durch kundige Hand bleiben für einen andern Ort vorbehalten. Aus jener anderen

Masse aber ließ sich ein einheitliches Bild in zusammen=
hängender Darstellung gestalten, und dies ist geschehen.
Zu statten kam es diesem Versuche, daß der Druck der
Schrift infolge des langwierigen Setzerausstandes mehrere
Monate hinausgeschoben wurde. Sie erfuhr eine durch=
greifende Umgestaltung, und namentlich auch eine Be=
reicherung, theils aus den Briefbeständen des Goethe=
und Schiller=Archivs, theils aus den Theater=Akten des
Großherzoglichen Staatsarchivs, die von dem Leiter des=
selben, Dr. C. A. H. Burckhardt, freundwillig hierfür
zur Verfügung gestellt wurden. So wurde denn der
Aufschub bestens benutzt, und im wahren Sinne „aus
der Noth eine Tugend gemacht". Auch in der gegen=
wärtigen Gestalt macht die Schrift, bedingt wie sie ist durch
den vorhandenen Vorrath, nicht im mindesten den An=
spruch auf Vollständigkeit, und will nichts weiter dar=
bieten als Beiträge, nutzbare und lesbare, zur Geschichte
des Weimarer Theaters.

„Die Einheit des Dargebotenen bildet Goethes
Persönlichkeit." Den im Entwurf also angegebenen
Gesichtspunkt hat Julius Wahle als Bearbeiter treu=
lich festgehalten, und der Zweck unserer Publication
ist in diesem Betracht erreicht, wenn der Leser sich
zum Schluß in voller Übereinstimmung fühlt mit dem,
was ein jüngerer Zeitgenosse über Goethes Theaterleitung
und Didaskalie kunstverständig geurtheilt hat.

„Die Nothwendigkeit der Schule", schrieb Clemens
Brentano im Jahre 1811, „wo die Zeit an freier Kunst
unfruchtbar geworden, hat Goethe wohl gefühlt, und wie
viele Schauspieler und Schauspielerinnen verdanken seinem

redlichen Willen das Glück, daß sie, wo nicht als große Künstler, doch als anständige Menschen die Werke der Dichter, wo nicht emporheben, doch tragen, wo nicht opfern, doch kredenzen können, und der verständige Theil der Nation bringt ihm auch hierin seinen herzlichsten Dank, er hat hier auch, wie überall, ruhig, einsichtsvoll und redlich nach bestem Gewissen und Vermögen für seine Zeit gearbeitet".

Dafür ist auf den folgenden Blättern urkundlich und geschichtlich der Beweis erbracht.

„Und wer dies nicht begreift", fährt Brentano fort, „der möge nie von guter Kunst begeistert, oder von Schicklichkeit beruhigt werden, der möge selbst ein schlechter Dichter oder Künstler sein, und möge sie lieben und ehren und ernähren müssen."

In unserem Kreise aber, wo niemand den Meister verkennt, bedarf es solcher Abwehr kaum. Hier ist, wenn es sich um Goethe und das Theater handelt, kein anderes Schlußwort angebracht, als jenes der alten Bühne: „Plausum date!"

Weimar, den 22. März 1892.

Bernhard Suphan.

Seitdem Eduard Devrient in seiner „Geschichte der deutschen Schauspielkunst" die Entwicklung unseres Theaters in großen Zügen aufgerollt hat, mehren sich in erfreulicher Weise die Untersuchungen über die Schicksale der Schauspielkunst an einzelnen Stätten. In der Reihe dieser zum Theil vortrefflichen Darstellungen wird eine Lücke bleiben, solange nicht eine vollständige Geschichte des Weimarischen Theaters diese bedeutendste Periode der deutschen Bühne von ihren Anfängen an bis zur vollen Entfaltung ihrer Größe entwickelt hat. Die Materialien dazu sind in Menge vorhanden und warten nur auf die zusammenfassende Hand. Innerhalb dieses reichen Stoffgebietes stehen jedoch wieder zahlreiche Lücken offen, die erst ausgefüllt werden müssen, ehe an jene große Aufgabe geschritten werden kann.

Der eigenthümliche Charakter der Weimarischen Bühnenwelt spiegelt sich in den hier mitgetheilten Urkunden getreu ab. Actenfaszikel! Schon dieses Wort möchte genügen, alle diejenigen Leser, denen es nicht um archivalisch-historische Kenntnisse zu thun ist, ein für allemal von diesem Buche abzuschrecken. Actenfaszikel aber wie die sind, über deren Fund sich die engere und weitere Goethe-Gemeinde in den Tagen des Theater-Jubiläums gefreut hat, wird es wohl in keinem Theater-Archive der Welt geben. Nicht bloß Actenstaub, sondern auch Leben, nicht bloß Buchstaben, sondern auch Geist, nicht bloß Theatergesetze, sondern auch künstlerische Anschauungen und Grundsätze gehören zum Bestand dieser Actenbände. Und der ruhende Pol, um den sich diese ganze Schöpfung im Kleinen dreht, die Seele, von der alle Bewegung ausgeht, ist durch 26 Jahre hindurch Goethe. Er hat nicht alles und jedes gemacht und ist nicht für alles verantwortlich zu machen. Das aber was dem Weimarischen Theater das originelle Gepräge gibt, ist von ihm ausgegangen und trägt die deutlichen Merkzeichen seiner menschlichen wie künstlerischen Individualität.

Die tiefgehenden Anregungen Schillers haben Goethes Geist gerade in derjenigen Richtung fruchtbar berührt, in der er vorher bereits als Kunsttheoretiker gewirkt hatte. Schiller schuf aber erst durch seine großen Werke der neuen Schauspielkunst den Boden, auf dem sie sich versuchen, auf dem sie das bisher Gelernte ausbilden und erweitern sollte. So wie diese zwei Gewaltigen Rietschels Meisterhand vor das unscheinbare Theatergebäude gestellt hat, so stehen sie in der Geschichte des Theaters nebeneinander als die Begründer einer neuen Richtung der Dichtkunst und der Schauspielkunst.

Schillers Verhältniß zum Theater war ein rein ideales. Er hatte sich nicht um Institutionen und Disziplinar-Maßregeln, nicht um die geschäftliche Ordnung und Einrichtung zu kümmern. Bis an sein Ohr erstreckte sich nicht jenes kleinliche und unerfreuliche Getriebe, in das die großen Wellenbewegungen nur zu oft hinter den

Coulissen sich verlieren. Seine Thätigkeit war eine rein geistige, schöpferische, auch dort wo er — wie bei Proben und im persönlichen Verkehre mit den Schauspielern — lehrend und aneifernd eingriff. Er verstand sich nicht aufs Pactiren, und jene diplomatische Kunst, die keinem Theaterleiter fehlen darf, eignete ihm nicht. Den Imperativ aber hatte er nicht auszuüben, und dort wo die Persönlichkeit des Schauspielers, ihres idealen Zweckes vergessend, lästig, aufdringlich und verletzend an ihn herantrat, da zog er sich unwillig zurück. So kommt es, daß in den Acten nur wenige Spuren seiner Mitwirkung an der Theaterleitung zu finden sind.

Goethe hat an die Theaterleitung die besten Jahre seines Mannesalters und ein gut Theil seiner nach so vielen Richtungen wirkenden Kraft verwendet. Sein Interesse wurde erst recht warm, als die unvermeidlichen Kinderkrankheiten dieser Kunstschöpfung überstanden waren, als im Laufe der Zeit die großen Kunstziele sich immer schärfer und deutlicher vor seinem inneren Auge aufrichteten. Goethes Theaterleitung kann, vom künstlerischen Standpuncte aus betrachtet, nicht verstanden werden, wenn man sie nicht einbezieht in seine übrigen Bestrebungen, den einzelnen Künsten neue Ziele, neue Ideale anzuweisen. Was er in Beziehung auf bildende Kunst nur theoretisch darzulegen vermochte, dem hat er auf seiner Bühne praktisch-lebendigen Ausdruck gegeben. Wir werden in dem Capitel „Schauspielkunst" Gelegenheit haben, diese Andeutungen weiter auszuführen. Gerade in diesem Zusammenstimmen spricht sich wieder die vollendete Harmonie von Goethes Geist aus.

Dieser große Zug lebt im Kleinen auch auf den Blättern unserer Theater=Acten. Die ökonomischen, geschäftlichen und Verwaltungsangelegenheiten werden mit meisterhafter Beherrschung des kleinlichsten Geschäftsdetails als nothwendige Unterlage des Unternehmens behandelt. Und hier steht ihm in Franz Kirms eine in dieser Hinsicht vollendete Persönlichkeit zur Seite. Eine Betrachtung des Verhältnisses dieser beiden Männer zu einander lohnt der Mühe. Daß auch auf dem Gebiete, wo der materielle Gewinn eine unabweisbare Nothwendigkeit ist, in der Beschränkung sich der Meister zeige, beweisen Goethe und Kirms als Geschäftsmänner. Sie haben das nicht allzu= schwer belastete Schiff in bewegten Zeitläuften sicher durch drohende Klippen hindurch und über manche Untiefe hinweg gesteuert. Derselbe Geist der Consequenz, der Strenge im Hinblick auf höhere Anforderungen leuchtet aus den Maßnahmen und Gesetzen, welche das Theater als eine fest geordnete Gemeinschaft erheischt. Die Disziplin wurde rücksichtslos gehandhabt, und wo sie gelockert wurde, geschah es nie mit Goethes Zustimmung, sondern stets unter einem unabwendbaren höheren Druck, und immer zum Nachtheil des Ganzen. Auch dazu geben die Acten reiche Belege. Und wie Goethe alles Persönliche behandelt, ist höchst interessant. Er ging gerne auf einzelne Individualitäten ein, künstlerisch und persönlich war er entgegenkommend, er verstand sich ausgezeichnet auf den diplomatischen Verkehr mit den Künstlern, verlangte aber unbedingte Unterordnung unter den von höheren Einsichten geleiteten Willen der Direction. Bei keiner Kunst tritt das Persönliche des schaffenden Künstlers so unverhüllt hervor, wie bei der Schauspielkunst. Der Schauspieler stellt in jedem Augenblick seiner schöpferischen Thätigkeit seine Persönlichkeit bloß, an ihr und durch sie entsteht sein Kunstwerk. Jeder Einzelne verlangt in dieser Hinsicht gleiches Recht und gleiche Stellung, und je stärker dieses Verlangen ist, desto vorlauter hebt er seine Persönlichkeit aus dem Rahmen der Gesammtheit heraus. Kein Kunstgebiet ist daher so reich an schweren Conflicten, an Beispielen von Auflehnung gegen Gesetz und Recht, an Äußerungen eines bald leidenschaftlich=großen, bald kleinlich=neidischen Eigenwillens, wie das Theater. Goethe war in diesen Kämpfen nicht immer Sieger; aber die Überlegenheit und Geradheit seines Charakters sicherten ihm jederzeit den moralischen Sieg. Und so sind diese Urkunden mehr als bloße Acten; es haftet an ihnen das Merkmal einer großen Persönlichkeit, einer großen Zeit, sie sind zum Theil litterarisch=ästhetische Urkunden; sie bilden eine interessante und wichtige Hinter=lassenschaft des großen Künstlers, des betriebsamen Ge=schäftsmannes, des harmonischen Menschen.

I.

Begründung und erste Entwicklung des Hoftheaters.

Der Anfang ist an allen Sachen schwer.
(Prolog zur Eröffnung des Theaters
am 7. Mai 1791.)

Wir besitzen von Goethe über das Weimarische Theater und über seine Leitung desselben leider keine zusammenhängende Darstellung. Was für ein Werk wäre entstanden, wenn er, wie einst Lessing, es unternommen hätte, jeden Schritt des Dichters wie des Schauspielers auf ihrem Bühnengang mit kritischem Blick zu begleiten! Fragmente einer solchen „Weimarischen Dramaturgie" hat er an verschiedenen Orten niedergelegt, und der zukünftige Geschichtschreiber dieses Theaters wird keine wichtigere Aufgabe haben, als diesen Spuren nachzugehen, diese zerstreuten Steine zu einem einheitlichen Bau zusammenzufügen. Ein solcher Baustein ist zum Beispiel die breit dargelegte Theaterepoche in Wilhelm Meisters Entwicklungsgang. Meisters aus der Anschauung von dem idealen Berufe des Schauspielers hervorgegangenes Bestreben, die deutsche Bühne von Grund aus zu reformiren, aus dem deutschen Bühnenvagabunden einen Künstler, aus dem Schauspielhandwerk eine Schauspielkunst zu machen, das Repertoire aus seiner spießbürgerlichen Enge auf die Höhe der Weltlitteratur zu heben und durch all das ein kunstverständiges und kunstsinniges Publicum zu erziehen — dieses Bestreben suchte Goethe auf seinem Theater zu verwirklichen. Auf diesem Wege hatte er bereits muthige Vorkämpfer gehabt. In erster Linie war es Lessing gewesen, der mit rastlosem Feuereifer, mit hingebender Selbstlosigkeit sein ganzes großes Talent für sein Lebensziel einsetzte: eine Reform und Neubelebung der deutschen Schaubühne. Für die gleiche Sache stritt auch der erste große deutsche Schauspieler, Konrad Ekhof, der durch seine Gründung einer deutschen Schauspieler=Akademie (1753) der bisherigen Theater=Misère ein Ende zu machen hoffte. In seiner Eröffnungsrede richtete er an die versammelten Künstler die Forderung: „Lassen Sie uns die Grammatik der Schauspielkunst studiren, wenn ich so sagen darf, und uns mit den Mitteln bekannter machen, durch deren Anwendung wir zu der Fähigkeit gelangen, die Ursachen von allem einzusehen, nichts ohne hinlänglichen Grund zu reden noch zu thun und den Namen eines Künstlers mit Recht zu verdienen." Wie ein Meteor flammte diese Erscheinung einer Schauspieler=Akademie am Theaterhimmel auf, um — es war bei den damaligen Zuständen ganz selbstverständlich — ebenso wieder zu verschwinden. Und so nimmt Lessing die Klage wieder auf in seinem geflügelten Wort: „Wir haben Schauspieler, aber keine Schauspielkunst." Auch Goethe vermißte bei den Schauspielern, die das erste Ensemble des Weimarischen Theaters bildeten, diese „Grammatik", „die doch erst zum Grunde liegen muß, ehe man zu Rhetorik und Poesie gelangen kann."

Der Schlendrian, der damals auf den deutschen Bühnen herrschte, kam von dem Mangel künstlerischer

Aufgaben für den Darsteller, künstlerischer Leitung von Seiten der Prinzipale, die — wie leider und doch so selbstverständlich auch heute noch — einzig und allein auf Füllung ihrer Kasse hinarbeiteten, und endlich von dem gänzlichen Mangel künstlerischer Einsichten der zumeist auf der niedrigsten Bildungsstufe stehenden Schauspieler. Das Hamburger Theaterunternehmen, das zuerst im Stande gewesen wäre, hier einen Umschwung anzubahnen, war, bevor die hier niedergelegten Keime nur zu sprießen anfingen, an der Unfähigkeit der Leiter, besonders aber an der Gleichgültigkeit des Publicums zu Grunde gegangen. In Mannheim geschah der zweite Schritt; unter Dalbergs einsichtsvoller Leitung wirkte hier eine Schaar vortrefflicher Künstler zur Veredlung der Kunst, unter ihnen besonders der junge Iffland. Daneben verschaffte Schröder in Hamburg dem künstlerischen Realismus, der Einfachheit und Wahrheit in Rede und Gebärde den durch Schauspieler wie Ackermann und Ekhof vorbereiteten Sieg über die hohle Alexandrinerdeclamation und war bemüht das auch in Mannheim schon angestrebte Prinzip des einheitlichen Zusammenspiels zu fördern. Nehmen wir noch das von Joseph II. in edelster Absicht „zur Verbreitung des guten Geschmackes, zur Veredlung der Sitten" gegründete Nationaltheater in Wien hinzu, das durch Schröders zeitweilige Wirksamkeit daselbst eine bleibende künstlerische Richtung erhielt, so haben wir alle Theater, die in den 70er und 80er Jahren des vorigen Jahrhunderts als wirkliche Kunststätten in erster Linie in Betracht kommen.

Zu diesen tritt 1791 das Weimarische Hoftheater.

Die theatralische Vergangenheit Weimars reicht zurück bis ins 16. Jahrhundert, wo Weimarische Schüler und Jenaische Studenten im fürstlichen Schlosse, Wilhelmsburg genannt, Schulkomödien zur Aufführung brachten. Im 17. Jahrhundert wirkte hier der als herzoglicher Bibliothekar angestellte Dichter Georg Neumark, bekannt als Verfasser des Liedes: „Wer nur den lieben Gott läßt walten"; und neben ihm als Componist der Weimarische Hofkapellmeister Adam Drese. Gegen Ende des Jahrhunderts erlebte die Schulkomödie hier ihre letzte Blüthe und neben ihr trat, auf der 1696 in der Wilhelmsburg neugebauten Opernbühne, diese Pruntgattung, wahrscheinlich in Nachahmung des Churfürstlichen Theaters zu Dresden, in den Vordergrund. 1738 begegnen wir sogar in Hamburg unter dem Prinzipal Lorenz einer wandernden Truppe, die sich „Hochfürstliche Weimarische Hof-Comödianten" nennt, was um so merkwürdiger ist, als der damalige Herzog Ernst August ein Feind der Wandertruppen war und zahlreiche Verbote erließ, durch die ihnen die Grenzen des Herzogthums verschlossen blieben.

Geregelte Theaterverhältnisse begannen erst unter der Regierung des Herzogs Ernst August Constantin. Es waren ziemlich trostlose geistige Zustände in der kleinen Residenz Weimar, als der Herzog die feingebildete, den schönen Künsten ergebene Prinzessin Anna Amalia aus der mit französischem Geiste erfüllten Sphäre des Braunschweigischen Hofes als seine Gattin hierher führte (1756). Der erste Schritt zur Hebung der geistigen Interessen geschah bald darauf durch Berufung einer Schauspieltruppe, ein Schritt, den der Hof mehr zu seinem Vergnügen und zur anregenden Belustigung seiner nächsten Umgebung als in Rücksicht auf die Bewohner Weimars ausführte. Die Verhandlungen mit dem damals berühmten Berliner Prinzipal Franz Schuch zerschlugen sich. Im benachbarten Erfurt spielte damals gerade die Truppe des Prinzipals Karl Theophilus Döbbelin. Durch Kriegsnöthe verscheucht, hoffte Döbbelin ein sicheres Unterkommen im nahen Weimar. Er wandte sich an den Hof und die Verhandlungen führten zu einem günstigen Resultat: er wurde vom 1. November ab mit seiner Truppe gegen eine jährliche Zahlung von 6800 Reichsthalern in Pflicht genommen. Diese Hof-Comödianten-Gesellschaft spielte unter der Oberaufsicht des Kammerjunkers von Dürckheim bis Ende April 1757, wo Döbbelin die Direction niederlegte. Der Hof übernahm nun die Truppe auf eigene Kosten, und es wurde unter Dürckheims Intendanz ein wirkliches Hoftheater gegründet. Aber schon 1758, nach dem Tode des Herzogs mußte die Gesellschaft entlassen werden.

Zehn Jahre hindurch entbehrte Weimar des theatralischen Vergnügens, bis die Herzogin Anna Amalia den Prinzipal Koch aus Leipzig berief, den die Engherzigkeit der um die Sitten der studirenden Jugend allzu besorgten Professoren aus dieser altberühmten Theaterstadt vertrieben hatte. In Weimar wirkte Koch bis 1771 und setzte hier die Pflege des Singspiels, nach welcher Richtung er schon in Leipzig sich verdienstvoll bethätigt hatte, fort, unterstützt durch den Weimarischen Dichter Musäus und den Weimarischen Componisten Wolff.

Koch wurde 1771 von Seyler abgelöst. Der Kaufmann Abel Seyler hat sich in der Theatergeschichte einen Namen gemacht als Hauptanstifter des Hamburger Unternehmens. Nach dem Zerfalle desselben zog er an der Spitze einer Truppe mit wechselnden Schicksalen in Deutschland herum. Anna Amalia berief ihn unter sehr günstigen Bedingungen nach Weimar. Er gab Vorstellungen im Schlosse, ausschließlich vor geladenen Gästen des Hofes. In der vortrefflichen Gesellschaft befanden sich zwei berühmte Theatergrößen: Madame Hensel, in Weimar verheirathet mit Seyler, die bei der Gründung des Hamburger Nationaltheaters und als erste Darstellerin desselben eine aus Lessings Dramaturgie bekannte Rolle gespielt hatte, und neben ihr der größte damalige Schauspieler — Konrad Ekhof. Neben Lessing, Diderot, Beaumarchais, Molière rc. erschienen auch neue Werke Weimarischer Dichter und Musiker auf dieser Bühne, die auch durch Aufführung von Wielands „Alceste", mit Musik von Schweitzer, in der Geschichte der deutschen Oper Epoche gemacht hat. Der verheerende Schloßbrand (6. Mai 1774), störte gewaltsam die weitere Entwicklung, die man sich von so guten Anfängen versprechen durfte. Die Seylersche Gesellschaft mußte wieder wandern; sie ging nach Gotha, wo sie der Herzog in seine Dienste nahm und unter Ekhofs Leitung ein Hoftheater errichtete, das aber nur von kurzer Dauer war.

Die theatralische Lust war aber einmal erwacht und verlangte nach neuer Nahrung. Da kam im November 1775 Goethe nach Weimar. Von Kindheit auf war in ihm das Theaterinteresse als ein kostbares Erbtheil seiner

Mutter lebendig. Wie er in den Weimarischen Kreis
neue Anregungen, neue Ideen hineintrug, so brachte er
auch den Trieb nach theatralischer Bethätigung mit, der
ein wesentliches Ferment in der Fortbildung der gesel=
ligen und ästhetischen Verhältnisse Weimars wurde. So
verachtet der Berufsschauspieler damals in den bürger=
lichen und höheren Gesellschaftskreisen war, so tief und
allgemein war die Lust, das Vergnügen am Theater und
am Schauspielern. Das Theater galt nicht als ein Kunst=
tempel, sondern als ein Vergnügungsort; und da die
Anschauung von der Schauspielkunst als einer wirklichen
Kunst durch große Darsteller noch nicht allgemein ver=
breitet war, spreizte sich der selbstgefällige Dilettantismus
auf den allerorts errichteten Liebhaberbühnen. Auch in
Weimar griff die Gesellschaft, da ihr nicht mehr vor=
gespielt wurde, zu der Ausflucht, selbst zu spielen. Es
war eine lustige Zeit, diese Zeit des Liebhabertheaters.
Hier jammerte nicht jenes Elend, das die Wandertruppen
auf ihren Zügen begleitete. Den ungebildeten, aus den
untersten Gesellschaftsschichten zusammengelaufenen Be=
rufskomödianten standen hier Dilettanten aus den Höhen
feinster Gesellschaft gegenüber, versehen mit dem Zauber
wissenschaftlicher, künstlerischer, weltmännischer Bildung.
Carl August und sein Bruder Constantin, gelegentlich
auch Anna Amalia, Goethe, Knebel, Bertuch, Musäus,
seit 1777 die schöne, vielgepriesene Corona Schröter,
ferner die Hofdamen von Göchhausen, von Wöll=
warth, und noch andere Adelige und angesehene
Beamten der Stadt bildeten das Personal dieser Bühne.
Ein ausgezeichneter Theatermeister, Namens Mieding,

besorgte das Technische; seinen Pflichteifer, seine Tüchtigkeit und Klugheit, seine Phantasie und Findigkeit besang Goethe in dem Gedicht „Auf Miedings Tod" und setzte damit der ganzen Zeit ein unbeschreiblich schönes Denkmal.

In engen Hütten und im reichen Saal,
Auf Höhen Ettersburgs, in Tiefurts Thal,
Im leichten Zelt, auf Teppichen der Pracht,
Und unter dem Gewölb der hohen Nacht

schlugen die Theatergeister ihr leichtgefügtes Lager auf, und diese Improvisationen des Schauplatzes wurden — ein ästhetisch interessantes Moment — mit Vorliebe in den bestehenden Rahmen der Naturanlagen eingefügt. In Weimar selbst benutzte man das 1775 von dem Bauunternehmer Anton Georg Hauptmann auf der Esplanade (jetzt Schillerstraße) erbaute und kurz vor Goethes Eintritt in Weimar eröffnete Redoutengebäude, in dem Mieding auf Kosten der Herzogin eine kleine, leicht abzubrechende Bühne eingerichtet hatte.

Goethe war die Seele des Ganzen; er war als Dichter, Director, Regisseur und Mitspieler die belebende Kraft. Er war nach Weimar gekommen als der „Faßnachts-Goethe", der er in Frankfurt gewesen war, und befand sich vorerst in diesem zwecklosen Vergnügungstaumel ganz wohl. In dem Maße aber, als ihn tiefe Leidenschaft und der fortwährende Gewinn an ernster Lebensanschauung von diesem im Schrankenlosen sich verlierenden tollen Treiben abzogen und in sein reiches Innenleben zurückführten, hat er diesen ungezügelten Dilettantismus sacht höheren Interessen und Zielen zugelenkt. Er erneuerte die urwüchsige Derbheit der deutschen Vorzeit, indem er diesem sein gesitteten, aber natürlich empfindenden Kreise Hans Sachs in der drastischen Komik des Narrenschneidens vorführte. In aristophanischer Weise geißelte er Eigenheiten und Schwächen des ganzen Gesellschaftskreises, sich selbst nicht schonend. Er durfte es sogar wagen, in „Lila" das intimere Gefühlsleben der höchsten Herrschaften zu berühren und so, wie er seine eigenen Herzenswunden durch den Balsam der Kunst heilte, als wahrer Seelenarzt die heilende Hand auf die Wunden derer die er liebte zu legen. Er dichtete Singspiele, zu denen sogar Anna Amalia und Corona Schröter die Musik setzten. Überall griff er das „kräftige Gewürz des Lebens" auf als dasjenige was die Seele aller Kunst ausmacht. Die schönsten Blüthen aber die aus diesem Samen hervorsproßten, waren „Die Geschwister" und „Iphigenie", die auch als die wichtigsten Darstellungen der Liebhaberbühne bezeichnet werden müssen; in beiden war Goethe als Hauptspieler, dort als Wilhelm, hier als Orest wirksam. Der weitere Kreis dieser Aufführungen umfaßte neben Stücken von Mitgliedern der spielenden Gesellschaft (Einsiedel, Seckendorf) auch Molière und Gozzi; ja man wagte sich sogar an die „Minna von Barnhelm", und im Jahre 1778 gastirte Ekhof von Gotha aus im „Westindier" von Cumberland.

Um den Anfang des Jahres 1783 herum machte sich eine Wendung geltend, in deren Gefolg das allmälige Verlöschen dieses Theatertreibens sich einstellte. Goethe hatte, wie er an Frau von Stein am 19. Januar dieses Jahres schreibt, schon lange aufgehört, Großmeister der

Affen zu sein, es verlangte ihn nach Einsamkeit. Auch hatte er auf den weniger glatten Brettern der Wirklich= keit eine neue, große Rolle übernommen, die des Alhafi, wie er sich einmal ausdrückt. Er war Staatsmann ge= worden; und je mehr die Pflichten und Sorgen des neuen Amtes ihn in das Getriebe der Außenwelt ver= flochten, desto drückender wurde ihm die ungewohnte Last, und desto überzeugender wurde ihm das Bewußtsein, zu einem Privatmenschen geboren zu sein, der die ihm ver= liehenen höheren Gaben nicht in Actenstaub und Mummen= schanz verkümmern lassen dürfe. Unter dem Zwange dieser äußeren Umstände, und weil er innerlich mit jener Art das Leben zu genießen und zu bethätigen schon lange nichts mehr gemein hatte, schwand sein Interesse am Liebhabertheater, das im März für immer einging.

Das wichtigste Resultat dieser Periode ist aber: Goethes bisher mehr allgemein=ästhetisches und dichte= risches Interesse am Theater erhielt die entschiedene Rich= tung aufs Praktische. Die hier gesammelten Erfahrungen kamen ihm nach zwei Seiten hin zu gute: dichterisch für die Theaterkapitel des „Wilhelm Meister", praktisch für seine spätere Bühnenthätigkeit.

Unterdessen war fürs Theater und das Redouten= vergnügen ein neues Heim geschaffen worden. Im April 1778 legte der schon genannte unternehmungslustige Hauptmann dem Herzog den Plan zu einem neuen Re= douten= und Komödienhause vor. Da jedoch die herzog= liche Kammer die vorschußweise und unverzinslich er= betene Unterstützung von 1500 Thalern aus Mangel an Mitteln ablehnte, ließ auch der Herzog das Unternehmen fallen. Dieser Mißerfolg hielt den rührigen Mann nicht ab, im Anfang des nächsten Jahres mit einem neuen Project an den Herzog heranzutreten. Hauptmann hatte als Platz zur Ausführung desselben den Eichmannischen Garten von dem Besitzer, dem Geheimen Rath von Fritsch bekommen. Die Kammer erhielt Befehl einen Kostenanschlag für den Bau auszuarbeiten; derselbe belief sich auf 9432 Thaler 12 Groschen 8 Pfennige. Hauptmann erhielt einen Vorschuß von 3000 Thalern bewilligt, worauf der Bau im Mai begonnen wurde. Bis zum October war er fertig gestellt, und konnte im Januar 1780, nach der Rückkehr des Herzogs und Goethes aus der Schweiz mit einer glanzvollen Freiredoute eröffnet werden. Das Haus präsentirte sich für die damaligen Verhältnisse Weimars als ein stattlicher Bau. Es war 200 Weimarische Fuß lang und ein Stockwerk hoch. Unten befanden sich Wirthschaftsräume, oben war der große, 34 Fuß hohe Tanzsaal mit einer Galerie und einer unbeweglichen, geräumigen Bühne. Der Hintergrund derselben konnte durch zwei große Flügelthüren nach dem Garten zu geöffnet werden.

In diesem Hause trat am 1. Januar 1784 zum erstenmale die Truppe des Prinzipals Joseph Bellomo auf, die zuletzt im Linkeschen Bade zu Dresden gespielt hatte, und zwar in Gotters Schauspiel „Marianne". Die Gesellschaft gab dreimal wöchentlich Vorstellungen, am Dienstag, Donnerstag und Sonnabend. Ihre Hauptstärke lag auf dem Gebiete des italienischen Singspiels, wofür besonders die Gattin des Directors eine treffliche Kraft gewesen zu sein scheint. In den Kreisen Weimars, die auch früher dem Theaterleben am nächsten gestanden hatten, interessirte man sich für die neue Truppe. Wieland schreibt am 5. Januar an Merck: „Das Neuste, was ich dir von hier melden kann, ist, daß wir für die drei ersten Monate des Jahres Comödie hier haben. Der Vorsteher der Truppe nennt sich Bellomo, und war ehedem einer der Secretarien in der Italienischen Canzley zu Wien — ein feiner, sehr schöner Mensch, wiewohl ganz und gar kein Acteur. Die Stärke seiner Leute liegt in Operetten, besonders italienischen, die sie uns nach teutschen Übersetzungen (zum Besten derer, die kein welsch verstehen) sehr genießbar vortragen. Die Mad. Bellomo soll eine geborne Nicolini seyn, und scheint zu Wien teutsch gelernt zu haben, singt aber sehr artig. Die teutsche Sprache hat mir noch aus keiner singenden Kehle so gut gefallen, als aus der ihrigen; sie verliert das Wiehernde und Polternde, und wird eine Art Mittelding von Italienisch und Tudesk, das mir wenigstens 1000 mal besser behagt, als wenn sie wie eine geborne Tedesca sänge. Überhaupt wird dieses Schauspielwesen wenigstens dazu gut seyn, unser müßiges Volk ein wenig zu beleben und den Winter schneller vorübergehen zu machen."

Auch der Herzog freut sich der neuen, um billigen Preis erworbenen Truppe, die zwar eben nicht ausnehmend gut sei, doch gute Stimmen und guten Geschmack in Auswahl komischer Opern besitze. Daß auch die Herzogin Amalia, bei ihrer ausgesprochenen Theaterliebhaberei, der Truppe günstig gesinnt war, braucht nicht erst besonders betont zu werden. Goethe interessirte sich in erster Linie für die Opernaufführungen. Er war ein besonderer Liebhaber der italienischen Opera buffa und die Aufführungen dieser Gattung, in welcher Leben, Bewegung mit Empfindung gewürzt sei und alle Arten Leidenschaften ihren Schauplatz finden, erregten ihm, wenn sie auch seinen höheren Kunstanforderungen nicht entsprachen, doch mancherlei Gedanken, die endlich in dem im Geiste der Opera buffa geborenen und für Kayser bestimmten Operntext „Scherz, List und Rache" und in dem Singspielfragment „Die ungleichen Hausgenossen" ihren poetischen Niederschlag erhielten. Neben der Oper wurde das Schauspiel nicht ganz vernachlässigt. Wir finden im Spielplan: von Shakespeare „Lear" und „Hamlet" in der Schröderschen Bearbeitung, „Der Kaufmann von Venedig" in Eschenburgs Übersetzung, „Julius Cäsar" in der Bearbeitung von Dalberg; von Lessing „Emilia Galotti" und „Minna von Barnhelm"; Schillers Jugendwerke „Die Räuber", „Kabale und Liebe", „Fiesko". Goethe erschien an den 643 Spieltagen, welche Bellomo in den acht Jahren seines Weimarischen Aufenthaltes erreichte, nur neun Mal auf dieser Bühne: am häufigsten mit „Clavigo" in sechs Aufführungen; außerdem mit den „Geschwistern" in zwei, mit „Egmont" in einer Aufführung kurz vor dem Abgang der Gesellschaft (31. März 1791).

Bellomo hätte in Weimar nicht existiren können ohne die Unterstützung des Hofs und ohne die auswärtigen Gastspiele, welche ihn im Sommer nach Lauchstädt, Altenburg, Erfurt und Eisenach führten. Für auswärts mag vielleicht die Truppe genügt haben. In Weimar aber gewann die Einsicht in die künstlerische Unzulänglichkeit derselben allmälig die Oberhand. Das schärfste Urtheil ist von Knebel überliefert, der am 11. Januar 1790 an seine Schwester schrieb: „Ich habe anjetzo des wirklichen Theaters so satt, daß ich beinahe ein Gelübde gethan, so bald nicht wieder hineinzugehen. Mittelmäßige und schlechte Vorstellungen machen das Gemüth mehr unruhig und ermüden es, als daß sie Genuß verschaffen sollten. In Deutschland ist so bald nichts Vorzügliches dieser Art zu hoffen, doch negligiren sich auch unsere Schauspieler in diesem Winter mehr noch als sonsten." Trotzdem wurde aber der Contract mit Bellomo noch 1790 auf 3 Jahre erneuert. Die Armseligkeit der Bellomoschen Gesellschaft wurde besonders recht auffällig durch das Gastspiel eines vortrefflichen Künstlerpaares, das schon seit langem dem berühmten Mannheimer Ensemble angehörte: am 27. December 1790 trat Heinrich Beck, Ifflands und Schillers Freund, als „Hamlet" auf und schloß sein Gastspiel am 7. Februar 1791 als Carlos im „Clavigo"; neben ihm gastirte seine Frau als Sängerin in mehreren damals beliebten Opern. Goethe nennt den Mann einen interessanten Acteur, der denke und sich Mühe gebe, und lobt den Gesang der Frau. Anna Amalia schreibt über dieses theatralische Ereigniß an Knebel (7. Februar 1791): „Das Theater ist etwas verbessert durch einen Acteur und seine Frau von Mannheim, welchen der Herr von Dalberg erlaubt hat, einige Zeit hier zu spielen; Herr Beck und seine Frau (so heißen sie) sind Leute von Talent; der Mann spielt mit vieler Kunst, Verstand und Feinheit; er ist noch aus der Schule des Ekhof. Seine Frau hat eine hübsche Stimme und singt sehr gut; leider aber reisen sie in ein paar Tagen wieder von uns." Auch Herder war mit beiden sehr zufrieden und bedauerte ihren Abzug; zugleich äußerte er (an Knebel 7. Januar 1791) seine Befriedigung darüber, daß Bellomo ihnen, zwar anderen Weges (er gehe nach Grätz), bald nachziehe.

Schon im Anfang des Jahres 1791 war Bellomos neuer Contract wieder gelöst worden. Die maßgebenden Factoren Weimars trugen sich schon seit längerer Zeit mit der Absicht, dem Theater eine andere, bessere Form zu geben. Es waren dies: Anna Amalia und der Herzog selbst.

Anna Amalia war im Juni 1790 aus Italien zurückgekehrt. Auch auf ihre künstlerischen Anschauungen hatte das Wunderland mächtig gewirkt. War auch dort ihr Hauptinteresse auf Musik gerichtet, so dürfte doch, bei ihrer außerordentlichen geistigen Empfänglichkeit, ihr ganzes künstlerisches Urtheilen dermaßen beeinflußt worden sein, daß sie auch in theatralischer Beziehung dasjenige, was ihr vorher annehmbar erschienen war, nunmehr als minderwerthig erkannte. Bei der Einführung des Grafen Edling in die Geschäfte der Theater=Commission (11. Februar 1814) referirte Kirms, "unter welchen Umständen und mit welchen geringen Mitteln das hiesige Hoftheater etablirt worden, nachdem der ehemalige Privatdirector Bellomo mit seiner Gesellschaft nach Grätz im Österreichischen von hier abgegangen sei. Der Wunsch von Seiten der hochseligen Herzogin Amalia Durchl. sowohl, welche auf ihrer Reise in Italien so viel schönes gesehen hatte, als auch von Seiten des regierenden Herzogs

Durchl. ein besseres Theater als bisher zu haben, sei die Grundursache davon gewesen."

Die stillen Pläne des Herzogs, eine Umgestaltung herbeizuführen, gehen schon in das Jahr 1790 zurück, wo er bei seiner Anwesenheit in Berlin, im Anfang des Jahres, mit Reichardt über Theaterverhältnisse verhandelt hatte. An Reichardts Idee einer Hebung des Theaters in Berlin entzündete sich Carl Augusts Gedanke, der Kunst auch in Weimar einen Tempel zu errichten, wo bisher bloß eine Geschäftsbude und ein Vergnügungs= local gestanden hatte. Am 6. Februar 1790 schreibt Goethe an Carl August: „Daß Sie Sich, unter den gegenwärtigen Umständen, noch mit der mechanischten aller Wissenschaften, dem deutschen Theater, abgeben mögen, läßt uns andre Verehrer der Irene hoffen, daß diese stille Schöne noch eine Zeitlang regieren wird." Daß der Herzog Reichardt eine neue Idee, das Theater betreffend, eröffnet hat, und daß diese durch Reichardt zu Goethes Kenntniß gekommen ist, beweist Goethes Äußerung in einem folgenden Briefe an Carl August (18. Februar): „Reichardt ist sehr von Ihrer Idee wegen des Theaters eingenommen."

Goethe selbst scheint an diesen Plänen seines Herrn nicht allzu viel Antheil genommen zu haben; denn er hegte für die Zukunft des deutschen Theaters nur geringe Hoff= nung. Vor allem war es die trostlose Einsicht in den tief stehenden Geschmack des deutschen Publicums, die ihn Besserungsplänen gegenüber entschieden skeptisch machte. Wie jedes Volk und jede Zeit die Litteratur haben, die sie verdienen, so erzeugt sich auch jedes Publicum das

Theater, das seinem Geschmack allein zukommt. In diesem Sinne entwirft er — in einem Briefe an Reichardt vom 28. Februar 1790 — ein nicht gerade schmeichelhaftes Bild von dem deutschen Publicum, dem deutschen Theater, dem deutschen Schauspieler und dem deutschen Dramatiker. Überall herrschte seit Jahren eine wohlsoutenirte Mittelmäßigkeit. „Was ich unter diesen Aspekten von Ihrem Theater hoffe, es mag dirigiren wer will, können Sie denken." Carl August hatte aber einmal die Idee erfaßt; und wie er sie mit sich herumtrug, wie er in weiser Vorsicht alle Möglichkeiten bei sich erwog, um ja diejenige zu finden, die für das zukünftige Unternehmen die sicherste und eine gefahrlose sei, das beweisen folgende Aufzeichnungen von ihm, die er wie eine Art Monolog zur Klärung der Angelegenheit für sich niederschrieb.

„Nach reiflicher Überlegung habe ich folgendes Gefunden:

1º wenn ich zugäbe daß particuliers das theater entreprenirten so laufe ich gefahr daß wenn die Außgabe die Einnahme nicht equiparirte, ich am Ende eines Jahres, oder nach verlauf einiger zeit Gelder zuschießen müste auf welche ich bey meiner Disposition nicht gerechnet hätte, und die mir in gewißen Augenblicken zur last fallen könnten; ferner daß ich, wenn die Entrepreneurs von dem ihrigen zugesezt hätten ich mir, auß billigkeit eine kostspielige last nicht vom Halse wälzen könnte sobald dieses von nöthen wäre; auch müste ich zum Anfange wahrscheinlich Vorschüße machen, auf deren gewiße rückzahlung nicht zu rechnen wäre. Ich glaube also

2ᵒ beßer zu fahren, wenn ich, da einmahl eine schon bestehende gute truppe nicht zu haben ist, es selber zum Versuch auf ein Jahr wage, Schauspieler zu engagiren, den ersten Vorschuß den ich eben jezt daran wenden kan, mir selbst zu machen, damit ich in der Gewalt behalte, so viel anzuwenden als mein Beutel bequem bestreiten kan. Damit ich

3ᵒ aber nicht das ungemach einer Hoftruppe erleide, so will ich einen folgsamen, stillen Menschen nehmen der unter seiner Firma die Leute engagiren soll, und die Gesellschaft sowohl hier als in Lauchstedt und Erfurth dirigire. Dieser Mensch

4ᵒ bleibt in derselben Cathegorie wie zeither Bellomo, das heist, er hat mit dem Hof Amte und das Publicum mit ihm zu thun. Ich werde schon

5ᵒ meine Maaßregeln mit ihm so nehmen, daß er nichts zum nachtheil des Schauspiels thun könne, sondern jeder seiner Schritte von mir abhänge. Auch soll er

6ᵒ weder gewinnst an der Einnahme noch schaden von der Außgabe haben. Die truppe bleibt auch

7ᵒ unter dieses Mannes Firma denen Gerichten im Civili untergeben, woran sich Bellomo zu halten hatte.

8ᵒ hatte ich zu dieser Stelle Neumannen außersehen wenn er leben bleibt denn er ist ein guter Mensch da ich hingegen bey dieser Wahl

9ᵒ dem Schauspieler Einer völlig den Außschluß

geben muß, da er durch seine Entweichung vor dem Jahre den Hof und das Publicum sehr beleidiget hat.

Carl August H z S u E."

Diese Aufzeichnungen des Herzogs lassen die innere Form der neuzuschaffenden Organisation noch nicht genau erkennen. Carl August hatte an dem nahen Gotha ein Beispiel, wie es mit einer Truppe, die in directer Abhängigkeit vom Hofe steht, gehen könne. Er getraute sich noch nicht dies Risico ganz zu übernehmen, umsomehr da von einer Stadt von 6000 Einwohnern auch keine genügende Unterstützung eines solchen Unternehmens geboten werden konnte. So ist es auch zu erklären, daß Goethes mit keinem Worte gedacht wird, da er nur als Vertrauensperson des Herzogs bei einer wirklichen Hoftruppe eine künstlerische Stellung einnehmen konnte. Niedergeschrieben wurden diese Erwägungen zu einer Zeit, wo der seit 1784 der Bellomoschen Truppe angehörige und durch seine Begabung sowie durch sein anständiges Wesen allgemein beliebte Schauspieler Johann Christian Neumann, der Vater der berühmten „Euphrosyne", noch am Leben war. Er starb in Folge zu heftigen, affectvollen Spieles am 25. Februar 1791 an einem hektischen Fieber. Wir dürfen jene Niederschrift des Herzogs wohl in die ersten Tage des Jahres 1791, wenn nicht gar noch in den December 1790 versetzen.

Der Herzog war sehr energisch bemüht, einen Leiter für das noch zu schaffende Institut zu gewinnen; und vielleicht in Folge einer Ablehnung Neumanns, vielleicht in Folge bereits eingetretener Kränklichkeit desselben, und

nachdem auch der Mannheimer Beck die ihm angebotene
Leitung abgelehnt hatte, verfiel Carl August doch auf
den Schauspieler Einer, nachdem dieser in seinem Prozeß
mit Bellomo von der Weimarischen Regierung frei=
gesprochen, Bellomo dagegen, der Einer hatte steckbrieflich
verfolgen lassen, zur Abbitte, zu einer Geldstrafe und
Bezahlung der Kosten verurtheilt worden war. Nur auf
Einer kann sich nachfolgendes, an Kirms gerichtetes (un=
datirtes) Billet Carl Augusts beziehen.*)

„Ich habe E. das Meßer an die Kehle gesezt indem
ich ihm sagte Bellomo ginge nun wirckl. ab, ich ginge
nach Leipzig, wo ich die truppe von Seconda zu sehn
gedächte, u. wenn er (E. nehml.) mir nicht biß da=
hin einen Plan von dem er so lange schon gesprochen
hätte, vorlegen würde, so müste ich mit Seconda mich
besprechen, indeßen wolte ich erst hören ob er etwas
beßeres vorzubringen hätte. Heute Abend erwartete
ich seine endl. erklärung. Schencken Sie ihm nur
ganz klaren Wein ein.
                                                    C. A."

Die Verhandlungen mit Einer führten zu keinem Re=
sultat und so dachte man thatsächlich daran, den Leip=
ziger Theaterdirector Joseph Seconda zu gewinnen. Kirms
als Vermittler forderte ihn auf, durch ein Memorial bei

---

*) Ich fand das Blatt und noch ein zweites, das in dieselbe
Zeit gehört (S. 30), in der Handschriftensammlung der Fräulein
Charlotte und Sophie Krackow zu Weimar, und erhielt von den
Besitzerinnen (Großnichten des Hofkammerrath Kirms) die Er=
laubniß, diese interessanten Schriftstücke unserer Publication zu=
zuführen.   B. Suphan.

dem Hof=Marschall=Amte sich um die Leitung des Wei=
marischen Hoftheaters zu bemühen, welcher Aufforderung
Secouda auch nachkam. Zugleich bat er Kirms um Unter=
stützung seines Gesuchs.

Unterdessen gingen aber noch die Verhandlungen mit
Bellomo wegen Ankaufs des Lauchstädter Hauses weiter;
denn auf diese für die finanzielle Grundlage höchst wich=
tige „Seitenwirkung", wie Goethe einmal sich äußerte,
durfte und wollte man von Anbeginn an nicht ver=
zichten. Natürlich ist Kirms wieder der Unterhändler.
Bellomo war aufgefordert worden, das Haus sammt dem
ganzen Inventar abzuschätzen und eine Verkaufssumme
vorzuschlagen. Einen Einblick in die Verhandlungen
gewährt folgender in seinen Hauptpuncten wiedergegebene
Bericht, den Kirms als Verordneter des Hof=Marschall=
Amtes an den Herzog erstattete (14. Januar 1791):

„Ew. Herzogl. Durchl. haben die gnädigste Intention,
den Hof und das Publicum alhier den Winter hin=
durch nicht ohne Schauspiel zu lassen, und sind daher
gesonnen, nach Abgang der Bellomoischen Gesellschaft,
eine eigene Gesellschaft unter der Direction und unter
dem Namen eines Regisseurs engagiren zu lassen,
welcher so wie das ganze theatralische Oeconomicum
wie zeither nur mit mehrerem Detail Höchst Jhroselben
Hof=Marschall=Amt untergeordnet seyn soll.

Nach den Büchern des Directeur Bellomo betragen
dessen Einnahmen in Weimar, Lauchstädt und Erfurt,
Altenburg nicht mit begriffen, allein 8000 rh. jährlich,
daher denn bey einem dergleichen Unternehmen wohl

nichts zu befürchten seyn möchte. Vielmehr ist zu vermuthen, daß die ersten Auslagen in einigen Jahren wieder beyzubringen seyn könnten.

(Ew. Herzogl. Durchl. mögen nun eine eigene Gesellschaft errichten, oder aber einen Directeur mit seiner Gesellschaft hieher kommen lassen, so kann doch keine von beyden subsistiren, wenn sie nicht im Sommer in Lauchstädt und den Herbst in Erfurth spielen kann.

Aus diesem Gesichtspunct betrachtet, machten Ew. Herzogl. Durchl., als der Directeur Bellomo um seine Entlassung vor Endigung des Contracts nachsuchte, es zur Bedingung, daß er dem hiesigen Theater das Lauchstädter auf 6 Jahre noch stehende Privilegium ohnentgeldlich überlassen müsse, welches derselbe auch versprach, daferne sein in Lauchstädt befindliches Haus ihm für einen billigen Preis abgekauft würde."

Bellomo hatte den Werth des ganzen Bestandes auf 1775 rh. 16 gr. geschätzt, wollte sich aber mit 1500 rh. in sächsischem Gelde zufrieden geben. Der ehrliche Makler Kirms kann aber nicht umhin, ihm in der freundlichsten Weise noch etwas abzubingen und schreibt an ihn: „Wollen Sie nicht noch was ablassen? Ich kann Sie nicht zwingen, allein vorstellen darf ich doch. Sie haben nächst Ihrer Thätigkeit dieses Haus nicht nur, sondern auch Ihren ganzen jetzigen und zukünftigen Wohlstand dem Herzog zu verdanken; nehmen Sie es daher nicht zu genau mit unserm guten Herzog, der gegen Sie immer so nobel handelte." Es wurden Bellomo 1200 rh. angetragen; er erklärte sich zur Annahme bereit, aber

nur in sächsischem Courant, worauf Goethe an Kirms
schrieb:

„Durchl. der Herzog können Sich nicht entschließen
das Herrn Bellomo gethane Gebot in Sächsisch Cou=
rant zu erhöhen, vielmehr glauben Sie daß derselbe
für die gebotne Summe das Haus gar wohl über=
lassen könne, besonders da Sie überzeugt sind daß es
ihm selbst angenehm seyn werde bey dieser Gelegen=
heit die billigsten Gesinnungen zeigen zu können.
W. d. 30. Jan. 91.
Goethe."

Bellomo gab wirklich nach und machte seinem ge=
preßten Herzen in folgenden Zeilen an Kirms Luft.

„Hochwohlgeborner Herr!
In Beantwortung Ihres gütigen Billets ersehe ich
daß von Serenissimo nichts mehr zu erlangen ist, als
sich Dieselben nun einmal festgesetzt haben. Was kann
ich also anders thun, als ich bin zufrieden und nehme
die gebotene 1200 rh. hiesig Courant für das Lauch=
städter Haus sammt Cedirung des Privilegii und De-
corationes an, wünsche viel Glück dazu, und mir
schmeichle Serenissimi Gnade bey andern Gelegenheiten
dadurch verdient zu haben. Ich hoffe doch wenigstens
daß man dadurch des armen guten Bellomo sich dann
und wann erinnern wird, der, wenn man ihn auch
(leider oft) verdunkeln wollte, doch immer ehrlich, und
redlich gehandelt hat. Ew. Hochwohlgeb. können Serenissimo die Richtigkeit des Handels benachrichtigen, und

wenn ich bitten darf mich deßen Gnade unterthänigst
empfehlen der ich hochachtungsvoll bin
  Weimar den 31. Jenner 1791.
             Ew. Hochwohlgeb. ergebenster Diener
                  J. Bellomo."

Als Käufer aber fungirte nicht der Herzog, auch nicht das Hof-Marschall-Amt, sondern — wohl deßhalb weil überhaupt noch nicht entschieden war, in welchem Verhältniß die künftige Gesellschaft zum Hofe stehen sollte — ein dritter, nämlich der herzogliche Concertmeister Kranz.

Es handelte sich nun aber darum, daß der Kurfürst zur Abtretung des Lauchstädtischen Privilegs seine Zustimmung gab, was um so nothwendiger war, als nun auch Seconda sich um dasselbe sehr nachdrücklich bewarb. Goethe wendete sich im Auftrag des Herzogs an den ihm befreundeten Hausmarschall des Kurfürsten, Herrn von Racknitz in Dresden (10. Januar 1791), stellte ein Abfinden mit Bellomo wegen des Hauses in Aussicht und sprach die Hoffnung aus, „daß die künftige Gesellschaft besser als die bißherige sich exhibiren soll." Dies war ein Privatschreiben Goethes, und die Theaterangelegenheit ist darin nur neben anderen Privatinteressen, und zwar mineralogischen, erwähnt. Goethe war bisher in der ganzen Entwicklung aus dem Spiele geblieben. Nun aber, nachdem die Kunde von dem neuen Unternehmen auch in die Öffentlichkeit gedrungen war, begannen bereits die persönlichen Gelüste in Schauspielerkreisen sich geltend zu machen; um außerhalb dieser persönlichen Bestrebungen zu bleiben, und weil sich eine sachliche Leitung der Verhandlungen durch eine Persönlichkeit von unbestrittenem künstlerischen Ansehen als nothwendig herausgestellt hatte, übertrug der Herzog diese Leitung Goethe und gab ihm zur Unterstützung Kirms an die Seite. Carl August schrieb am 17. Januar an Kirms:

„d. 17t. d. J. 1791.

Es dringen schon von allen Ecken potenzen ein welche den od. jenen Acteur, die u. die Actrice begünstigen u. annehmen machen wollen; diesem unwesen zu steuern, u. zu verhindern daß nicht schon bey der ersten empfängniß der Embryo verunstaltet werde, habe ich mit Göthen die Abrede genommen, daß ich schon öffentl. bekenne ich habe ihm die direction dieser Sache übertragen. Laßen auch Sie also diesen vorsatz kund werden, u. behandeln nun das Geschäfte ganz öffentl. u. mit Göthen: ich werde dadurch aller zudringlichkeiten loß, u. schiebe alles lezterem zu.

Bereden Sie auch mit ihm die Ankaufs Sache des Bellomoischen Hauses in Lauchstädt.

C. A

Wenn ein plan über das Gantze wird gemacht seyn dann werde ich solchen nach geschener Durchlesung signiren; nach diesem wird dann gearbeitet werden."

Das erste Schriftstück, das Goethe in dieser officiellen Stellung erließ, war folgendes Gesuch an den Stiftskanzler Christian Friedrich von Gutschmid bei der Regierung zu Merseburg, welcher das Amt Lauchstädt unterstand.

„P. P.

Es hat der Direktor der hiesigen Schauspieler Gesellschaft in den verflossenen Jahren die Erlaubniß erhalten auf die nächst folgenden 6 Jahre während der Badezeit zu Lauchstedt Schauspiel aufführen zu dürfen. Da nun derselbe gegenwärtig nach Grätz abgehet; so ist er geneigt gedachte Conzession an die hier zu errichtende Schauspieler Gesellschaft abzutreten, und mit derselben wegen seines erbauten Hauses zu conveniren. Ob nun gleich gegenwärtig der Name des Direktors der neuen Weimarischen Schauspieler Gesellschaft noch nicht angezeigt werden kann; so bin ich doch im Falle Ew. Hochwohlgeb. zu versichern daß man die nöthige Vorsorge treffen wird, um zur gewöhnlichen Zeit das Lauchstedter Theater eröffnen zu können.

Wollten Ew. Hochwohlgeb. die Güte haben, das Bellomoische Privilegium auf die neue Weimarische Schauspieler Gesellschaft übertragen zu lassen so würden Dieselben Durchlaucht den Herzog meinen gnädigsten Herrn besonders verbinden, als welche der neuen Einrichtung eine besondere Aufmerksamkeit schenken. Ich schätze mich glücklich, Ew. Hochwohlgeb. bey dieser Gelegenheit die Hochachtung bezeigen zu können pp.

W. d. 17. Jan. 1791. G."

In derselben Angelegenheit wandte sich Goethe nochmals einige Zeit später (wohl zwischen dem 4. und 10. Februar) an den ebenfalls zur Merseburgischen Regierung gehörigen Grafen von Zech.

„P. P.

Es hat der Schauspiel Direktor Bellomo an den in hiesigen fürstl. Diensten stehenden Concertmeister Kranz das Schauspielhaus zu Lauchstedt käuflich überlassen, und es hängt nach Angebung desselben die völlige Beendigung der Sache noch von Ausfertigung der von Churfürstl. Cammer zu Merseburg zu ertheilenden Erlaubniß ab. Da nun gedachtes Haus für die sich in einigen Monaten allhier versammlende Schauspieler Gesellschaft eigentlich einzurichten ist, und man sehr zu wünschen Ursache hat, daß das angezeigte Kaufgeschäft vor der Abreise des Schauspieldirektor Bellomo, als welche nächstens erfolgen wird, völlig berichtiget werde, so nehme ich mir die Freyheit Ew. Hochgeborn hierdurch gehorsamst zu ersuchen, bei gedachtem Cammer Collegio sich in dieser Angelegenheit gefällig zu interponiren, und die Beendigung derselben zu bewürken.

Halten sich Hochdieselben meines lebhaftesten Dankes so wie der vollkommensten Hochachtung gewiß, womit ich die Ehre habe mich zu unterzeichnen."

So war Goethe, nachdem auch die Verhandlungen mit Secconda resultatlos verlaufen waren, an die Spitze des neuen Theaters gestellt. Er war sich der Schwierigkeit und der Undankbarkeit dieser Aufgabe vollauf bewußt. Aus dem Nichts, mit kaum zureichenden Mitteln mußte ein Theater geschaffen werden, das höheren Ansprüchen Genüge thun sollte als das bisherige. Obwohl Goethe in den Tag- und Jahresheften 1791 erzählt, er habe die Leitung des Hoftheaters „mit Vergnügen" übernommen, wird man doch glauben dürfen, daß er bei der Übernahme mehr dem Willen seines Fürsten als seinen eigenen Gelüsten gehorchte. In naturwissenschaftliche Studien und Arbeiten vergraben, mit seinen Gedanken auf das Innerste der Natur gerichtet, fehlte ihm in diesem Augenblick der rechte Sinn für diese aufs Äußerliche abzielende Kunst des Scheins. Denn unter diesem Gesichtspuncte erschien ihm damals das Theater. Er betrachtete seine Stellung an demselben als eine „unterhaltende Beschäftigung, gelind zu versuchen, auf welchem Wege das Unternehmen weiter geführt werden könnte." Die großen künstlerischen Principien, denen er bereits im „Wilhelm Meister" das Wort geredet hatte, wirkten noch nicht so nachhaltig, wie später, wo sie durch bedeutende Erfahrungen gestärkt, seine Thätigkeit über das Kleinliche, Nothwendige und Zufällige des Tages erhoben. Doch ging er mit Ernst und strenger Selbstüberwindung an die Aufgabe, die er nun einmal übernommen hatte. Sehr bezeichnend ist was er am 20. März darüber an seinen Freund Jacobi schreibt. Er spricht von seinen osteologischen Versuchen und betont, daß man dabei gar nicht merke, was man mache, da alle Bemühung einwärts gehe und Simplification der Zweck sei. „Dagegen steht mir jetzt eine Beschäftigung vor die desto mehr nach aussen gerichtet ist und nur den Schein zur Absicht hat. Es ist die Oberdirection des Theaters das hier errichtet wird. Ich gehe sehr piano zu Wercke, vielleicht kommt doch fürs Publikum und für mich etwas heraus. Wenigstens wird mirs Pflicht diesen Theil näher zu studiren, alle Jahre ein Paar spielbare Stücke zu schreiben. Das Übrige mag sich finden."

Über die innere Einrichtung der Gesellschaft und ihr Verhältniß zum Hof war übrigens immer noch nichts Festes bestimmt. In den Verhandlungen mit der Stift-Merseburgischen Regierung wegen Übertragung des Lauchstädter Privilegs auf den Weimarischen Bevollmächtigten, den Concertmeister Kranz, schrieb Kirms am 20. März an den dortigen Minister: „Die errichtet werdende Gesellschaft kommt schon im Mai zusammen ... Ohngeachtet sie auf Serenissimi Geheiß und Risico errichtet war, so ist man doch noch nicht gänzlich entschlossen, ob sie Hofgesellschaft oder nach dem Namen eines Regisseurs genannt werden solle, ob es gleich jedermann weiß und wissen kann, daß sie dem Hof gehört. Die Oberdirection hat der Herr Geh. Rath von Goethe." Der Herzog aber meldet sehr vergnügt an Knebel (am 28. März): „Im Monat Mai wird unser neues Theater seinen Anfang nehmen; ob wir gleich dieses Unternehmen sehr mäßig beginnen, so hoffe ich doch, daß es mehr Vergnügen reichen wird, als aus den bisherigen Schauspielen zu schöpfen war."

Nachdem durch Mittheilungen in Theaterjournalen, durch die auswärtigen Unterhandlungen mit Seconda, durch Bellomo die Nachricht von der Errichtung der neuen Bühne in Schauspielerkreisen sich verbreitet hatte, kamen aus Süd- und Norddeutschland Gesuche um Aufnahme in diesen Kreis. Kirms leitete die Verhandlungen. Bei den Engagements war natürlich äußerste Vorsicht geboten. Die künstlerischen Fähigkeiten der oft

aus weiter Ferne nach Weimar strebenden Schauspieler
konnten nicht erst durch Gastspiele erprobt werden, und
so wurden die ersten Contracte nur auf Ein Jahr, bis
Ostern 1792, mit halbjähriger Kündigung, geschlossen,
um im günstigen Falle von da ab wieder auf Ein Jahr,
bis Ostern 1793 erneuert zu werden. Die neuen Mit=
glieder kamen meist aus dem Süden, aus Österreich.
Als Regisseur war schon im Februar der Schauspieler
I. Franz Fischer vom Kgl. Nationaltheater in Prag
gewonnen worden; mit ihm trat auch seine Frau als
Schauspielerin ein. Aus Bellomos Personal wurden
mehrere Mitglieder für das neue Ensemble verpflichtet:
der bereits genannte Einer (er hieß eigentlich Krato),
Malcolmi mit zwei Töchtern, Domaratius und Christiane
Neumann, die Tochter des ebenfalls schon erwähnten Mit=
gliedes der Bellomoschen Gesellschaft.

Im April 1791 weilte der große Hamburgische Dar=
steller und Director des dortigen Theaters Friedrich
Ludwig Schröder in Weimar. Er hatte eine Kunstreise
durch Deutschland angetreten, um sich einen Einblick in
das theatralische Leben und Treiben zu verschaffen und
talentvolle Kräfte für sein Theater zu suchen. Mit ihm
hat Goethe gewiß eindringliche Unterhaltung über Theater,
Schauspielkunst und praktische Einrichtung des Theater=
wesens gepflogen und aus dem reichen Schatz von Schrö=
ders künstlerischer und praktischer Bühnenkenntniß manch
werthvollen Wink und Rath empfangen. Schon vor der
Ankunft Schröders in Weimar hatte sich Goethe an ihn
gewandt, der dem neuen Unternehmen warmen Antheil
entgegenbrachte. Von Schröders streng geordneter Bühnen=

verfassung möchte Goethe die Gesetze und Vorschriften auch auf sein Theater übertragen. „Es kann nicht anders als vortheilhaft seyn, die Erfahrungen eines Mannes zu nutzen, den sein Vaterland als Meister in seiner Kunst anerkennt." Von der Reise aus (Mannheim 7. Mai) schickt Schröder eine eingehende Auseinandersetzung der Kasseneinrichtung des Hamburgischen Theaters, die Goethe sofort in Weimar einführt.

So fügte sich in dem „leichten Bau des theatralischen Gerüstes" Balken auf Balken. Am 7. Mai 1791 wurde das Theater mit Ifflands „Jägern" eröffnet. Zu Beginn der Vorstellung sprach der Schauspieler Domaratius den von Goethe gedichteten Prolog „Der Anfang ist an allen Sachen schwer", in welchem die Schwierigkeiten des Unternehmens angedeutet werden und die nachsichtige Unterstützung des Publicums erbeten wird. Bescheiden und doch bestimmt läßt Goethe den Schauspieler dem Publicum gegenübertreten. Er verspricht scheinbar nichts und verlangt nur weniges. In anspruchslosem poetischen Gewande, fast im Unterhaltungston, bringt diese erste Theaterrede den Hörern Gedanken über die Würde und Bedeutung der theatralischen Kunst nahe, wie man sie bis dahin von der Weimarischen Bühne herab noch nicht gehört hatte; und in naiv=gemüthlicher Weise wird der Versuch gemacht, ein freundschaftliches Verhältniß zwischen der Bühne und dem Parterre herzustellen. Mit fast prosaischen Worten spricht der neue Director jenes Hauptprincip aus, das allein die gesunde Grundlage eines durch die Zusammenwirkung vieler, zum Theil auseinander strebender Kräfte hervorgebrachten Kunstwerkes sein kann;

ein Princip, das in innerstem Zusammenhang mit seiner
ganzen Kunstanschauung stand, wie sie sich seit der
italienischen Reise entwickelt hatte: Harmonie ist das
Wesen der Schönheit, und so auch die Seele des thea=
tralischen Spiels; nur durch die Zusammenstimmung aller
Theile kann ein schönes Ganze hervorgebracht werden.

> Denn hier gilt nicht, daß einer athemlos
> Dem andern hastig vorzueilen strebt,
> Um einen Kranz für sich hinwegzuhaschen.
> Wir treten vor euch auf, und jeder bringt
> Bescheiden seine Blume, daß nur bald
> Ein schöner Kranz der Kunst vollendet werde,
> Den wir zu eurer Freude knüpfen möchten.

Goethe war mit den ersten Schritten des neuen In=
stituts verhältnißmäßig zufrieden. Er schreibt dies an
Schröder (24. Mai) und legt in einem Briefe an Reichardt
(30. Mai) seine theatralischen Absichten und Ideen dar.
„Im Ganzen macht mir unser Theater Vergnügen, es
ist schon um Vieles besser, als das vorige, und es
kommt nur darauf an, daß sie sich zusammen spielen,
auf gewisse mechanische Vortheile aufmerksam werden und
nach und nach aus dem abscheulichen Schlendrian, in
dem die mehrsten deutschen Schauspieler bequem hinleiern,
nach und nach herausgebracht werden. Ich werde selbst
einige Stücke schreiben, mich darinne einigermaßen dem
Geschmack des Augenblicks nähern und sehen, ob man sie
nach und nach an ein gebundenes, kunstreicheres Spiel
gewöhnen kann."

Die Gesellschaft ging, nachdem sie in Weimar 14 Vor=
stellungen gegeben hatte, nach Lauchstädt, wo sie vom

13. Juni bis zum 14. August spielte. Ein interessantes Urtheil über die dortigen Aufführungen enthält ein Brief des Lauchstädter Amtmannes Clausewitz an Kirms (13. August). Die Gesellschaft habe in Ansehung der Operette mehr gefallen als die Bellomosche, auch einige Lustspiele habe das Publicum gut besetzt gefunden; das Trauerspiel hingegen kann „vorzüglich wegen der ganz unrichtigen Declamation und Action einiger Schauspieler und Schauspielerinnen auf keinen Beifall und, soweit ich bemerkt, um des willen um so weniger Ansprüche machen, da einige Schauspieler bei Vertheilung der Rollen mehr nach freier Wahl als nach Selbstprüfung ihrer Talente gegangen zu sein scheinen." Im übrigen lobt er das anständige Betragen der Gesellschaft.

Obwohl Goethe die Oberleitung des Theaters hatte, hielt man es für den Anfang zweckmäßiger den Regisseur nach außen hin als verantwortliche Persönlichkeit vorzuschieben, und so sind die Theaterzettel mit seinem Namen unterzeichnet. Über seine Wirksamkeit in Weimar erzählen die Acten nichts; desto mehr erfahren wir über die ersten Schritte der Gesellschaft unter seiner Führung auf dem Boden des Lauchstädter Theaters.

Fischer hatte als der erste Regisseur des in seiner inneren Organisation noch gar nicht gefestigten Bühnenwesens einen schwereren Stand als seine Nachfolger auf diesem Posten. In Weimar waren Goethe und Kirms zur Stelle, um auftauchende Hindernisse hinwegzuräumen; auswärts aber lastete alles auf den Schultern des Regisseurs, und besonders in der ersten Lauchstädt=Erfurter Campagne häuften sich die Widerwärtigkeiten. In wöchent=

lichen Journalen mußte Fischer nach Weimar Bericht erstatten. Vom Weimarischen Hauptquartier war nur eine in den äußersten Umrissen sich haltende ordre de bataille ausgegeben; dem Talent und Geschick des Regisseurs blieb es überlassen, an Ort und Stelle die nöthige Entscheidung zu treffen. Gleich beim Eintreffen in Lauchstädt hatte Fischer seine liebe Noth mit der Instandsetzung der höchst ungenügenden Theaterlocalitäten, besonders der Garderoben. Nachdem hier das Mögliche gethan war, galt es sich künstlerisch einzurichten. Da gab es zunächst Schwierigkeiten in der Oper. Das Weimarische Orchester war nicht mitgekommen, die schauderhaften Lauchstädter Stadtmusikanten genügten nicht und so dachte Fischer daran, die Hauboisten der nahen Zeitzer Garnison zu gewinnen. Die Verhandlungen scheiterten jedoch, und so mußte er sich mit den Stadtmusikanten begnügen. Dann aber war es der Mangel an Neuigkeiten in Oper und Schauspiel, der ihn zu fortwährenden Klagen und Bitten um Zusendung neuer Stücke veranlaßte. Mit 14 einstudirten Stücken, darunter 3 Opern, war die Gesellschaft nach Lauchstädt ausgezogen; diese Anzahl genügte natürlich nicht für einen mehrwöchentlichen Aufenthalt. Da Lauchstädt und Erfurt im ersten Jahre zugleich eine Vorbereitung für die kommende Wintersaison in Weimar sein mußten, setzte Fischer alle Hebel in Bewegung, auf eigene Faust den Spielplan zu erweitern und schlug verschiedene Stücke vor. Diese seine Absichten scheiterten aber theilweise an dem Widerspruch einzelner Mitglieder, die entweder mit den angesetzten Stücken oder mit den ihnen darin zugewiesenen Rollen nicht zufrieden waren.

Trotzdem vermehrte sich das Repertoire doch ziemlich stark: in Lauchstädt kamen 17, in Erfurt 4 neue Stücke hinzu, unter letzteren auch „Don Karlos", worin Fischer den König spielte.

Da übrigens in dieser sowie in anderen Beziehungen die auswärtige Campagne des Jahres 1792 der von 1791 sehr ähnlich ist, können die beiden im Folgenden zusammen betrachtet werden. Fischer hatte 1792 „Emilia Galotti", „Macbeth", „König Lear" vorgeschlagen. Goethe hatte sich eben auf die Reise gemacht, um dem Herzog nach Frankreich zu folgen; Kirms allein wollte vielleicht die Verantwortung nicht übernehmen und erklärte, daß diese Stücke bis zu Goethes Rückkehr aufgehoben werden sollten. Dagegen bestimmt Kirms den „Hamlet", der bereits, in Schröders Bearbeitung der Eschenburgschen Übersetzung, am 28. Januar 1792 in Weimar gegeben worden war, für Erfurt (aufgeführt am 26. September). Er fragt an, warum die auf dem Spielplan stehenden Stücke: „Bürgerglück" (von Babo, bearbeitet von Vulpius) und „Otto der Schütz" (von Hagemann) in Lauchstädt, beziehungsweise Erfurt noch nicht gegeben worden seien. Darauf Fischer: „Bürgerglück" sei wegen der Rolle, die der Adel darin spiele, für den Anfang bedenklich; aber nur für den Anfang, denn der Noblesse widerfahre so viel eben nicht und sie werde von der kleinen Dosis nicht gleich sterben. „Otto der Schütz" aber sei wegen der darin enthaltenen Pfaffenscenen für das (katholische) Erfurt nicht tauglich. Auch sonst war Fischer sehr vorsichtig, aus Furcht irgendwo anzustoßen. In Erfurt hatte er, wegen Anwesenheit des

österreichischen Militärs, Bedenken gegen die Aufführung
von „König Johann," weil darin ein österreichischer Erz=
herzog lächerlich gemacht werde. „Daß das Stück nicht
gefallen wird, nicht gefallen kann, ist im voraus beinahe
gewiß, da Heinrich IV, der doch ungleich bedeutender ist,
mißfallen hat." Fischer will (vielleicht auch aus ange=
borener Loyalität gegen das Habsburgische Herrscherhaus)
einen „andern idealischen Namen" substituiren, wogegen
Kirms Einspruch erhebt: Goethe sehe das nicht gern;
Fischer habe das Stück nicht gemacht, es treffe nicht
den jetzigen Erzherzog und dann lebten sie ja nicht in
Österreich. Kirms hatte zum Beginn in Erfurt an=
gesetzt „Die glücklichen Bettler" nach Gozzi. Fischer
aber zweifelt, ob es eine Ehre für die Hofgesell=
schaft sei, mit einer traurigen Farce anzufangen. Für
Erfurt war bestimmt: Heinrich IV (in Schröders Be=
arbeitung) in 2 Theilen. Fischer entgegnet: „Da ich
ihn nun in 5 Acte zu einem ordentlichen Stück gemacht,
würde es die größte Confusion werden, wieder auf 2 Tage
ihn zu theilen; überdies sind beide Theile zu kurz und
füllen keinen Abend."

Fischers Journale sind sehr breit und weitschweifig.
Er berichtet alles gleich ausführlich. In dieser Breite
der Mittheilung verschwinden die eigentlichen ästhetischen
Urtheile, die einen Schluß auf seine künstlerische Intel=
ligenz erlaubten. Fischer war mehr als bloßer Regisseur,
er bekleidete gewissermaßen die Stelle eines Dramaturgen
und hat mehrere Stücke für die Weimarische Bühne
bearbeitet. Von Heinrich IV war bereits die Rede.
Im Juni 1791 hat er — recht charakteristisch für die

damaligen Theaterzustände — „Die Tempelherren" von
Kossta aus Versen in Prosa aufgelöst, um diese noch un=
gewohnte Form den Schauspielern mundgerecht zu machen.
Fischer war übrigens kein Neuling auf diesem Gebiete.
1777 hat er eine ebenfalls prosaische Bühnenbearbeitung
des „Macbeth" geliefert, in der er, einer der ersten vor
Schröders Bearbeitung, die Absicht kundgibt, die Ver=
ballhornung des Originals durch den Wiener Schau=
spieler Stephanie den jüngeren zu verdrängen. Doch ragt
auch seine Bearbeitung über das Niveau des damals
Üblichen nicht hinaus; und bis zu Schiller war noch
eine tüchtige Strecke zurückzulegen.

In Fischers Berichten nimmt das Persönliche eine
Hauptrolle in Anspruch. Er selbst ist bestrebt, sich und
seine Frau ins beste Licht zu setzen und sich als den von
den Ränken und Kabalen seiner Untergebenen fast zu Tode
gehetzten pflichteifrigen Diener darzustellen. Es herrschte
in der Truppe, namentlich entfernt vom Heimathsorte,
arge Disciplinlosigkeit, nicht das geringste Gefühl von
Zusammengehörigkeit war vorhanden, und da war denn
der Regisseur meist der Sündenbock, auf den der Eigen=
wille, der Neid und Haß der einzelnen Mitglieder anprall=
ten. Dazu kam, daß Kirms, vielleicht aus Mangel an
Vertrauen, vielleicht um für die Berichte des Regisseurs
ein Correctiv zu haben, im ersten Jahre eine ganz
unwürdige geheime Berichterstattung eingeführt hatte, mit
der Domaratius beauftragt war. Überdies liefen aber
auch von anderen Mitgliedern aus Lauchstädt Briefe
an Kirms ein mit kleinlichem Klatsch und Verleum=
dungen des Regisseurs. Kurz, Fischer hatte nach jeder

Richtung einen schweren Stand, und so entringt sich schon am 24. Juli seinem gepreßten Herzen der schwere Stoßseufzer: „Gott ließ mich schwer fallen, da ich mich bewegen ließ, den Stempel meines Namens herzuleihen und fremde Schulden auf mich zu laden."
„In Lauchstädt geht es ganz leidlich" schreibt Goethe an den Herzog 1. Juli 1791, „Es fügt und schickt sich alles. Kleine Inconvenienzen werden nicht gerechnet, sie machen nur Herren Fischer zu schaffen."

Dieser innere Krieg wiederholt sich auch 1792. Fischers Heftigkeit nimmt zu; und als endlich der Schauspieler Einer, der im März dieses Jahres aus Gesundheitsrücksichten seine Entlassung erbeten und von Goethe (er gab sie ungern) erhalten hatte, sich weigerte in der Schlußvorstellung „Elise von Valberg" (von Iffland) zu spielen, da riß dem gereizten Regisseur die Geduld und er ließ seinem Zorn die Zügel schießen. „Ich kenne keinen unbilligeren Menschen, der mit Nachtheil anderer ungestüm auf seine Gage pocht und unverschämt genug sein kann noch zu fordern, daß die Theatergesellschaft auch beim Schlusse für ihn arbeite, da sie doch im Anfange beinahe an 3 Wochen für ihn gearbeitet hat, damit er seinen Hypochonder pflegen könne . . . Nun denn! der liebe Gott wird mich doch auch noch von diesem Tollhauskandidaten erlösen, so wie ich hoffe, daß Er mir Kraft verleihen wird, das 8. Wunder der Welt zu bestehen, nämlich mit dieser bewundernswürdigen Gesellschaft von Narren, Idioten, Boshaften, Cabalmachern, Speichelleckern und Sch . . . standhaft zu enden, hiezu flehe ich an den grundgütigen Gott um Geduld, Muth und Kräfte." (An Kirms.)

Über Fischer als Schauspieler fällte Goethe in der „Campagne in Frankreich" das Urtheil: „ein Schauspieler in Jahren, der sein Handwerk verstand, mit seinem Zustande zufrieden, sich mit einem beschränkten Rollenfache (zärtliche und komische Alte) begnügend". Was er aber weiters anfügt, Fischer habe die einheimischen Schauspieler gut zu behandeln gewußt, wodurch ein innerer Friede sich über das Ganze verbreitete, das dürfte, nach den oben angeführten Thatsachen zu urtheilen, hervorgegangen sein aus Goethes Bestreben, das Andenken des gewiß verdienstvollen, das Beste wollenden Mannes nicht zu schädigen.

Am 1. October 1791 wurde, nach der Rückkehr von dem ersten Sommerausflug, wieder zum ersten Mal in Weimar gespielt. Goethe, der die Gunst des Publicums, wenn sie auf wahrem Antheil beruhte, als ein belebendes und aufmunterndes Element wohl zu schätzen wußte, ließ in einem Prolog die durch das längere Fernsein gelockerten Bande zwischen Publicum und Schauspieler wieder fester knüpfen. Den Gedanken, der ihn in Bezug auf das Theater am meisten erregen mochte, den Gedanken an die großen Schwierigkeiten, mit denen die Kunst, und besonders in Deutschland zu kämpfen habe, und daß diese Schwierigkeiten noch nicht überwunden seien, das hohe Ziel noch lange nicht gewonnen sei, ihn kann er auch bei dieser Gelegenheit nicht unterdrücken. Und wieder spricht er den Beifall des Publicums als den schönsten Lohn für den Schauspieler an.

Einen noch festeren und innigeren Verband zwischen Künstler und Zuschauer strebt der Epilog an, den die damals dreizehnjährige Christiane Neumann, von vielen Kindern umgeben, am letzten December des ersten Theater=

jahres sprach. Die französische Revolution hatte ihre drohenden Fittige immer weiter ausgebreitet; alles Bestehende schien zu wanken. Dem gegenüber erfleht der Dichter in dieser Gelegenheitsrede dasjenige Glück für seine Mitbürger, das in dem Vollbesitz der unveräußerlichen und unverrückbaren menschlichen Gemeinrechte besteht; jener Rechte

> die uns niemand raubt,
> An die uns eine gütige Natur
> Ein gleiches Recht gegeben und dies Recht
> Mit stiller Macht und Allgewalt bewahrt.

> Und so gesinnt besuchet dieses Haus
> Und sehet wie vom Ufer manchem Sturm
> Der Welt und wilder Leidenschaften zu!
> Genießt das Gute, was wir geben können,
> Und bringet Muth und Heiterkeit mit euch,
> Und richtet dann mit freiem reinem Blick
> Uns und die Dichter! Bessert sie und uns!
> Und wir erinnern uns in späten Jahren
> Mit Dank und Freude dieser schönen Zeit.

Goethe spricht hier als ein Wünschender, als ein Dichter, der über die Widerwärtigkeiten des praktischen Lebens hinwegsieht, und in dem was er erstrebt, nur das Allgemeine, Ewige, Rein=Sittliche schaut. Die alltäglichen, außer dem ethischen und ästhetischen Bereich liegenden Hemmungen jedoch befestigen in ihm die Idee, daß ihm auf diesem Felde etwas Dauerndes nicht gelingen könne. Den stärksten Ausdruck findet dieses Gefühl in einem Briefe an Knebel vom 5. October 1791. Er beklagt es, daß er diese schönen Tage nicht mit dem Freunde in Jena verbringen könne; in Weimar halte

ihn eine doppelte Beschäftigung zurück: die Ausgabe
seines optischen Versuchs und die Einrichtung des Schau=
spiels; „jenes macht mir mehr Freude als dieses, denn
ich kann hoffen, dort etwas Reelles und Bleibendes zu
leisten, wenn die vorübergehende Theater Erscheinung
nicht einmal ihre Wirkung in dem Augenblick äußert,
für den sie bestimmt ist."

Mit dem aus allen Gegenden Deutschlands unter
seiner Fahne versammelten Personal, in das am 30. Mai
1792 der begabte jugendliche Held und Liebhaber Heinrich
Vohs als werthvollster Zuwachs eingetreten war, stellte
Goethe anderthalb Jahre seine Versuche an. Es scheint
aber nicht, daß er mit dem Resultat seiner Bemühungen
sonderlich zufrieden war. Besonders die auswärtigen
Gastspiele legten die Nothwendigkeit einer Neuorganisation
unwiderleglich dar. Dieselbe konnte nur geschehen, wenn
die störenden Elemente entfernt waren. Zu diesem Zwecke
erließ Goethe eigenhändig nachfolgende Aufkündigung des
gesammten Personals:

„Die Oberdirektion des hiesigen Theaters sieht sich,
durch mehrere eintretende Umstände, bewogen sämt=
lichen Schauspielern und Schauspielerinnen die biß zu
Ostern bestehenden Contrackte hiermit aufzukündigen, um
selbige zu veranlassen sich in Zeiten nach anderweitigem
Engagement umzusehen. Weimar d. 24. Dec. 1792.
                                    JW v Goethe

Von sämmtlichen Schauspielern und Schauspiele=
rinnen zu präsentiren."
                            (Folgen die Unterschriften.)

Die Oberdirection hielt vorläufig ihre weiteren Ab=
sichten geheim. Ein spekulatives Mitglied der entlassenen
Gesellschaft, der Bassist Gatto suchte am 6. Januar
1793 um die Erlaubniß zur Errichtung einer Gesellschaft
für Weimar, Erfurt und Lauchstädt nach, wurde aber
von Goethe abschlägig beschieden. Denn die Oberdirection
äußerte (13. März) die Absicht, „einige von den Mit=
gliedern des Theaters wiederum zu engagiren und also
das Theater in einer kleineren Form zu continuiren".

Ostern 1793 gingen in Folge der Aufkündigung ab:
Domaratius, Herr und Frau Gatto, zwei ältere Töchter
Malcolmis, Herr und Frau Mattstedt, sowie Regisseur
Fischer und Frau.

Die Aufkündigung hatte offenbar den Nebenzweck ge=
habt, auch in der Regieführung eine Änderung herbei=
zuführen. Das Nächstliegende war nun, auch hierin,
wie in der obersten Leitung, eine Trennung zwischen
Kunst= und Verwaltungsfach vorzunehmen. Ferner mußten
die Zügel der Disciplin straffer angespannt werden. Von
Schröder hatte zwar Goethe die in Hamburg geltenden
Theatergesetze erbeten. Aber von einer Verpflichtung der
Mitglieder auf feste Theatergesetze läßt sich bis dahin
nichts nachweisen. Die Nothwendigkeit einer solchen Maß=
regel empfanden auch die gutgesinnten Mitglieder der
Gesellschaft, und aus dieser selbst ging der Anstoß dazu
hervor.

Am 7. März 1793 unterbreitet der Schauspieler
Vohs seinen Collegen einen nach dem Muster des Mainzer
Nationaltheaters entworfenen Coder von 17 Paragraphen.
Als Einleitung gibt er ein Promemoria, in welchem

er darauf hinweist, daß bei dem hiesigen Theater fast jede gute Bemühung durch die so häufig eingeschlichene Unordnung rückgängig gemacht oder doch sehr erschwert werde, daß daraus gänzliche Erschlaffung im Bestreben nach Vollkommenheit hervorgehe, und in letzter Linie die Kunst zum Handwerk herabsinken müsse. „Traurig wärs, wenn schon aller Künstlerstolz bei uns so sehr erloschen wäre, daß es uns große Aufopferung kosten sollte, einem Schlendrian zu entsagen, der doch nur der einzige Grund aller dieser Unordnungen war. — Doch nein! Mit Recht darf ich stolz darauf sein, Mitglied einer Gesellschaft zu sein, wo ich so oft den Wunsch äußern hörte, daß jeder die Kunst erschwerende Unfug möge abgeschafft werden." Er hofft, daß man ihm nicht eigennützige Nebenabsichten zumuthen werde, bittet alle Puncte genau zu erwägen und besonders zu bedenken, „daß das Gesetz für den ehrliebenden Schauspieler kein sogenannter Zuchtmeister, sondern ein zurechtweisender Freund sei". Diese freie, eindringliche, mit warmem Antheil geschriebene, die Intelligenz des Verfassers bekundende Erklärung muß sofort für ihn einnehmen; und eine solche Gesetzessammlung entspricht viel mehr der auf Gleichmäßigkeit beruhenden republikanischen Organisation einer Künstlervereinigung als ein von oben her erlassenes Gesetzbuch.

Es werden Vorschriften gegeben über das Verhalten bei Lese- und Theaterproben; auf die ersteren wird viel Gewicht gelegt, sie müssen mit großer Sorgfalt, im gehörigen Ton und Accent der Rolle gehalten werden, auf den Theaterproben muß die Rolle vollkommen im Geist des Stücks declamirt und gespielt werden und die Generalprobe muß vollkommen sein wie die wirkliche Vorstellung. Strengstens verboten ist Extemporiren, Abkürzen der Rolle, jegliche unsittliche Action, Possenreißerei ꝛc. Wichtig ist die Bestimmung, daß kein Mitglied sich vom Statistendienst in Oper und Schauspiel ausschließen dürfe. Keine Rolle darf ohne Wissen der Direction umgetauscht werden; wozu Goethe am Rande bemerkt: „In Opern darf keine Arie ausgelassen oder eine andere eingelegt werden ohne Vorwissen der Oberdirection." Genau geregelt wird das Verhältniß zwischen Regie und Personal; letzteres ist verpflichtet den Anordnungen der Regie Folge zu leisten. „Diejenigen Mitglieder werden vorzüglich geschätzt werden, deren Rath und gute Bemerkungen dazu beitragen, in der Vervollkommnung dieser Bühne immer weitere Fortschritte zu machen." Außerdem Vorschriften die Garderobe und Theaterrequisiten betreffend, Verbot fremde Personen auf die Bühne mitzubringen ꝛc. Vergehen gegen diese Paragraphen bestraft der Regisseur mit Geldstrafe nach festem Satz. Die Bestrafung von Unsittlichkeit, lasterhaftem und pöbelhaftem Betragen oder Betrunkenheit auf dem Theater vollstreckt die Oberdirection selbst, dafür ist auch keine Geldstrafe normirt. Dann folgen Vorschriften für den Requisiteur, Decorateur und Garderobier; und endlich die Mahnung, durch Eifer, Fleiß, genaue Pflichterfüllung und gesittete Handlungen die Achtung der Oberdirection und des Publicums zu erwerben.

Mit Ausnahme derjenigen, die zu Ostern abgingen, verpflichteten sich sämmtliche Mitglieder durch Namensunterschrift auf diese Gesetze, denen Goethe durch folgenden Erlaß die Sanctionirung gab:

„Daß die hier bestehende Schauspieler Gesellschaft sich verpflichtet beyliegende Gesetze zu halten und nach selbigen gerichtet zu werden gereicht mir zu besonderer Zufriedenheit. Ich confirmire solche nicht allein hiermit sondern werde auch künftig alles was zu Ausübung und Aufrechthaltung derselben dienen kann, von meiner Seite nicht fehlen lassen. Weimar den 18. März 1793.

Goethe."

Nichts war natürlicher, als daß demjenigen, der sich um das Wohl und die Hebung des Instituts so sehr bekümmerte, die erledigte Stelle des Regisseurs übertragen wurde. Zur Entlastung wurde ihm der Souffleur Willms an die Seite gegeben. Die von Goethe erlassene Instruction für die Regisseure begrenzte genau das Arbeits- und Zugehörigkeitsfeld der beiden ihm untergebenen Beamten. Vohs erhielt ausschließlich das Kunstgebiet: ordentliche Haltung der Leseproben in Oper und Schauspiel, der Generalproben und Berichtigung derselben bei Abwesenheit der Oberdirection, Einübung der Statisten, Anordnung des Costüms (mit Zuziehung der Gesellschaft), Ankündigung und Abkündigung der Vorstellungen, Anordnungen in den Coulissen, Bestimmung der Decorationen und Versatzstücke, Versendung der von der Oberdirection ausgetheilten Rollen. Alles andere erhielt Willms. Dieser legte aber schon nach Jahresfrist sein Amt nieder und als Souffleur wie als Unterbeamter neben dem Regisseur trat Seyffarth an seine Stelle. Die Instruction wurde (15. October 1794) erneuert, nur daß Vohs zu dem Bisherigen noch die Aufsicht über die Theaterbibliothek, die Anfertigung der Scenaria, der Rapporte, des Requisiten- und Garderobenbuchs hinzubekam. Diese Einrichtung blieb, wenn auch mit Wechsel in der Person des ersten Regisseurs, bis 1797.

In den Sommern 1793 (Lauchstädt, Erfurt) und 1794 (Erfurt, Lauchstädt, Rudolstadt) theilen sich Vohs und Willms in die Journalführung. Während die Berichte des letzteren kurz und trocken, ohne Leben und daher ganz uninteressant sind (sie registriren meist den Theaterbesuch und die Einnahmen), weiß Vohs als ein Mann von Bildung und Gefühl seinen lebhaft gehaltenen und gut geschriebenen Berichten ein individuelles Gepräge zu verleihen. Er urtheilt über Darstellung und Aufnahme eines Stückes, auch hie und da über seinen litterarischen Werth. Auf die Stimmung und Laune des Publicums, besonders in Lauchstädt, wo die Hallenser Studenten das große Wort führten, mußte der Regisseur stets ein sorgsames Auge haben. Ihren ästhetischen Unwillen gaben die Hallenser durch rücksichtsloses Auspfeifen und Austrampeln kund, wobei vielfach persönliche Interessen für diesen oder jenen Künstler und darauf gebaute Intriguen mitspielten. Besonders Fischer hatte darunter viel zu leiden gehabt. Als interessantes Beispiel für einen solchen Wochenbericht kann folgendes Journal aus dem Juli 1795 gelten.

„Mittwoch d. 8. Julii 1795. Morgens um 10 Uhr Probe von Ludwig der Springer. Abends die Vorstellung. Es gefiel nur mittelmäßig. Etwas mochte die Aufführung mit schuld sein, eigentlich aber wohl

4*

das lokale des Stücks das natürlich in der Vergleichung verlieren muß.

Donnerstag d. 9. Um 10 Uhr Probe, von Emilia Galotti. Abends die Vorstellung; gefiel, doch nicht allgemein, wie das überhaupt der Fall mit zu künstlichen Stücken ist. Indeßen bezweckte es doch eine beßere Einnahme als wohl sonst in der Woche zu hoffen war.

Freitag den 10. Probe von der Chiffer.

Sonnabend d. 11. Um 8 Uhr Probe, vom Portrait der Mutter. Um 10 Uhr von Doctor und Apotheker. Abends die Vorstellung von dem Portrait der Mutter. Seit Abällino hat noch kein Stück den Beyfall eingeärntet wie dieses, und gewiß hat die außerordentlich gute Aufführung fast den größten Antheil mit daran. Eine heitere muntere Laune beseelte heute die ganze Gesellschaft. Der Zuspruch war sehr stark.

Sonntag d. 12. Julii 1795. Um 10 Uhr Probe von Doctor und Apotheker. Die gestern angesetzte Probe von Doctor und Apotheker mußte ausfallen weil einige Violin Stimmen fehlten, die durch einen Erpressen geholt wurden und heute Morgen zwischen 10 und 11 Uhr ankamen. Abends die Aufführung, die außerordentlich gut und mit vieler Laune geschah, sie wurde auch so gut aufgenommen daß Herr Genast seine zweite Aria wiederholen mußte. Der Zuspruch war der zahlreichste.

Montag d. 13. Um 9 Uhr Probe von den Räubern, Abends die Vorstellung. Da der Bothe während der Aufführung geht, kann die Aufnahme derselben nicht bestimmt werden. Mit dem größten Grund läßt sich aber eine starke Einnahme vermuthen, denn es sind schon über 120 Studenten hier.

Nach dem Portrait der Mutter und Abällino wird stark gefragt: mein Vorschlag wäre, künftigen Sonnabend das Portrait der Mutter, Sonntag die Chiffer, Montag Abällino zu geben. Diese 3 Stücke von gleichem Rufe hier und ohne Zwischenraum aufeinander gegeben könnte ein guter Köder werden, drei gute Einnahmen zu machen.

Lauchstädt, d. 13. Julii 1795."

In welcher Weise die Aufführung der Räuber von statten ging und wie sie damals unerhörte Äußerungen des Beifalls und der Begeisterung im Publicum erregte, ist bereits mit dem Wortlaut des Journals in der Einleitung erzählt worden.

Ein wichtiges Moment in Vohsens Regieführung ist auch, daß er ein besseres Verhältniß zwischen der Oberdirection und der Künstlerschaar angebahnt hat. Während Fischers Journale fast nur Klagen und Tadel enthalten, ist Vohs, wobei er gewiß öfters ein Auge zudrücken mußte, sichtlich bemüht, den Eifer, den Fleiß und die vortreffliche Aufführung der ganzen Gesellschaft zu preisen. So meldet Vohs einmal „auf Verlangen der Gesellschaft und zur Erhaltung der guten Ordnung" das Fernbleiben eines Schauspielers von einer Leseprobe. Bezeichnend ist auch folgender Vorfall. Vohs hatte 1795 in einem Buchladen zu Erfurt zwei aufführbare Stücke gefunden: „Das Incognito oder Der König auf Reisen" (von Ziegler) und „Weiberehre" (von demselben). Ersteres schien ihm zur sofortigen Aufführung in Erfurt besonders geeignet. Da aber Goethe bei solchen Stücken zuweilen Bedenklichkeiten habe und, wenn es erst an ihn eingeschickt werde, Zeit und vielleicht das Stück selbst verloren gehe, schlägt Vohs vor, es in der Stille einzustudiren, in Erfurt aufzuführen, um damit der Oberdirection eine heimliche Freude zu bereiten. Kirms stimmt zu und freut sich über diesen Beweis des guten Einvernehmens der Gesellschaft unter sich und mit der Direction. Im nächsten Journal meldet dann Vohs die Leseprobe des Stückes: „Die Gesellschaft, durchdrungen von den gütigen Gesinnungen und Beweisen der Oberdirection hat sich die Freiheit genommen, um ihre Bereitwilligkeit und Dankbarkeit auszudrücken, dieses Stück ohne Vorwissen der Oberdirection neben ihren geordneten Geschäften einzustudiren, mit der Bitte, daß dieselbe mehr auf ihren guten Willen und den Eifer thätig zu sein, als auf diese Kleinigkeit selbst sehen möge." Kirms übermittelt Goethes Zufriedenheit; Goethe hat aber in Kirmsens Concept folgenden Passus gestrichen: „läßt derselben danken und wünscht daß diese Aussaat gute Früchte bringen möge."

Vohsens gute Absicht zeigt auch folgendes Schreiben an Goethe (Lauchstädt 20. Juli 1794), das zugleich interessant ist für die gesellschaftliche Stellung, welche die weiblichen Mitglieder des Theaters in jener Zeit überhaupt einnahmen.

„Ich erinnere mich daß vor 2 Jahren ein Befehl der Oberdirection den Actricen den Eintritt ins Parterre versagte, weil man dem völligen Ausbruch zügel-

losen Betragens hierdurch vorbeugen wollte, weil man
mit Leuten zu thun hatte, die nur durch Zwangmittel
zu jenen Pflichten der Wohlanständigkeit, die sonst
jedem Menschen von Erziehung eigen sind, gewiesen
werden mußten. Damals war dieser Befehl nothwen=
dig, sein Zweck edel, allein die Ursachen seiner Ver=
anlassung sind nicht mehr, und ich glaube es behaupten
zu können: der Ton der Sittlichkeit und des guten
Betragens ist jetzt der allgemeine Gesichtspunct nach
dem ein jedes Mitglied strebt. Obigem Befehle der
Ober=Direction unter diesen veränderten Umständen
nun noch den nemlichen Zweck anzudichten, wäre bey
der anerkannten, überaus gnädigen Behandlungs=Art
der Oberdirection Vergehen. Ohne anzustoßen glaubte
ich also diesen Befehl, dessen Erneuerung für dieses
Jahr mir noch nicht bekannt ist, auf den Fall eines
zahlreichen Zuspruchs im Parterre einschränken zu
dürfen, und erlaubte Madame Beck und Müller den
Zutritt im Parterre, weil sie sich beklagten daß sie
auf dem 8 gr. Platz unter Bedienten und Dienstmägden
sitzen müßten, und sich Behandlungen ausgesetzt sähen,
wozu der Student und Offizier im Parterre sich gegen
das Frauenzimmer auf dem 8 gr. Platz berechtigt
glaubt. Wegen diesem Schritt, der freilich nach der
izigen Lage der Sache als Fehler erscheint, hätte ich
mich gelegentlich mündlich bey Ew. Excellenz gerecht=
fertigt, und war meiner Verzeihung gewiß."

In Abwesenheit Goethes aber erklärt Kirms, daß es
bis auf weiteres bei der „im vorigen Jahr auf Ersuchen

einiger adeligen Badegäste getroffenen Einrichtung, nach welcher von den Mitgliedern der Gesellschaft der erste Platz dem bezahlenden Publicum ausschließlich überlassen werden müsse" zu bleiben habe. Solange Goethe diese Einrichtung nicht ändere, könne sie in Zukunft nicht umgangen werden.

„Das Theater, wenn es mich auch nicht ergötzte, unterhielt mich doch in fortwährender Beschäftigung; ich betrachtete es als eine Lehranstalt zur Kunst mit Heiterkeit, ja als ein Symbol des Welt= und Geschäfts= lebens, wo es auch nicht immer sanft hergeht, und übertrug, was es Unerfreuliches haben mochte." Mit diesen Worten deutet Goethe in den Tag= und Jahres= heften 1794 an, daß trotz der Neuorganisation von 1793 die Verhältnisse des Theaters ihm immer noch viel zu schaffen machten. Und dieselbe Beobachtung gilt auch für das folgende Jahr. Goethe machte eben die un= angenehmen Erfahrungen durch, die keinem Theaterleiter jemals erspart geblieben sind. Und daß es ihn härter traf als jeden andern, kann nicht Wunder nehmen, wenn man erwägt, daß er gerade in diesen Jahren dichterisch im Ausbau einer ganz anderen Theaterwelt lebte und nun jeden Augenblick durch die rauhe Wirklichkeit daran gemahnt wurde, welche Schwierigkeiten der Verwirklichung solcher Ideen im Wege stehen.

Trotz dem Wohlwollen, das Goethe jederzeit seiner Künstlerschaar bewies, machte eine Opposition, an der es ja beim Theater nie fehlt, ihrer der Direction feind= lichen Stimmung in unziemlichen Reden Luft. Dies hauptsächlich veranlaßte folgenden scharfen, in bureau= kratischem Tone gehaltenen Erlaß Goethes:

„Von sämmtlichen Schauspielern zu präsentiren.

Schon mehrmalen ist bey der Oberdirection angebracht worden, daß Schauspieler, ihres Verhältnisses und der guten Sitten vergessend, sich mit unbesonnenen und unanständigen Reden, sowohl über die ihnen vorgesetzte Direction respectswidrich geäussert, als auch sich einander selbst und den Subalternen mit unschicklichen Reden begegnet.

Man hat bißher auf dergleichen Anbringen nicht geachtet, siehet sich aber gegenwärtig gemüßiget die Gesellschaft für dergleichen Vergehungen zu warnen, mit dem Bedeuten: daß man bey der nächsten Anzeige die Sache sogleich zur Untersuchung einleiten und, nach Befinden, entweder den Schuldigen, oder den allenfalsigen Verläumder zu bestrafen wissen werde.

Deßgleichen hat die Oberdirection zu bemercken gehabt: daß, vor Aufführung eines neuen Stückes, allerley Gerüchte über dasselbe im Publico cursiren, als wenn dasselbe nicht gut sey und nicht reussiren könne; bey nährer Erkundigung aber wahrscheinlich geworden daß dergleichen Gerüchte sich von Schauspielern selbst herschreiben; als hat man hierdurch die Gesellschaft hierüber warnen und derselben erklären wollen: daß man, ein für allemal, dergleichen nicht dulden, vielmehr ungesäumt, dasjenige Mitglied, von dem eine solche Vergehung bekant wird, zur Verantwortung ziehen werde.

W. d. 15. October 1794."

Derartige Vorkommnisse waren dazu geeignet, Goethe das Theatergeschäft zu verleiden. Gewiß gab es auch im Jahre 1795 widerwärtige Umstände, obgleich in den Acten keine Thatsache vorliegt, und in den Tag- und Jahresheften nichts davon verlautet. Neben diesen äußeren, persönlichen Ursachen scheinen auch innere Gründe vorhanden gewesen zu sein, welche Goethes Lust am Theater immer mehr verringerten. Goethe sah, daß im großen Ganzen die Bühne trotz seiner Bemühungen über einige Anläufe, über erste Anfänge nicht hinausgekommen war; und daher lag auch in diesen Jahren seine dramatische Production so ziemlich brach, obwohl er doch versprochen hatte, durch neue Stücke das Repertoire aus der wässrigen Nichtigkeit herauszuheben, dem Schauspieler neue Aufgaben zu stellen, die ihn in seiner Kunst vorwärts bringen sollten. Die festen Hoffnungen, die er gleich in der ersten Zeit seiner Leitung aussprach, hatten sich noch nicht verwirklicht. Dazu kam, daß er entschlossen war, im August 1796 auf längere Zeit wieder nach Italien zu gehen, und sich daher bei Zeiten der hemmenden Bande zu entledigen suchte.

So bat er im December 1795 den Herzog, ihn dieses Geschäftes zu entheben. Dieser aber faßte die Sache persönlich. Die bisherige Einrichtung war ihm sehr bequem gewesen und er bat Goethe, ihm zu Gefallen sein Demissionsgesuch wieder zurückzunehmen. „Sollten Unannehmlichkeiten von Personen erzeigt, die bei diesem Geschäfte mit angestellt sind, eintreten, so werden sich gewiß die Mittel, diese in ihren Schranken zu halten, finden; ich werde sie gewiß anwenden, um Dir die Beschäftigung der Theaterdirection so angenehm wie möglich zu machen." Auf welche Thatsache Carl August hier anspielt, ist nicht festzustellen. Sollte etwa eine Reibung mit Kirms stattgefunden haben, wie sie später hie und da, ohne allerdings eine tiefere Nachwirkung auf das sonst vortreffliche Verhältniß der beiden Männer zu hinterlassen, sich einstellten?

Carl August hatte nicht vergeblich gebeten. Goethe verblieb in dem Amte des Theaterdirectors — aber nicht ohne inneres Widerstreben.

Und da er sich dem Herzog gegenüber also verpflichtet hatte, daß er vorläufig bleiben mußte, so trachtete er wenigstens darnach, zu seiner Unterstützung in der künstlerischen Leitung einen tüchtigen Regisseur zu gewinnen. Doch hatte er dabei immer den Hintergedanken, sobald es die Gelegenheit erlaubte, das durch so viele Widerwärtigkeiten ihn drückende Band zu lösen. Er hatte die für August 1796 geplante Reise nach Italien auf das Frühjahr 1797 verschieben müssen. Bis dahin mußte ein Ersatz geschaffen werden. Konnte er dem Herzog gleich einen Mann vorschlagen, der eine maßgebende künstlerische Stellung hatte und der voraussichtlich in der bisherigen für den Fürsten so bequemen Weise das Theater zu leiten im Stande war, so durfte er auch eher hoffen, die ersehnte Entlassung früher oder später doch noch zu erhalten. Einen solchen Mann glaubte er zuerst in Schiller gefunden zu haben und schlug ihn dem Herzog vor; dieser aber fand die Idee „wohl schwerlich ausführbar." Unterdessen hatte jedoch Goethe schon auf einen anderen sein Auge geworfen.

Im Frühjahr 1796 hatte August Wilhelm Iffland aus Mannheim vor den Weimarischen Kunstkennern in einer Reihe von Rollen seine glänzende Meisterschaft dargethan, wovon im nächsten Capitel ausführlicher gehandelt werden soll. Iffland hatte sich in Mannheim auch zu einem ausgezeichneten Regisseur herangebildet, und genoß zugleich als Theaterdichter einen hervorragenden Ruf. Da sein Verhältniß zu Dalberg nach sechzehnjährigem ehrenvollen Dienst sich dermaßen gelockert hatte, daß er entschlossen war es zu lösen, mußte er auf eine anderweitige Unterkunft bedacht sein. Er hatte in Weimar nicht bloß künstlerisch sondern auch gesellschaftlich eine so warme Aufnahme erfahren, daß er zu diesem erlesenen Kreise, dessen Mittelpunct Goethe war, sich von Herzen hingezogen fühlte; und er behauptet, hier zuerst in seinem Leben sei der Gedanke in ihm erwacht, daß es ihm möglich sein könne, Mannheim zu verlassen. Ganz offen äußerte er den Wunsch, in Weimar zu leben, und man zögerte nicht, ihm entgegen zu kommen. In Iffland nun glaubte Goethe einen Regisseur gefunden zu haben, der, mit den weitesten Machtbefugnissen ausgestattet, ihn für längere Zeit entbehrlich machen und vielleicht einmal — so faßte man nämlich im Publicum die Sache auf — ganz ersetzen konnte. Iffland stellte noch in Weimar seine Bedingungen. Er wolle sich der Regie unterziehen, mit Beiseitesetzung aller ökonomischen Details, denen er nicht gewachsen sei. „Ich würde als Regisseur von allem, was geschehen soll, 14 Tage vorher der herzoglichen Intendanz auf 14 Tage voraus einen detaillirten Plan vor-

legen zur Genehmigung; so wie Vorschläge zur Führung
des Ganzen in der Natur meiner Stelle lägen, so würde
ich Abdankungen und Engagements zu schließen die Voll=
macht gehorsamst erbitten." Selbstverständlich sollte er
auch als Schauspieler in Weimar thätig sein, und auch
nach dieser Hinsicht stellte er, für den Fall auswärtigen
Spielens der Truppe, seine Bedingungen. Doch wollte
er von Mannheim und von Dalberg, dem er Achtung
schuldig war, nicht übereilt, sondern anständig und ehr=
licherweise scheiden. Carl August genehmigte alle von
Iffland gestellten Bedingungen und bestimmte, daß nach
näherer Erklärung die Verhandlungen fortgesetzt werden
sollten. Iffland hatte im weiteren Verlauf derselben auch
noch den Wunsch zugefügt, seinen langjährigen Freund
Beck und dessen Frau mit nach Weimar zu ziehen, worauf
man aber hier nicht einging. Goethe war wohl sehr
energisch dagegen, und Iffland konnte vielleicht eine
gewisse Verstimmung über die Art der Ablehnung dieser
Forderung nicht unterdrücken. Kirms tröstete ihn mit
den sehr bezeichnenden Worten (7. Juli 1796): „Sie
sind wahrscheinlich wegen Becks Angelegenheiten mit Goethe
unzufrieden. Dies ist aber wohl vorübergehend. Goethe
schätzt Sie hoch, was Sie aus dem Empfang und aus
dem ganzen Benehmen mit Ihnen in Weimar müssen
bemerkt haben. Sie vermissen vielleicht eine Herzlichkeit
an ihm, das kann sein. Von dieser Seite zeigt er sich
nicht oft und alsdann nur, wenn er die Menschen lange
geprüft und bewährt gefunden hat." Wahrscheinlich in
Folge dieser Schwierigkeit entstand das Gerücht, daß sich
die Verhandlungen zerschlagen hätten. Die weiteren Ver=

handlungen gingen nur langsam vor sich. Iffland war
in Mannheim noch gebunden und nur unter der Bedin=
gung, daß er sich dort frei machen könne, hatte er für
Weimar zugesagt. Goethe sah dies wohl ein und wollte
daher auch nicht drängen. Aber in seinem eigenen In=
teresse und im Interesse des Theaters wünschte er, daß
sich die Sache nicht allzu lang hinauszöge, „indem, sobald
wir die Unmöglichkeit sehen ihn zu besitzen, wir bei
unserm Theater gewisse Maßregeln ergreifen und manche
Einrichtungen treffen würden, welche wir bisher, in Hoff=
nung seiner baldigen Mitwirkung, aufgeschoben haben"
(an Böttiger, der die Verhandlungen nach Mannheim
vermittelte, 12. August 1796). Als aber Ifflands Ent=
scheidung sich immer wieder verzögert, da rückt er (an
Kirms 6. Sept.) deutlich mit seinen Hintergedanken
heraus: „Was aus der ganzen Sache werden soll, sehe
ich nicht ein. Ich mag, da doch eigentlich, wenn ich
früh oder spät weggehe, die ganze Sache auf Ihnen ruht,
nichts rathen und vorschlagen als was Ihrem Wunsche
gemäß ist. Was wäre denn aber zu riskiren, wenn man
Iffland statt eines Engagements, wie wir gethan, Di=
rection und Contract, wie ihn Bellomo gehabt, offerirten,
und ihm außer der Bedingung, daß er unsere dreijährigen
Contracte einhalten müßte, Erlaubniß gäben, zu enga=
giren, wen er wollte? So weit wäre die Sache ab=
gethan, und er möchte sehen, wie er zurecht käme; er
müßte sich anstrengen dem Publicum gefällig zu sein
und es würde ihm gelingen. Das war mein erster Vor=
schlag und ist immer noch mein Wunsch, ob ich ihn
gleich gegen niemand als gegen Sie äußern will. Wir

haben für alle unsere Bemühungen weder von oben noch
von unten eine Spur von Dank zu erwarten, und im
Grunde sehe ich es täglich mehr ein, daß das Verhält=
niß, besonders für mich, ganz unanständig ist."*) In
Weimar war es bekannt, daß Iffland auch mit Berlin,
wohin man ihn als Director des Nationaltheaters zu
ziehen suchte, in Unterhandlung stand. Goethe schätzte
Iffland zu sehr, als daß er auf ihn einen mora=
lischen Zwang ausüben wollte. Er wußte ferner,
daß Ifflands Entscheidung von finanziellen Rücksichten
beeinflußt werden mußte. Und als dieselbe zu Gunsten
Berlins erfolgte — nach einem weder gegen Dalberg noch
gegen Goethe ganz aufrichtigen Verhalten Ifflands –,
da trug Goethe kein Bedenken, das auf Hochschätzung des
Künstlers gegründete Verhältniß zu erhalten und weiter
zu pflegen.

Das nächste bedeutsame Ereigniß in der Leitung des
Theaters war eine Änderung in der Regie, die im fol=
genden Jahre eintrat. Der Schauspieler Genast hatte
sich in Lauchstädt geweigert eine ihm im „Baum der
Diana" (Oper von Martini), während er bereits als
Zuschauer im Theater saß, von Vohs aufgetragene
Statistenrolle zu übernehmen. Es gab eine heftige Aus=
einandersetzung, und auf Vohsens Bericht traf nach=
stehendes Edict Goethes ein.

---

*) Goethe sowohl als Kirms bezogen für ihre Bemühungen
ums Theater keinerlei Entschädigung.

„An die Regie des weimarischen Theaters in Lauchstädt.

Es hat die Oberdirection jene von der Regie neuerlich angebrachte Klage, wegen Weigerung Herrn Genasts, einen Statisten zu machen, sehr ungern vernommen. Denn so wie von der einen Seite es die Pflicht des Regisseurs ist vorauszusehen, was von dem Acteur in gewissen Fällen zu leisten seyn möchte und jener also was von diesem gefordert werden kann, demselben bey Zeiten anzuzeigen hat; so bleibt von der andern Seite die Ungefälligkeit des Acteurs gleichfalls äußerst zu tadeln, der nicht in jedem Falle, selbst aus dem Stegreife und ohne sich lange zu besinnen, bey einem jeden Aufruf willig bey der Hand ist. Es sind diese Ereignisse der Direction in gegenwärtigem Augenblick um desto mehr aufgefallen, da bey der allgemeinen Noth und Gefahr, worinne ganz Deutschland schwebt, jeder, dessen Existenz einigermaßen gesichert ist, solches Glück dankbar erkennen und seinen Vorgesetzten die Sorge, die sie ohnehin hegen müssen, weder durch Heftigkeit und Übereilung, noch durch Widerstreben und Kleinigkeitssinn, noch mehr erschweren sollte.

Man hofft daher daß nur Ein Geist künftig die Gesellschaft beleben und jedes Mitglied, besonders in diesem kritischen Zeitpuncte, die Absichten der Oberdirection auf alle Weise befördern werde.

Weimar den 29sten Juli 1796."

Genast rechtfertigte sich damit, er sei nicht zur vorschriftsmäßigen Zeit benachrichtigt worden und warf Vohs

Heftigkeit vor. So urtheilte auch die Oberdirection, die sich durch Vohsens Hitze in ihrem Ansehen compromittirt fühlte. Der erste Theil des Goethischen Edicts, die Pflicht eines Regisseurs betreffend, hatte Vohs sehr gekränkt. Er vertheidigt sich in einem ausführlichen Promemoria an Kirms, worin es heißt: „Ich habe oft gebeten, wo ich fordern konnte, selbst das gethan, was man sich zu thun weigerte; durch freundschaftliche Zurechtweisung über den falsch verstandenen Befehl der Oberdirection mir Grobheiten, hämisches Achselzucken und Spötteleien zugezogen; durch den bittersten Ärger meine Gesundheit untergraben; alles um die Oberdirection und die Gesellschaft nur in gutem Vernehmen zu erhalten, jener ihr Wohlwollen an dieser und dieser dadurch ihre fernere Existenz und Ansehen beim Publicum zu gründen — ja ich darf es mit Stolz verlangen: einen Rückblick auf die Zeit zu thun, wo mir das Geschäft der Regie des Kunstfaches allein oblag; ich darf mich kühn auf die Gesellschaft berufen, wie oft sowohl im vorigen als diesem Jahre durch mein Zureden, durch Beispiele von Gefälligkeiten, die weder im Gebiete meines angewiesenen Wirkungskreises noch in der Instruction meiner Regiegeschäfte standen, der gute Ruf der Gesellschaft, das Wohlwollen der Oberdirection und der Wohlstand der Kasse ist befördert worden." Zum Schlusse bittet er um Enthebung von der Regie. Kirms trat beschwichtigend und vermittelnd ein, Vohs aber blieb bei seinem Entschlusse und erhielt seine Entlassung als Regisseur vom 4. November ab mit dem Ausdruck der Zufriedenheit von Seiten der Oberdirection über die bisher geführte Regie. An Stelle der bisherigen Einrichtung trat 1797 das Institut der „Wöchner". Die Schauspieler Becker, Genast und Schall wechselten wöchentlich in der Regieführung und in der Berichterstattung beim auswärtigen Aufenthalte ab. Schall trat (October 1799) aus dem Collegium aus, und Becker und Genast verblieben als Wöchner bis zu des Ersteren Abgang 1808. In Vohs als Schauspieler bewahrte das Theater bis 1802 (er schied mit seiner Frau, geb. Porth am 19. September von Weimar) einen vortrefflichen Künstler, der besonders als erster Max Piccolomini und als erster Mortimer berühmt geworden ist.

Eine vollständige Umgestaltung in der äußeren Form der Leitung erfolgte ebenfalls in diesem Jahre durch Einsetzung einer eigenen Theater-Commission. Wie das kam, ersieht man aus folgendem in den Theateracten erhaltenen Sitzungsprotokoll (28. Juli 1797). Goethe erschien in der Session, erklärte, er werde jetzt auf einige Monate verreisen und vielleicht länger ausbleiben, und es sei nicht zu verlangen, daß eine Person allein die Geschäfte besorge, wie er es bisher unter Assistenz von Kirms gethan habe. Es solle bei Serenissimo die Einsetzung einer Commission beantragt werden, welche die Geschäfte in der bisherigen Ordnung zu führen habe, so daß durch Krankheit oder Abwesenheit eines Mitgliedes das Institut nicht zu leiden habe. Diese Commission sei am füglichsten dem Hofmarschallamt zu übertragen, weil das Theater mit demselben besonders durch das ökonomische Fach immer in reger Verbindung stehe; und er wünsche den Beitritt des Kammerherrn von Luck zu derselben. Ferner sollte auch die Capelle dieser Commission untergeordnet werden. Luck erklärte, nur anzunehmen, wenn er mit dem Kunstfach nichts zu thun bekomme, was ihm auch zugestanden wurde. Noch am selben Tage wird das dahin lautende Gesuch an den Herzog eingereicht, unterschrieben von Goethe, Kirms und Luck. Auf dem Rande desselben gibt Carl August (31. Juli) seine Genehmigung zur neuen Einrichtung. Alle geschäftlichen Schriftstücke sind von nun ab von der ganzen Commission unterzeichnet. Goethe blieb aber auch hinfort der geistige Mittelpunct dieses Organismus, und Kirms behielt auch fernerhin das ökonomische Steuer fest in der Hand. Er war zugleich der Vermittler zwischen Goethe und den Schauspielern, und vertrat diesen bei seinem oft wochen- und monatelangen Fernsein von Weimar. Er leistete Goethe wesentliche Hülfe als Hüter der Disciplin und entlastete ihn durch seine vielseitige dem Theater zu Gute kommende geschäftliche Thätigkeit. Luck dagegen war eine reine Null, die nur dem Namen nach in den Theater-Acten figurirt.

Das nächste Jahr, 1798 bildet einen Wendepunct in der Geschichte des Weimarischen Theaters. Die ersten sieben Jahre waren in jeder Beziehung eine vorbereitende Zeit gewesen, in der die äußere Einrichtung, die künstlerische sowol wie die geschäftliche, das Hauptaugenmerk der leitenden Kreise in Anspruch nahm. Es war in diesen Jahren nichts geleistet worden, was irgendwie über das Gewöhnliche hinausragte. Goethes Verbindung mit Schiller, die Aufführung des „Wallenstein" leitet die große, glänzende Zeit des Weimarischen Theaters ein. Es ist ein schönes Zusammentreffen, daß dieser inner

Aufschwung sich auf einem erneuten, verschönerten Schauplatze vollzog. Der Neubau des Schlosses nahm in jener Zeit Goethes Kräfte außerordentlich in Anspruch. Zur Förderung desselben war Professor Thouret aus Stuttgart berufen worden, und ihm fiel zugleich die Aufgabe zu, dem alten Schauspielhaus eine neue, künstlerisch erhöhte, den modernen Ansprüchen gemäße Form zu geben. Auch Goethe bereitete dieses Geschäft viel Mühe und Noth. Endlich aber war es fertig und konnte am 12. October mit Schillers Prolog und „Wallensteins Lager" eröffnet werden. Goethe beschreibt den neuen Saal folgendermaßen: „Die Anlage ist geschmackvoll, ernsthaft, ohne schwer, prächtig, ohne überladen zu sein. Auf elliptisch gestellten Pfeilern, die das Parterre einschließen und wie Granit gemalt sind, sieht man einen Säulenkreis von dorischer Ordnung, vor und unter welchem die Sitze für die Zuschauer hinter einer bronzirten Balustrade bestimmt sind. Die Säulen selbst stellen einen antiken gelben Marmor vor, die Kapitäle sind bronzirt, das Gesims von einer Art graugrünlichem Cipollin, über welchem, lothrecht auf den Säulen, verschiedne Masken aufgestellt sind, welche von der tragischen Würde an bis zur komischen Verzerrung nach allen Mustern mannichfaltige Charaktere zeigen. Hinter und über dem Gesims ist noch eine Galerie angebracht. Der Vorhang ist dem Geschmack des Übrigen gemäß, und das Publicum erwartet mit Verlangen, sich selbst sowie die beliebte Schauspielergesellschaft bald in diesem zwar kleinen, aber nunmehr sehr gefälligen Bezirk wieder zu sehen." „So können wir — heißt es anderwärts — uns jetzt eines anständigen Orts erfreuen, an dem wir uns denn doch die Woche dreimal versammeln. Die Grundlage zu aller Bequemlichkeit ist auch gegeben, und wir können von denjenigen, denen das Geschäft überhaupt aufgetragen ist, hoffen und erwarten, daß sie die Wünsche der verschiedenen Zuschauer, welche freilich bei einer so allgemeinen Veränderung gar mannichfach sein müssen, nach und nach zu befriedigen suchen werden."

II.

Schauspielkunst und Schauspieler.

> Das Wesen keiner Kunst ist so schwer zu
> fassen, als gerade dieser; überall kann man
> sich leichter zurecht finden. Aber alle Welt
> glaubt über das Theater reden und urtheilen
> zu können; es scheint sich von selbst zu ver=
> stehn, daß hier ein Jeder von Hause aus
> Kunstkenner ist, und doch wissen die Aller=
> wenigsten, worauf es ankommt.
> Ludwig Tieck.
>
> Der Schein soll nie die Wirklichkeit erreichen
> Und siegt Natur, so muß die Kunst entweichen.
> Schiller.

„Das Theater ist eine von denen Anstalten, die wir am seltensten als Object ansehen. Wir nehmen entweder Theil daran oder keinen, wir suchen es oder wir fliehen es und fragen nur in jedem einzelnen Fall, ob es uns unterhält oder lange Weile macht. Diese Anstalt aber würden wir auch einmal als eine solche ansehen können, die bleibend ist, die nun aufs neue wieder 11 Jahre dauert und unter manchen Ver= änderungen noch lange dauern oder immer wieder zurückkehren wird. Es lassen sich bei einer Übersicht manche sehr artige Resultate finden.

Es ist überraschend wenn man hört, daß vom Januar 1784 an 90 Schauspieler auf dem hiesigen Theater erschienen sind, daß man 410 neue Stücke

gegeben hat, daß (außer der „Entführung aus dem
Serail" die 25 mal, außer der „Zauberflöte" die 22 mal
aufgeführt worden ist) keins der beliebtesten Stücke bis
jetzt die 12. Vorstellung erreicht hat. Die Anzahl der
Stücke die eine, höchstens zwei Repräsentationen erlebt
haben, ist groß. Eine Recension der Stücke die sich
am längsten gehalten, würde selbst über die letzten
10 Jahre des deutschen Theaters eine Übersicht geben.

Es ist mißlich über Schauspieler, besonders über
die, die noch gegenwärtig gesehen werden, im ganzen
und öffentlich zu urtheilen, aber warum sollten wir
nicht, unter uns, die Talente derer, die wir gekannt
haben und kennen, schätzen und mit billigen Rücksichten
unsre Gedanken über sie äußern."

So schrieb Goethe in einem dem Jahre 1795 zu=
gehörigen ungedruckten Aufsatze „Über die verschiedenen
Zweige der hiesigen Thätigkeit", worin eine Art Resumé
gegeben wird über alles was Weimar bis dahin in Kunst,
Wissenschaft, Technik, Industrie u. s. w. geleistet hat. Es
ist zu bedauern, daß Goethe diese flüchtig hingeworfenen
Absichten nicht ausgeführt hat. Eine Recension der die
letzten zehn Jahre beherrschenden Theaterstücke gäbe einen
hochwillkommenen Beitrag zur Geschichte des Repertoires,
während eine auch mit „billigen Rücksichten" ausgeführte
Kritik der Schauspieler in Goethes damalige Ansichten
über die Principien der Schauspielkunst, wie sie vor
Jfflands Gastspiel bestanden, Einblick gewähren würden.

Zur Zeit, da Goethe das Theater übernahm, war
auf den deutschen Bühnen Eine Richtung, Eine Art

schauspielerischer Darstellung die herrschende: ein Natura=
lismus, der weniger auf bewußten Kunstprincipien beruhte,
als vielmehr seine Begründung hatte in einer Tradition,
die hauptsächlich hervorgegangen war aus dem Unvermögen
der Durchschnittsschauspieler, etwas anderes auf der Bühne
darzustellen als ihre beschränkte Individualität. Nichts
will es besagen, daß daneben auch hier und dort eine
gespreizte Declamationsmanier sich seßhaft gemacht hatte.
Denn der Haupttheil des damaligen Repertoires gab den
Schauspielern Rollen in die Hand, in denen es nicht
darauf ankam, durch wohlüberlegte, fein nüancirte Sprech=
weise dem Worte des Dichters gerecht zu werden, sondern
vielmehr solche, wo sie entweder Gelegenheit hatten, die
einfachsten Verhältnisse einer gutmüthigen, beschränkten,
bürgerlichen Philiströsität in einer angemessenen, einfachen,
nüchternen, prosaischen Sprache, in einem der alltäglichen
Natürlichkeit abgelauschten Idiom darzustellen, oder solche,
wo eine die Grenzen der Natur überschreitende, wild um
sich schlagende und vor den äußersten Ausbrüchen der
Roheit nicht zurückschreckende Leidenschaftlichkeit zum
krassesten Naturalismus herausforderte. Und so schuf
sich auch in der darstellenden Kunst der Stoff die ihm
adäquate Form: bürgerliche Einfachheit einerseits und
kraftgenialische Roheit andererseits. Die Stücke des
Sturmes und Dranges mit ihrer mehr das Sympto=
matische und Pathologische als das Psychologische der
Affecte betonenden Manier verführten naturgemäß auch
die Darsteller dazu, in Sprache und Mimik die äußeren
Merkmale der Leidenschaft auf Kosten der psychologischen
Vertiefung in den Vordergrund zu schieben. Daß die Dichter

solcher Stücke ein Äußerstes im Aufwand mimischer Mittel, und dazu den stärksten, vor dem Krassen sich nicht scheuenden Ausdruck für die realistische Nüancirung der Sprache verlangten, ja darauf hohen Werth legten, zeigt nichts deutlicher, als daß die von Diderot erfundene Manier, in ausführlichen scenischen Anweisungen dem Schauspieler die äußerlichen Merkmale des Affects genau vorzuschreiben, in diesen Stücken fast bis zur Lächerlichkeit nachgemacht wird. Mit welchem Aufwand von malerischen und plastischen Bezeichnungen hat der junge Schiller Situationen und Bewegungen verdeutlicht! Wie sind hier alle Affecte mit den Symptomen ihrer Ausgestaltung durch ein Übermaß von Vorschriften für das Geberdenspiel charakterisirt! Nichts kann den Schauspieler mehr dazu verleiten, ganz auf den äußeren Ausdruck der Leidenschaften hinzuarbeiten, als wenn die Dichter es förmlich von ihm verlangen, ihm jede Geberde, jeden Ton vorschreiben und seiner eigenen Erfindung fast gar nichts mehr übrig lassen. Und auf demselben niedrigen Standpunct wie die künstlerische Praxis stand auch die Theorie der Schauspielkunst in jener Zeit, wie sie durch J. J. Engels bekannte „Ideen zu einer Mimik" repräsentirt wird. Engel erörtert weitschweifig die Geberdensprache, ihre Mittel und Ziele, wobei beherzigenswerthe Winke für den ausübenden Künstler abfallen. Aber er bleibt ebenfalls nur bei dem äußeren Ausdruck der Leidenschaft stehen und schreitet nicht zur schauspielerischen Psychologie, zur Charakterdarstellung vorwärts. Ihm ist auch die Kunst nur eine Copie der Natur, wie er auch aus diesem Grunde den Vers als für das Drama nicht geeignet verwirft. Erst die drei Meister

Ekhof, Iffland und Schröder haben die Naturwahrheit zur künstlerischen Forderung erhoben und, bei aller Verschiedenheit der künstlerischen Individualitäten, eine in letzter Hinsicht auf gemeinsamer Grundlage psychologischer Wahrheit beruhende Schule gestiftet. Ekhof vermittelt, als der größte Sprecher seiner Zeit, nach der deklamatorischen Richtung hin; Iffland fußt durch seine vielfach in Detailmalerei sich zuspitzende, mehr aus der Vernunft als aus der Phantasie schöpfende Manier fast ausschließlich im Conversationsstück und eröffnet die Reihe der Virtuosen; Schröder aber erschuf den großen psychologischen Stil der Leidenschaftstragödie, wobei wenig auf die Form, das unverfälschte Wort des Dichters und dessen richtige, bedeutungsvolle Wiedergabe, alles aber auf den stofflichen Inhalt, auf Schöpfung des ganzen, wahren, natürlichen Menschen ankam. Die Kunstrichtung dieser drei Wegführer zielt in letzter Hinsicht auf die Darstellung des Charakters.

Wenn Lessing klagte, daß es zwar Schauspieler, aber keine Schauspielkunst gebe, so geht ihm als dem grundlegenden Theoretiker der bildenden Künste der Gedanke im Kopfe herum, das was zu Begründung dieser Kunst als Kunst bislang fehlte, zu leisten: nämlich eine Feststellung derjenigen Regeln und Grundgesetze, die, wie bei jeder andern Kunst, gemäß den ihr besonders eigenthümlichen Mitteln und Zwecken, auch in dem Werke des Schauspielers nothwendig wirksam sein müssen, gleichviel ob er sich ihrer bewußt ist oder nicht. „Allgemeines Geschwätze darüber", sagte er im letzten Stück der Dramaturgie, „hat man in verschiedenen Sprachen genug;

aber spezielle, von jedermann erkannte, mit Deutlichkeit und Präcision abgefaßte Regeln, nach welchen der Tadel oder das Lob des Acteurs in einem besonderen Falle zu bestimmen sei, deren wüßte ich kaum zwei oder drei." Er hatte in den ersten Stücken der Dramaturgie aus dem meisterhaften Spiele Ekhofs einzelne solcher Regeln abzulesen versucht, nachdem er bereits aus älteren Erfahrungen die Nothwendigkeit, solche Grundgesetze zu finden, erkannt und ausgesprochen hatte. Und noch bevor er nach Hamburg gegangen war, hatte er den Plan zu einem Werke über die körperliche Beredsamkeit des Schauspielers entworfen, das leider nie ausgeführt worden ist. Während er der bildenden Kunst die Schönheit der menschlichen Erscheinung als Darstellungsobject zuweist und so die reine Antike als höchstes Ideal aufstellt, will er in der Schauspielkunst neben der schönen Natur das Charakteristische in Stellungen und Bewegungen zum Ausdruck gebracht wissen. Er wäre aber nicht er selbst, der Pfadfinder in der Untersuchung vom Wesen der Künste gewesen, wenn er dabei sich befriedigt hätte. Er stellt an den Schauspieler auch die Forderung richtigen Sprechens, einer sinngemäßen Declamation, und vor allem ist ihm dasjenige was den wahren Schauspieler macht: Übereinstimmung des Empfindens mit der Darstellung. So findet man eigentlich bei ihm die Hauptmomente für eine nicht bloß auf theoretische Erwägungen, sondern auf lebendige Erfahrungen gegründete Theorie der Schauspielkunst beisammen. Das Zusammenwirken von Natur und Kunst ist sein schauspielerisches Ideal, wie er es ebenso prägnant als schön in dem bekannten Stammbuchvers für Schröder ausgesprochen hat:

>Kunst und Natur
>Sei auf der Bühne eines nur;
>Wenn Kunst sich in Natur verwandelt
>Dann hat Natur mit Kunst gehandelt.

Auch Goethe empfand bei Antritt der Theaterleitung diesen Mangel einer Theorie der Schauspielkunst. Es gab bloß eine auf Überlieferung beruhende Technik, die er an seinen Schauspielern studirte, um das was ihm von derselben einleuchtete, auch in der Ausführung gelten zu lassen. Den damals überhand nehmenden Natur= und Conversationston übernahm er wie eine Art Erbstück, aber mit dem Streben, den Schauspieler dahin zu bringen, daß er nicht bloß sein nacktes Ich darstelle, sondern jenen allgemeinen Grundton zu wahrer Kunst erhöhe. Er verfolgt damit dasselbe Ziel, das Lessing in jenem Vers der Schauspielkunst gewiesen hat. Er ließ zu diesem Zwecke im Anfang das angeborene Naturell der Schauspieler mit Freiheit sich entfalten, um dann schritt= weise durch Regeln und Anordnungen diese Freiheit einer höheren Bildung entgegenzuführen.

Dieser Natur= und Conversationston bezeichnet den Charakter der ersten Periode von Goethes Theaterleitung, dem, wie wir im nächsten Capitel sehen werden, auch das Repertoire entspricht. Goethe geht also von der realistischen Richtung der Schauspielkunst aus. Dieser Ton gelang den Weimaranern besonders in den Ifflands= schen Stücken. Vohs berichtet über eine Aufführung von Ifflands „Reise nach der Stadt" in Lauchstädt (August

1795): „Die Iffländischen Stücke gehen vorzüglich gut bei unserer Gesellschaft: aber dieses scheint heute ganz allein ausschließlich für sie gemacht zu sein; es herrschte so viel Leben, Wahrheit und Natur in der Darstellung, daß das Publicum durch lautes Bravorufen seinen Beifall zu wiederholten Malen äußerte. Und selbst Leipziger versichern laut, daß dieses Stück ungleich besser bei uns als bei ihnen gegeben würde."

Als Heinrich Laube Ludwig Tieck kurz vor dessen Tode in Dresden besuchte, da klagte dieser über den Niedergang des deutschen Theaters und schärfte dem angehenden praktischen Theatermann als eine Hauptlehre fürs Theater ein: Sprechen lernen! „Es ist noch meine letzte Klage, daß unsere Schauspieler nicht sprechen können." Der erste Schritt aber auf dem Wege diese Kunst zu erlernen, ist: laut und deutlich sprechen. Im Wilhelm Meister wird erzählt, wie einsichtsvolle Theaterfreunde den in ihrem Schlendrian beharrenden Schauspielern der Serloschen Truppe klar zu machen versuchten, daß es ihre Pflicht sei laut und vernehmlich zu sprechen. Die meisten von ihnen verlangten jedoch, daß man sie eben so höre wie sie sprachen, und nur wenige gaben sich Mühe, dieser Lehre nachzukommen. Wilhelm selbst aber, der es mit der Kunst ehrlicher meint als jene Berufsschauspieler, ist der erste der mit Sorgfalt und Hingebung jenes Gebot, das er als ein nothwendiges erkannt hat, zu befolgen sich beeifert.

Man gestatte hier eine kleine Zwischenbemerkung. Wenn gleich im Anfang dieser Schrift, dann hier und im Folgenden noch öfters auf Goethes Roman Bezug ge=

nommen wird, so geschieht dies nicht bloß um äußerliche Parallelen zu ziehen zwischen dem was Goethe hier und was er anderwärts sagt. Auf den inneren Parallelismus kommt es an, darauf daß die im „Meister" beurkundete Theaterweisheit Goethes damaligen theoretischen Standpunct gegenüber der Schauspielkunst und ihren realistischen Forderungen ausdrückt. In praktischer Hinsicht sind diese Erörterungen für den Schauspieler ebenso beherzigenswerth als Fundgrube der Wahrheit, wie die ersten Stücke der Hamburgischen Dramaturgie. Wenn es dafür noch eines nachdrücklichen Beweises bedürfte, so sei es der, daß ein so ausgezeichneter Theatermann wie Friedrich Ludwig Schmidt, Schröders Nachfolger als Leiter des Hamburger Theaters und ganz im Sinne Schröders ein Gegner der späteren Weimarischen Schule, in seinen für die Theorie und Geschichte der Schauspielkunst höchst werthvollen „Dramaturgischen Aphorismen" (Hamburg 1820, S. 218f.) den Roman seinen Fachgenossen folgendermaßen empfiehlt: „Er ist als der Katechismus für Künstler zu betrachten und muß als solcher ununterbrochen studirt werden. Fast jedes Blatt entschleiert ihm ein Geheimniß seines Berufs. Ich behaupte daher kühn, daß der Schauspieler, welcher nach reiflichem Studium dieses Werkes kein edlerer Menschendarsteller wird, seine Ansprüche auf den Namen eines Künstlers fahren lassen mag."

Goethe drang in der Praxis unnachsichtig darauf, daß jenes erste Gesetz der Schauspielkunst beobachtet werde, dessen innere Nothwendigkeit von der Theorie ebensowenig bewiesen zu werden braucht wie die Nothwendigkeit Linien

ziehen zu können für den Maler. Schon die bloße Rück=
sicht auf das Publicum verlangte es also. Ein im
Juni 1793 neu eingetretenes Mitglied, der später berühmt
gewordene Heldenspieler Johann Jacob Graff war es,
der wiederholt auf diesen Theil seiner Pflichten aufmerk=
sam gemacht werden mußte. Der nachfolgende Erlaß
hat diesen Zweck.*)

„An den Schauspieler Herrn Graff!

Von Ober=Directionswegen wird der Schauspieler
Herr Graff auf den immer zunehmenden Unwillen
des Publicums aufmerksam gemacht, dessen lauter
Ausbruch bey der Vorstellung des „Scheinverdienstes"
nicht entfernt war, da alle bedeutende und leiden=
schaftliche Stellen, besonders des fünften Actes gänz=
lich unverständlich blieben. Man ist überzeugt, daß
Herr Graff nach dieser Erinnerung das Mögliche
thun wird, diese gerechte Anforderung des Zuschauers
zu befriedigen, um dadurch zugleich die Direction in
den Fall zu setzen, länger von seinen übrigens
lobenswürdigen Talenten Gebrauch zu machen.

Weimar, den 5. December 1793.

Die Ober Direction des Theaters das."

Graff war und blieb nicht der einzige, der an diesem
Grundfehler nachlässiger Schauspieler litt; und Goethe be=
nützte jede Gelegenheit, um das ganze Personal zur Ver=

---

*) Hier sei gleich bemerkt, daß die von der Oberdirection,
später von der Theatercommission unterfertigten Erlasse zumeist
von Goethe herrühren.

besserung desselben aufzumuntern. In das Concept eines Disciplinarvorschriften enthaltenden Briefes von Kirms an den Regisseur Vohs nach Lauchstädt (17. Juni 1795) fügte Goethe eigenhändig die Worte ein: „Auch haben sich die Schauspieler zu befleißigen durchaus laut und vernehmlich zu sprechen. Worauf die Direction künftigen Winter ohnnachläßlich dringen wird." All das scheint aber nicht viel geholfen zu haben; und die ersten drei Vorstellungen, welche die Gesellschaft nach ihrer Rückkehr aus dem Sommeraufenthalt in Lauchstädt und Erfurt in Weimar gab, veranlaßten heftige Klagen. Der Ausdruck davon ist ein Schriftstück an das Personal*), worin auf die durch solche Nachläßigkeit dem Theater erwachsenden Nachtheile energisch hingedeutet wird.

„Es haben in den letztern drey Vorstellungen einige von der Gesellschaft des Weimarischen Theaters kalt gespielt und so undeutlich gesprochen, daß man sie in dem vordern Theil des Parterre nicht wohl, und in dem hintern Theil desselben gar nicht hat verstehen können, zwey aber hatten ihre Rollen nicht nur nicht studirt, sondern auch nicht einmal memorirt.

Diese Vernachlässigungen sind dem Entzweck einer jeden Vorstellung ganz zuwider, sie verhindern die gute Aufnahme des Theaters und die Fortschritte in der Kunst; zeigen von der geringen Achtung des Schauspielers gegen den Hof und das Publicum, das so viele Köpfe von Geist und Geschmack unter sich zählt;

---

*) Von Kirms Hand und von ihm unterzeichnet, aber durchaus auf Goethes Intentionen beruhend.

setzen den Schauspieler, wenn er nicht studirt und
daraus eine Gewohnheit macht, in die Classe der Hand=
werker — und wenn er sogar nicht memorirt hat,
unter die Wortbrüchigen, die das, was sie für die
ihnen richtig bezahlt werdende Gage leisten zu wollen
versprochen haben, nicht halten.

Das Publicum, welches man in den jetzigen Zeit=
läuften auf alle Art zu schonen Ursache hat, führt
laut über dergleichen Vernachläßigungen Klage, und
hat mitunter geäußert, es würde, wenn die Direction
dergleichen nicht abstellen würde, in den folgenden
Monaten das Abonnement nicht fortsetzen.

Diese Äußerung kann man niemand verdenken und
die Schauspieler haben es sich selbst zuzuschreiben,
wenn das Auditorium lau und am Ende kalt gegen
das Theater wird.

Von Seiten der Direction siehet man daher, die
Mitglieder des hiesigen Theaters auf sothane Be=
schwerden durch gegenwärtiges Circulare, welches ein
jedes zu präsentiren hat, aufmerksam zu machen, sich
aufgefordert, und man ermahnet diejenigen, welche sich
sothaner Vernachläßigungen schuldig gemacht — deren
Nahmen aber zu nennen, man noch Schonung braucht —
hiermit ernstlich, dergleichen künftighin zu unterlassen,
damit man nicht genöthigt werde, die Maaßregeln zu
ergreifen, welche die Gesetze eines policirten Theaters
bestimmen.

Nächst diesen Ermahnungen wird auch der größere
Theil, welcher sich dergleichen Vergehungen nicht zu
Schulden kommen läßt, der vielmehr auf Ehre hält,

und dem es gewiß daran gelegen ist, eher Fortschritte in der Kunst zu machen, als davon zurück zu kommen, es gewiß gern sehen, wenn die Direction darauf bestehet,

> daß künftighin bey neuen Opern und Stücken die Hauptprobe vollkommen so gehalten werde, als die Vorstellung selbst, weil ohne dem auf die gute Vorstellung eines Stücks niemahls mit Gewißheit Rechnung gemacht werden kann.

Die Sänger und Schauspieler haben daher ihre Rollen gut zu studiren und bey der Hauptprobe nicht nur ohne Stocken — lediglich bey Soufflirung der Anfangsworte eines jeden Perioden zu recitiren, sondern auch die in der Vorprobe abgeredte Stellungen mit völliger Action so zu nehmen, als bey der Aufführung selbst, damit die Direction und Regie so wie die Mitglieder des Theaters selbst die Wirkungen der Vorstellung sehen, und die zu machende Verbesserungen und den abzustellenden Nachtheil zu beurtheilen im Stande seyn mögen.

Weimar den 12ten Octbr. 1795.

F. Kirms
im Auftrag."

Und kurz darauf erläßt Goethe folgendes Rescript an die Gesellschaft:

„Von sämtlichen Schauspielern zu präsentiren.

Durchl. der Herzog haben mir abermals zu erkennen gegeben: daß, auf dem Herrschaftlichen Platze ein Theil der Schauspieler öfters nicht verstanden werde und, besonders bey der Exposition und in leidenschaftlichen Stellen, vieles verloren gehe.

Ich habe hierauf nur erwiedern können, daß ich sowohl im allgemeinen als im besondern der Gesell=
schaft die erste Pflicht des Schauspielers: sich überall hören und verstehen zu machen wiederholt eingeschärft habe, aber demohngeachtet den gewünschten Zweck nicht erlangen können.

Serenissimus haben darauf geäußert: daß Sie künftig, sobald ein Schauspieler nicht vernehmlich spreche, denselben unmittelbar an seine Schuldigkeit erinnern würden. Hievon habe ich die Gesellschaft benachrich=
tigen wollen, damit diese Demüthigung niemanden überraschen möge.

Weimar, den 26ten October 1795."

Graff verfiel auch später noch öfters in diesen Fehler und wurde wiederholt an seine Pflicht erinnert. Besonders seitdem man in Weimar durch Ifflands Mustergastspiele (1796 und 1798) ein neues Ideal der Schauspielkunst, ein ganz anderes Verständniß für sie gewonnen hatte, fiel die Gleichgültigkeit, mit der die Technik des Sprechens behandelt wurde, den maßgeben=
den Kreisen noch viel stärker auf. Iffland mußte bei seiner Art zu spielen auf Deutlichkeit der Aussprache ein großes Gewicht legen, und so trat neben ihm die Nach=
lässigkeit der Weimaraner im Sprechen um so störender hervor. Bei Ifflands zweitem Gastspiel ließ der Herzog Vohs und seine Frau sowie Graff durch Goethe auf=

fordern, ihre Rollen gleich von Anfang an lauter und deutlicher zu sprechen; am Ende verstehe man sie immer, wenigstens die Männer. „Gestern habe ich Ifflanden, selbst wenn er ganz leise sprach, Wort für Wort verstanden; ich sehe daraus, daß es also nicht meine Ohren, sondern das Sprachorgan der Nase ist, welches verursacht, daß der größeste Theil der Stücke als Pantomime vorbeigeht, welches eine garstige Qual ist, und Einem den Genuß gewaltig verbittert, den Ifflands Spiel gewährt. Wenn sich die Leute nur ein paarmal Mühe geben, ordentlich zu artikuliren, so können sie es alsdann für immer." Freilich war das kein Fehler, den die Weimaraner allein an sich hatten. Als Carl August im December desselben Jahres in Berlin weilte, konnte er die Beobachtung machen, daß auch dort Iffland in dieser Hinsicht seine Collegen überragte. An der ersten Aufführung der „Piccolomini" (30. Januar 1799) hatte Carl August zu tadeln, daß Graff, der Darsteller des Wallenstein, die Hauptstellen, wie den Monolog, zu schnell und mit zu viel Convulsionen gesprochen habe, so daß er hinten in der Herzoglichen Loge fast gar nicht zu verstehen gewesen sei.

Das Kunstwerk, das von der Bühne herab uns bewegen soll, setzt sich erst aus den Einzelleistungen der verschiedenen Darsteller zusammen. Wie der Dichter seine Figuren, ohne sie ihrer freien Beweglichkeit zu berauben, nach einem geheimen Grundplane so ordnet und zueinander stellt, daß sie alle einen Theil ihres freien Willens einer höheren Pflicht, einer ästhetisch=ethischen Idee zu opfern scheinen, so ist es auch die erste Pflicht eines

Bühnenleiters, diejenigen, welche die Ideen des Dichters
verkörpern sollen, im Banne eines höheren künstlerischen
Willens, als der Eigenwille des Schauspielers oft zu=
lassen möchte, zusammenzuhalten und aus den wider=
strebenden Theilen ein einheitliches, ebenfalls nach einem
geheimen Grundplan geordnetes Gesammtbild zu com=
poniren. Dieses Gesetz hat Goethe, wie wir bereits sahen,
gleich im Eröffnungsprolog ausgesprochen. Das was
jedem so einleuchtend erscheinen sollte, war es der Mehr=
zahl der damaligen Schauspieler durchaus nicht; dem
Einzelnen war das Ganze gleichgültig, wenn nur er
seinen Platz mit Erfolg behauptete und die laute Aner=
kennung des Publicums nach Hause trug. Sehr treffend
zieht Goethe im Wilhelm Meister die Kunst des Musikers
zum Vergleich heran, wenn dieser sein Einzelkönnen im
Orchesterspiel einem höheren Zweck unterordnet. Die
Musiker sind bemüht, ihre Instrumente übereinzustimmen,
sie halten genau Takt, wissen die Schwäche und Stärke
des Tons zart auszudrücken; bei einem Solo drängen sie
sich nicht durch vorlaute Begleitung hervor — kurz und
gut, sie suchen alle im Geiste der Composition zu spielen.
Ebenso sollte es auch in der Schauspielkunst geschehen,
die noch viel zarter als jede Art von Musik sei, da sie
die gewöhnlichsten und seltensten Äußerungen der Mensch=
heit geschmackvoll und ergötzend darzustellen berufen sei.
Das Virtuosenthum, das, ohne Rücksicht auf den Geist
des Stückes und ohne Rücksicht auf die Verhältnisse seiner
Umgebung, mit seinen Kunststücken paradiren möchte,
konnte einem Goethe niemals als wirkliche Kunst er=
scheinen. Freilich kommt es darauf an, mit was für

Kräften ein Ensemble gebildet wird; und aus zusammen=
gewürfelten, zum Theil unbedeutenden Kräften ein solches
herzustellen, gehört gewiß zu den schwierigsten Aufgaben
eines Theaterleiters. Bei der Art wie Goethe die Lei=
stungen seiner Schauspieler beobachtete, um sich das Gute
derselben für seine „Grammatik" anzueignen, zielte er in
erster Linie auf Heraushebung des wahren Talents. Hatte
er dieses gefunden, dann stellte er in jedem Stück den=
jenigen, den er als den Vorzüglichsten erkannt hatte, in
die Mitte, um die andern ihm anzunähern und harmo=
nisch um ihn zu gruppiren.

Als ein solches Talent war ihm Christiane Neumann
schon aus Bellomos Zeiten her bekannt. Die Tochter
eines als vortrefflich gerühmten Schauspielers, der auch
als Bühnendichter im Geschmack jener Zeit in zwei Ritter=
stücken sich versucht hat, war sie von frühester Kindheit
an auf der Bühne zu Hause. Mit Theaterblut getränkt,
in Theaterluft erzogen, von wirklichem, schon in Kinder=
rollen stark hervortretendem Talent getragen, wie hätte sie
den Drang zum Theater nicht von früh auf in sich ver=
spüren sollen! Anmuth, Gemüthstiefe und Klugheit ent=
zückten schon an dem Kinde und bildeten sich immer freier
heraus. Das waren auch diejenigen Eigenschaften, die ihr
künstlerisches Talent, die Art ihres Schaffens am besten
umschreiben. Nachdem bereits Anna Amalia sich für die
jugendliche Künstlerin werkthätig interessirt hatte, nach=
dem Corona Schröter die ersten vom Vater ihr bei=
gebrachten Kunstlehren durch tiefer gehende sorgfältige
Unterweisung veredelt hatte, nahm sich Goethe des vier=
zehnjährigen, frühreifen Mädchens an und bemühte sich,

von lebhaftem, persönlichem Antheil getrieben, um ihre ferne Ausbildung. Christiane stand von Anfang an im Mittelpunct von Goethes Theaterinteresse, sie war ein lebendiges Band, das ihn, wenn Schwierigkeiten und Widerwärtigkeiten ihm das Theater verleideten, immer wieder an diese Beschäftigung festknüpfte. So vermengte sich künstlerische und persönliche Neigung zu gleichen Theilen; ja, er gesteht ihr sogar einen namhaften Einfluß auf seine dichterische Production zu. „Sie war mir, in mehr als Einem Sinne, lieb." So schrieb er am 25. October 1797, nach ihrem Tode, an Böttiger. „Wenn sich manchmal in mir die abgestorbene Lust, fürs Theater zu arbeiten, wieder regte, so hatte ich sie gewiß vor Augen, und meine Mädchen und Frauen bildeten sich nach ihr und ihren Eigenschaften. Es kann größere Talente geben, aber für mich kein anmuthigeres." Die Wärme beider Neigungen steigerte sich in einer Weise, daß sie für Goethe sowohl als für Christiane hätte gefährlich werden können. Wir berühren hier ein eigenthümliches Verhältniß, das sich später unter anderen auch mit Amalie Malcolmi, der nachmaligen Gattin Pius Alexander Wolffs wiederholte. Goethe gestand in späteren Jahren selbst, daß er sich in seiner Theaterlaufbahn vor zwei gefährlichen Feinden zu hüten hatte. Der eine war seine leidenschaftliche Liebe des Talents, die ihn leicht blind und parteiisch machen konnte; der andere war sein zu leidenschaftlicher Liebe der Persönlichkeit hindrängendes Naturell, das niegends leichter Nahrung finden konnte als beim Theater und das, da man ihm oft auf halbem Wege entgegenkam — er nennt in erster Linie die beiden angeführten

Schauspielerinnen — ihn leicht von jenem Wege der Rein=
heit und Selbstbeherrschung hätte abbringen können, den er
zur Aufrechterhaltung der sittlichen Ordnung und seiner
Autorität zu vollenden fest gewillt war. Beide Arten
von Beziehungen schlingen sich, poetisch verklärt, wunder=
voll zusammen in der auf Christiane gedichteten Elegie
„Euphrosyne," und geben ein ideales Bild dieses rüh=
renden Verhältnisses, das der nörgelnde Friedrich Schlegel
einmal als „pittoreske Väterlichkeit" bezeichnet hat.

Nur sechs Jahre war es Christianen vergönnt, auf
dem Weimarischen Theater zu wirken; denn am 22. Sep=
tember 1797 entführte der Tod die neunzehnjährige von
der Stätte ihres Wirkens. In diesen wenigen Jahren
wuchs ihr Können zu immer höheren Aufgaben.
Mit kleinen Lustspielrollen beginnend, brachte sie schon
in der ersten Saison (29. November 1791) die Rolle
des Prinzen Arthur in Shakespeares „König Johann"
zu wundervoller Wirkung. Goethe hatte sie ihr ein=
studirt und war schon auf den Proben von ihrem natur=
wahren Spiele tief ergriffen. Ihre Beschäftigung wuchs
mit der Ausdehnung des Repertoires. Sie war die am
meisten beschäftigte Schauspielerin des Personals. Sie
entzückte durch Schalkheit und Humor im Lustspiel, beson=
ders in Knabenrollen, wußte sich auf dem Boden des
Familienstücks mit zarter Anmuth wie mit frischer Na=
türlichkeit zu bewegen und rührte in Rollen empfindungs=
voller, sentimentaler Mädchencharaktere der höheren Schau=
spielgattung und des Trauerspiels. Ihr Rollenfach war
außerordentlich reich und vielseitig. Sie war Emilia
Galotti und Minna von Barnhelm. Ihr wurden Auf=

gaben anvertraut wie Amalia in den „Räubern", Luise
in „Kabale und Liebe", Eboli im „Don Carlos", Klär=
chen im „Egmont" und Ophelia. Man kann sie zugleich
als die Trägerin des Geistes betrachten, in dem die
Theaterleitung gehandhabt wurde: bezeichnend dafür ist
es, daß sie es war, die heraustreten mußte, wenn es
der Direction nöthig erschien, durch einen Prolog oder
Epilog die Gunst des Publicums anzurufen. Sie war,
wie Schöll einmal sehr treffend sagt, „als verbindlichstes
Mitglied der Gesellschaft und Liebling des Publicums
die Hauptvermittlerin der sittlich wohlwollenden Fa=
miliarität des Publicums für die Kunstanstalt und
strebende Truppe." Verschiedene Urtheile, die über sie
erhalten sind, bestätigen und verstärken die Wahrheit
dessen was Goethe über sie gesagt hat. Gotter stellte sie
einer Charlotte Ackermann gleich; Wieland sagte von ihr,
daß wenn sie nur noch einige Jahre so fortschritte,
Deutschland nur eine Schauspielerin haben werde. Und
ein so berufener Kritiker wie Iffland, urtheilte von ihr,
als er sie bei seinem ersten Gastspiel kennen lernte, wo
sie fast in allen Stücken neben ihm spielte, darunter die
Amalie und Klärchen: „Sie kann alles; denn nie wird
sie in den künstlichen Rausch von Empfindsamkeit, das
verderbliche Übel unserer jungen Schauspielerinnen, ver=
sinken."

Erst $14^{1}/_{2}$ Jahre alt, hatte Christiane den Schau=
spieler Becker geheirathet. Ihre Kräfte waren durch zwei
Kindbetten untergraben worden, und am 18. December
1796 überfiel sie, nach der Vorstellung des „Julius von
Tarent" ein hitziges Brustfieber, an dem sie langsam hin=

siechte. Zwischendurch kamen bessere Zeiten, wo Pflicht und Verlangen sie wieder auf die Bretter trieben. Im Juni 1797 ging sie sogar mit der Gesellschaft nach Lauchstädt. Aber die Unmöglichkeit andauernder Thätigkeit stellte sich nur zu bald heraus, und am 3. Juli schrieb der betrübte Gatte an Kirms:

„Sehr wehe thut es mir Ihnen Lieber Herr Hofkammerrath mit einer unangenehmen Nachricht beschwerlich fallen zu müssen. Die Gesundheit meiner Frau scheint keine Festigkeit erlangen zu wollen. Sie ist seit ein paar Tagen um ein vieles kränker, und der Husten erstaunend trocken. — Der hiesige Arzt versichert mich, daß sie ihre Gesundheit nur dann erlangen könnte, wenn sie gar nicht mehr spielte, und ganz vom Theater abginge. — Ich sehe mich daher in die traurige Nothwendigkeit versetzt, Sie zu bitten, wo möglich die gütige Vorsicht tragen zu wollen, ihre Stelle, so bald wie möglich, wenigstens einigermaßen zu ersetzen. Hier wollen wir wohl sehen durchzuhelfen, so viel sie kann, doch für die folgende Zeit, kann ich nicht stehen, nach so manchen Vorfällen, welche sich in ihrer Krankheit ereignen, und wünschte daß sie ihre Gesundheit pflege, und dann erst wieder zu spielen anfinge, wenn diese ganz hergestellt ist."

Am 24. meldet er, seine Frau sei immer noch in einer sehr gefährlichen Lage; ein starkes Fieber zehre sie ganz auf, und der Arzt gebe Hoffnung auf Besserung nur bei vollständiger Ruhe von aller Anstrengung. Am

4. August wurde die Entkräftete von einem heftigen Blutsturz überfallen, der fünf Tage hindurch wiederkehrte. Carl August schickte ihr zur Überführung nach Weimar seinen eigenen bequemen Reisewagen; am 18. August wurde sie mit größter Gefahr dahin gebracht. Die Kunst der tüchtigsten Ärzte vermochte nicht mehr den Niedergang ihrer Lebensgeister zu hemmen.

Außer einigem unverbürgten, vielleicht von Neid und Eifersucht dictirten Theaterklatsch, durch dessen Aufwärmung ihr Andenken nicht verunglimpft werden soll, berichten die Theateracten nichts von ihr. Über ihr Begräbniß meldet Kirms am 2. October dem in der Schweiz weilenden Goethe: „Am Montag Abend (25. September), weil die Beckerin im Leichenhause nicht länger hielt, wurde sie in der Stille begraben, und zu gleicher Zeit traf ihre Nachfolgerin, die Tilly ein. Am Dienstag Nachmittag um 3 Uhr hielt an ihrem Grabe, das absichtlich am Wege nach der Kirche zu situirt ist, der Diaconus Zünkel eine recht hübsche Rede, der Cantor aber und die Choristen sangen gratis einige Chöre. Die Gesellschaft hatte sich vorher am Theater gesammelt und ging in Truppen, ohne Prozession zum Kirchhof: auch ich ging mit ihnen . . . Am Freitag wurde auf dem Theater eine Todtenfeier gegeben. Sie lief gut ab, und die Rede, welche Schall und Vohs verabredet, Herr Vulpius aber ausgeführt hatte macht letzterem Ehre . . . Die Einnahme war besonders vom 1. Parterre sehr gering: indessen soll den Edlen nichts geschenkt werden. Schall wird sie wegen eines Monuments im Namen der Gesellschaft in Contribution setzen. Die Angabe dieses Monuments wird Ew. Hochwohlgeb. aufgehoben bleiben."

Ein unvergängliches Denkmal hat ihr Goethe gestiftet. Er war von ihrem Tode, den er schon lange erwartet hatte, aufs schmerzlichste berührt. „Liebende haben Thränen und Dichter Rhythmen zur Ehre der Todten." Und er dichtete die herrliche Elegie „Euphrosyne", durch die allein schon sie unsterblich bleibt in der Geschichte des deutschen Theaters. Als Goethe aus der Schweiz zurückkehrte, fand er eine große Lücke. „Christiane Neumann fehlte, und doch war's der Platz noch, wo sie mir so viel Interesse eingeflößt hatte. Ich war durch sie an die Bretter gewöhnt, und so wendete ich nun dem Ganzen zu, was ich ihr sonst fast ausschließlich gewidmet hatte."

In der Figur des Theaterdirectors Serlo hatte Goethe im vierten Buch des Wilhelm Meister, nicht ohne Anlehnung an die Individualität Schröders, einen Schauspielertypus geschaffen, der zwar kein Ideal eines Künstlers darstellt, in dem aber viele zur Vollendung unentbehrliche Eigenschaften und Fertigkeiten sich nach und nach entwickelt haben. Serlos Art hat vieles gemein mit der eines anderen Schauspielers jener Zeit, der nach Schröder der hervorragendste Vertreter der damaligen Bühnenkunst war: Ifflands nämlich.

Goethe hatte Iffland bereits im Jahre 1779, als er aus der Schweiz seinen Rückweg über Mannheim nahm, kennen gelernt. Eine Erneuerung der persönlichen Anknüpfung läßt sich erst wieder vom Jahre 1793 an vermuthen. Ursache derselben dürften wohl Jfflands Stücke gewesen sein, die von Anfang an einen Hauptbestandtheil des Weimarischen Repertoires bildeten. Goethes Briefe an Jffland aus dieser Zeit sind bis auf einen verloren gegangen; dagegen haben sich von Jffland einige erhalten. Die Reihe eröffnet der folgende:

„Den Beruf nach Norden fühle ich, und dringend fühle ich den, Sie zu sehen, wo Sie leben und sind. Es macht mir ein unheimliches Gefühl, daß ich Sie verfehlt habe und dieses Gefühl neckt mich oft. Ich will Ihnen nicht sagen, was ein gütiges Wort von Ihnen auf mich gewirkt hat, Sie werden mir es zutrauen! — Meine Schauspiele werden abgeschrieben und dann gleich abgeschickt. Mögten Sie mich der Mühe werth halten, mir ein Wort zu sagen, über das was ich zu erlangen strebe und das was ich vermeiden soll. Sie werden einem gelehrigen Ohre und einem dankbaren Herzen etwas Gutes erwiesen haben. Mit reiner Verehrung

Mannheim d. 29. Aug. 1793.

Jffland."

Bald äußert nun Goethe den Wunsch Jffland auch als Schauspieler kennen zu lernen, und Jffland erwidert darauf:

„Mannheim den 14. Januar 1794.

Wie sehr hat mich die Güte erfreuet, womit Sie meinem guten Willen Kraft für die Zukunft gegeben haben. Es war eine liebliche Erscheinung in jedem Fall. Wie viel mehr hier, in dieser dürren Wüste.

Sie sagen mir, daß Sie Vergnügen haben würden mich spielen zu sehen? Ach, da begegnen Sie einem Lieblingswunsche von mir. Werden Sie nicht zürnen, wenn ich ihn früh in Erfüllung setze?

Ich danke Ihnen, ich danke Ihnen herzlich, daß Sie Ihre Hand auf mich gelegt haben. Es ist nun eine Ehrenbahn, dessen nicht unwerth zu sein.

Iffland."

Goethe bezeugt Iffland seine Werthschätzung durch Zusendung eines seiner Werke, womit wahrscheinlich der im zweiten Band der Neuen Schriften stehende „Reineke Fuchs" gemeint ist. Iffland dankt sehr herzlich, und in Sorge um sein und seiner Freunde Wohl in so bedrängten Zeiten deutet er bereits seine Hoffnungen auf eine gesicherte Zukunft in Weimar an.

„Mannheim den 26. Julius 1794.

Nach einer Abwesenheit einiger Wochen, finde ich bei meiner Rückkunft Ihr gütiges edles Geschenk. Mit wahrer warmer Empfindung danke ich dafür.

Mit welcher lebhaften Freude habe ich das herrliche Werk gelesen, womit Sie Deutschland beschenkt haben. Es ziemt mir nicht, Ihnen den Genuß auseinanderzusetzen, den ich oft und jedesmal neu, wieder empfinde, wenn ich damit an der Rheinspitze sitze und lese. Aber das darf ich Ihnen doch sagen, daß ich die Menschen beneide, die dort am Theater leben. Diese können Sie sehen und werden Sie hören dürfen — wenn sie hören können. Ich sitze hier und sehe Landschreiber.

Wenn der Krieg uns zerstiebt — mögte Weimar
eine Auswahl von uns treffen! Gesicherte Zukunft
würde mäßige Ausgaben veranlassen. Das wäre ein
Leben!

Ich will mich mit dem Traume täuschen. Man
täuscht sich gern.

Mit herzlicher Dankbarkeit

Iffland."

Im October 1795 bot sich Iffland durch Vermitt=
lung des Regisseurs Schall zu einem Gastspiel in Weimar
an, worauf Goethe sofort einging. „In mehr als einer
Rücksicht war mir Ihre Ankunft lange wünschenswerth",
schreibt er ihm am 4. November 1795, und versichert,
daß er sich auf eine längere Unterhaltung mit ihm über
mancherlei Gegenstände sehr freue. Ifflands Absicht wurde
aber durch den Krieg zunächst vereitelt. Goethe schreibt
an Iffland:

„Unsere Hoffnung Sie hier zu sehen ist auf eine
zu empfindliche Weise getäuscht worden, als daß ich
nicht wünschen sollte Sie möchten, zu irgend einer
andern Zeit, die Reise zu uns unternehmen. Vor
oder nach Ostern würde ein günstiger Zeitpunct seyn,
selbst wenn Sie in der Charwoche kämen, in welcher
wir nicht spielen; man könnte sich durch Proben auf
die Osterfeyertage vorbereiten. Möchten Sie doch,
wenn auch nur kurze Zeit, bey uns die traurigen
Scenen vergessen, von denen Sie nun schon so lange
Zeuge sind. Wollten Sie mir gelegentlich die Rollen

nennen, in denen Sie aufzutreten wünschen, so könnte ich, wenn sie noch nicht einstudirt sind, darauf einige Vorbereitung machen. Ich wünsche recht wohl zu leben. Weimar den 4. Januar 1796."

Endlich erschien der sehnlich Erwartete, und vom 28. März bis zum 25. April 1796 entzückte er in vierzehn Vorstellungen das Weimarische Publicum durch seine Kunst. Iffland stand damals auf der Höhe seines Könnens und ragte in jeder Beziehung weit über die Weimarischen Darsteller hinaus. Das was Schiller einst bei einem Gastspiele Ifflands und Beils in Frankfurt (1784) gesagt hatte: sie ragten beide unter den besten dortigen Schauspielern hervor wie der Jupiter des Phidias unter Tüncherarbeiten, das konnte mit einer gewissen Einschränkung auch jetzt bei einem Vergleiche Ifflands mit den Weimarischen Künstlern gesagt werden. Iffland spielte in sechs eigenen Stücken und sieben Stücken anderer Verfasser. Die meisten Rollen lagen auf dem Gebiete, auf dem Iffland unbestrittener Meister war: im Conversations- und bürgerlichen Sittenstück konnte er die ganze Kunst seiner feinen, bis in die kleinsten Details sorgfältig ausgearbeiteten Charakteristik und seines naturwahren Sprechtones ausbreiten. Dazu kamen aus der höheren Gattung der Tragödie der Franz Moor, dessen allererster Darsteller er bekanntlich gewesen war, und der Egmont. Goethes Stück war eigens zu diesem Zwecke von Schiller einer Überarbeitung unterzogen worden.

Für Goethe besonders waren diese Vorstellungen Gegenstand eifrigsten Studiums. Iffland war, abgesehen von einer flüchtigen Erscheinung Ethofs auf der Bühne des Liebhabertheaters, der erste große Schauspieler, den Goethe spielen sah. Nichts konnte für seine bereits gewonnenen praktischen Kenntnisse fördernder, nichts für seine theoretischen Einsichten auf dem Gebiete der Schauspielkunst fruchtbarer sein als die Anregung und Belebung, die von Iffland dem Schauspieler auf seine Umgebung ausging. Daß der Schauspieler natürlich spielen und doch immer verstellt sein müsse, wußte Goethe bereits; gerade das wird an Serlo's Spiel gerühmt. „Wer sich nur selbst spielen kann", sagt Jarno im Roman, „ist kein Schauspieler". An Iffland bewunderte Goethe, mit welcher Freiheit sich der wahre Künstler in jedem Rocke, in jeder Maske bewege, wie er, seine eigene Individualität bemeisternd, sich in jede fremde verständnißvoll hineinfinde; und er bestand von nun an darauf, daß der Schauspieler nicht bloß Rollen spiele, sondern Charaktere schaffe. Goethe scheint so sehr im Banne von Ifflands Kunst gestanden zu haben, daß er gerade die Grenzen dieser Verwandlungsfähigkeit bei ihm nicht erkannte. Denn wie aus allen über Ifflands Kunst erhaltenen Urtheilen hervorgeht, kann er kaum ein vollendeter Vertreter des Egmont gewesen sein. Ifflands Kunst wurzelte nicht in einer starken, schöpferischen Phantasie, nicht in einem großen Temperament, sondern in klug berechnender Überlegung, in der Vernunft; er war das was man, im besten Sinne, einen denkenden Künstler nennt. Daher wußte er auch niemals groß angelegten, mit tiefem Gefühl oder mächtiger Leidenschaft begabten Naturen gerecht zu werden; vorzüglich aber gelangen ihm die im Kreise enger Bürgerlich=

keit behaglich in Scherz und Ernst, und nicht minder die auf dem glatten Parkett der feineren Gesellschaft mit aristokratischer Vornehmheit und Grazie sich bewegenden Figuren. Schiller, der Iffland schon lange, schon von seiner Mannheimer Dramaturgenstellung her kannte und durch das Studium des vortrefflichen Ensembles daselbst eine reichere praktische Kenntniß der Schauspielkunst hatte als Goethe, und der in einer von Goethe eigens für ihn eingerichteten Loge auch jetzt ihn eifrig beobachtete, urtheilte über Iffland schärfer und richtiger als jener. Er war vornehmlich von Iffland als Darsteller komischer Rollen entzückt. „Hingegen in edeln, ernstern und empfindungsvollen Rollen bewundre ich mehr seine Geschicklichkeit, seinen Verstand, seinen Calcul und Besonnenheit. Hier ist er mir immer bedeutend, planvoll und beschäftigt und spannt die Aufmerksamkeit und das Nachdenken, aber ich kann nicht sagen, daß er mich in solchen Rollen eigentlich entzückt oder hingerissen hätte, wie von weit weniger vollkommenen Schauspielern geschehen ist. Daher würde er mir, für die Tragödie, kaum eine poetische Stimmung geben können." So schrieb Schiller an Goethe bei Ifflands zweitem Gastspiele im Frühjahr 1798.

Goethe hielt Ifflands Erscheinen für so wichtig, daß er davon eine neue Epoche des Weimarischen Theaters rechnet. Was ihn dazu bewog, war jene bereits im Wilhelm Meister angedeutete Beobachtung, die von jetzt ab als eine Hauptmaxime in der Theaterleitung ausgesprochen wurde: „Der Schauspieler müsse seine Persönlichkeit verleugnen und dergestalt ausbilden lernen, daß es von ihm abhange, in gewissen Rollen seine Individualität unkenntlich zu machen." Bisher habe dieser Maxime ein falsch verstandener Conversationston sowie ein unrichtiger Begriff von Natürlichkeit entgegen gestanden. "Die Erscheinung Jfflands auf unserm Theater aber löste endlich das Räthsel. Die Weisheit, womit dieser vortreffliche Künstler seine Rollen von einander sondert, aus einer jeden ein Ganzes zu machen weiß und sich sowohl ins Edle als ins Gemeine, und immer kunstmäßig und schön zu maskiren versteht, war zu eminent, als daß sie nicht hätte fruchtbar werden sollen. Von dieser Zeit an haben mehrere unserer Schauspieler, denen eine allzu entschiedene Individualität nicht entgegenstand, glückliche Versuche gemacht, sich eine Vielseitigkeit zu geben, welche einem dramatischen Künstler immer zur Ehre gereicht."

Die Maxime, die Goethe aus Jfflands Spiel abstrahirt hat, ist wichtig, weil sie einen Fortschritt in Goethes Theaterpraxis bedeutet. Das was uns heute so selbstverständlich erscheint, war es damals durchaus nicht. Wie viele Schauspieler gibt es auch heute noch, die ihre Aufgabe bloß darin erkennen, jede Rolle nach ihrem Gutdünken, ohne Interesse für das Ganze, rein aus ihrer Subjectivität heraus zu spielen. Der damals fast ausschließlich übliche Naturalismus begünstigte diese Spielweise, die einem Mangel an Einsicht in die wahren Aufgaben der Schauspielkunst entsprang. Die Ästhetik hatte sich bereits dieser Frage bemächtigt und im Zusammenhang der Untersuchung über die Kunst und das Kunstschöne im Allgemeinen auch für diese Einzelkunst das Gesetz der Schönheit aufgestellt; und zwar zu einer Zeit, als Goethe noch die überkommene Spielweise in Freiheit sich ergehen ließ. Schiller nämlich war es, der in den Vorlesungen über Ästhetik, die er 1792 und 1793 in Jena hielt, die Schauspielkunst in sein philosophisches Gebäude mit einbezog.

Während Goethe diese Maxime auf dem Wege der Erfahrung sich angeeignet hatte, kam Schiller gerade auf dem entgegengesetzten Wege dazu, auf dem der philosophischen Speculation. Schönheit ist nach Schiller Freiheit in der Erscheinung; sie wird erreicht durch Überwindung des rohen Materials; der Rohstoff muß durch den Künstler in der Darstellung derart getilgt werden, daß er sich mit dem Darzustellenden völlig ausgetauscht zu haben scheint. Was für den Bildhauer der Marmor ist, das ist für den Schauspieler seine eigene Individualität. Diese muß verschwinden, damit die reine Form des Dargestellten zur Geltung komme. Derjenige Künstler, der den Gegenstand, die reine Objectivität darstellt, dessen Persönlichkeit in der Form des darzustellenden Charakters vollständig verschwunden ist, hat Stil. Als solche Schauspieler rühmt Schiller Ekhof und Schröder. Derjenige Künstler, bei dem man zwar nicht die Natur des Stoffes (seine Person), aber auch nicht die reine Natur des darzustellenden Charakters bemerkt, der vielmehr jeden Affect nach einer willkürlichen Idee, nach einem subjectiven Grundsatz, einer Maxime darstellt, ohne Rücksicht ob seiner Vorstellung auch Objectivität zukommt, dieser hat Manier. Am tiefsten steht derjenige Schauspieler bei dem aus jeder Bewegung der Stoff, also er selbst, hervorbricht: hier offenbart sich aus der Natur des Stoffes die subjective Beschränktheit des Schauspielers.

Mit diesen theoretischen Forderungen an die Kunst des Mimen stellt sich Schiller viel früher als Goethe in eine scharfe Opposition gegen die bestehende Schauspielkunst. In der Abhandlung „Über Anmuth und Würde" faßt er zusammen, in welchem Verhältniß in den Werken des Schauspielers Natur und Kunst stehen müssen. Zwei Forderungen richtet er an ihn: Wahrheit der Darstellung und Schönheit der Darstellung. In erster Hinsicht muß er alles durch Kunst und nichts durch Natur hervorbringen, er muß z. B., wenn auch sein Charakter sanft ist, im Stande sein den Charakter eines Wüthenden darzustellen. Hingegen muß er in Hinsicht auf Schönheit und Anmuth der Darstellung alles der angeborenen Natur, und nichts der eingelernten Kunst verdanken. Wie aber, fragt Schiller, soll der Schauspieler, da er sie nicht erlernen darf, zu dieser Grazie kommen? Und er antwortet: „Er soll zuerst dafür sorgen, daß die Menschheit an ihm selbst zur Zeitigung komme, und dann soll er hingehen und (wenn es sonst sein Beruf ist) sie auf der Schaubühne repräsentiren." Menschheit bedeutet hier nicht die angeborene, rohstoffliche Natur des Menschen, sondern die von allem Zufälligen und Gemeinen geläuterte, idealisirte, durch moralische Kraft zu Geistesfreiheit und Würde erhobene schöne Seele. Und so leitet Schiller theoretisch jene idealistische Richtung der Schauspielkunst ein, die er im Verein mit Goethe auf der Weimarischen Bühne nicht lange nachher zum Siege führte.

Die Anerkennung jener aus Ifflands Spiel gewonnenen Maxime war von Seiten Goethes der erste Schritt zu dieser neuen Richtung. An Ifflands Anwesenheit in

Weimar knüpft sich eine Reaction gegen den Naturalismus. Goethe hatte, wie wir bereits wissen, gerade in diesen Zeiten die Absicht, die Leitung des Theaters von sich abzuschütteln und Iffland für dieselbe zu gewinnen. Hätte sich dieser Plan verwirklicht, so wäre wohl die eigenthümliche Entwicklung, die die Schauspielkunst in Weimar erfahren hat, verzögert oder vielleicht ganz hintangehalten worden.

Auch für die Mitglieder des Theaters blieb Ifflands anregendes Spiel nicht ohne Folgen. Sie hatten ein großes Muster gesehen, das wohl der Nacheiferung werth war. In der Schärfe und Vielseitigkeit der Charakteristik, sowie in der Art des Sprechens muß bei den Bildungsfähigen ein Fortschritt eingetreten sein. Als im Mai des folgenden Jahres eine fremde Schauspielerin in Weimar auf Engagement gastirte, schrieb Kirms an Goethe: „Ihre Declamation ist etwas accentuirt, die nun gegen das Spiel unserer Leute seit Ifflands Anwesenheit gar sehr absticht."

Iffland selbst hat sich den Weimaranern gegenüber in vornehmster Weise, mit vollendeter Liebenswürdigkeit betragen. Er fällte ein Urtheil über die Truppe, dessen schmeichelhaftes Lob vielleicht nicht ganz frei ist von absichtlicher Schönfärberei. Er schrieb an Schiller (undatirt, ungedruckt): „Sagen Sie ihm (Goethe) doch auch gefälligst, daß ich von der Probe sehr zufrieden bin. Daß niemand den Sinn der Rollen verfehlt hat und daß mich im Ganzen der Ton des bescheidenen Spiels der Gesellschaft erfreut, sowie die Decenz im feinsten Sinne, welche die Vorstellung hat."

Ein interessantes Selbstbekenntniß des Künstlers enthält ein Brief an Goethe (Weimar, 28. März 1796), worin er die Besetzung seines Schauspiels „Der Spieler" vorschlägt. Darin heißt es:

„Den Wallenfeld wähle ich aus der, glaube ich, verzeihlichen Eitelkeit, eine Rolle von Feuer zu spielen; da alle andern Rollen die ich spiele in der Barrière der Manier mehr oder weniger bleiben müssen. Den Posert wähle ich deshalb für Schall, weil ich ihm die Rolle wörtlich einlernen kann.

Indessen unterwerfe ich das Ganze Ihrem gütigen Ermessen, und bitte, durch Ihr Wohlwollen für mich aufgemuntert, um Nachsicht für die Zudringlichkeit, womit ich es wage, Ihnen mit dem Detail beschwerlich zu sein."

Zwei schöne Briefe Jfflands an Goethe, der eine in Weimar, der andere offenbar gleich nach seiner Heimkehr in Mannheim geschrieben, mögen hier angereiht werden. Sie geben ein Zeugniß von seiner warmen Verehrung des Dichters, dessen Persönlichkeit auf ihn einen tiefen Eindruck gemacht hatte.

„Hochwolgeborner Herr!

Wer ist frölicher als ich, daß ich etwas thun kann, das Ihnen Freude macht. Sie sind so liebenswürdig als Sie groß und Einzig sind. Rechnen Sie es mir nicht für eine Unbescheidenheit an, daß ich Ihnen das schreibe. Ich habe nicht den Muth es Ihnen zu sagen.

Doch ist es meinem Herzen ein Bedürfniß, dieses Gefühl an Ihrem Gestell niederzulegen. Warum sollte Ihr Herz nicht die Äußerung eines ehrlichen Herzens gut aufnehmen. Ja, Sie werden es. Ist mein Verstand nicht genug, Sie so ganz wie Sie sind, zu verstehen: so ist doch das was ich darüber fühle, sehr stark. Ein neues Licht umgiebt jeden Gegenstand auf den Ihr Auge fällt. Ich gehe immer glücklicher von Ihnen weg. Ich sehe Sie immer mit dieser süßen Bewunderung. Laßen Sie mich herzlich danken, für alles was Sie in mir würken.

Ich will Ihnen nun nie mehr davon sagen. Sie wißen daß ich es empfinde, das war mir nöthig.

Laßen Sie mich Ihrem Herzen alle das Gute wünschen, was Jedem selten begegnet und Ihnen am seltensten werden muß, je mehr Sie für andre sind.

Ich freue mich Kindlich auf Egmont obschon ich mich fürchte, neben dem Ideal einfacher Größe zu stehen, das Sie geschaffen haben. Nachsicht ist die Eigenheit eines großen Mannes. Darauf baue ich, so wie auf meinen vollen Willen, Ihnen Vergnügen zu machen.

     Ihr
W: 30. May 96. durch Sie sehr glücklicher
       Iffland."

„Ihro Excellenz!

Sie habe ich gesehen, habe unter dem milden Einfluß Ihrer Größe, die vier köstlichsten Wochen meines Lebens gelebt. Wärme und Kraft gieng von Ihnen aus auf mich). Nun bin ich hier auf die dürre Fläche geworfen und sehe mit der Sehnsucht eines Mädchens nach dem Orte, wo ich mit einem Blicke von Ihnen Glauben an mich, und Muth empfieng für das, was nicht erreicht ist.

Von Ihres Geistes Ausstattung halte ich mich hier und werde mich halten so lange ich muß — länger keinen Tag.

Möge jeder der Ihre Größe fühlt, Ihr Herz begreifen. Gönnen Sie mir den Stolz, daß ich das von mir glaube, und darinn das Recht fühle, was mir sonst nicht gebührt, Ihnen mich zu nähern.

Dieß Gefühl ist nicht gemein. Ich sage nicht mehr davon weil Sie ungern von sich reden hören.

Gott — oder wer die erhaltende Kraft ist — segne Sie reich!!

Dieß schreibe ich mit einer Spannung des Herzens, die in den Augen Erleichterung findet!

Iffland."

In einem Briefe an den in Italien weilenden Freund Meyer (8. April 1796) gibt Goethe, noch unter dem unmittelbaren Eindruck von Ifflands Spiel stehend, eine bewundernde, lebendig-anschauliche Schilderung seiner Kunst. Durch ihn werde der gleichsam verloren gegangene Begriff von dramatischer Kunst wieder lebendig. Goethe rühmt jene große Kunst der Charakterisirung, die Gewandtheit seines Körpers und die Herrschaft über die Organe desselben, die große Fähigkeit seines Geistes, auf die Eigenheiten der Menschen aufzumerken und sie in

ihren charakteristischen Zügen wieder darzustellen, die
Weite seiner Vorstellungskraft und die Geschwindigkeit
seiner Darstellungsgabe; ferner den großen Verstand,
durch den er die einzelnen Kennzeichen des Charakteristi=
schen auffasse und zu einem von allem andern unter=
schiedenen Ganzen zusammenstelle. „Es freut mich sehr,
daß ich vor unserer großen Expedition, wo wir doch auch
manches Theater sehen werden, einen solchen Mann als
Typus, wonach man das Übrige beurtheilen kann mit
den Augen des Geistes und Leibes gesehen habe."

In diesen knappen Sätzen steckt viel tiefere Weisheit
als in dem dickleibigen Buch, das der Weimarische Gym=
nasialdirector und Archäolog Carl August Böttiger schrieb
unter dem Titel: „Entwickelung des Iffländischen Spiels
in vierzehn Darstellungen auf dem Weimarischen Hof=
theater im Aprilmonath 1796" (Leipzig, bei Göschen 1796).
Hier wird Ifflands Spiel pedantisch zergliedert, in jede
Hand= und Fußbewegung wird Bewußtsein und Absicht
hineingelegt, seine Größe aus den kleinsten Kleinlichkeiten
zusammengesetzt, und über der Erklärung der Details geht
dem Verfasser, bei aller Bewunderung des Künstlers, der
Sinn fürs Ganze verloren. Alle Augenblicke stolpert der
gelehrte Antiquar über seine reichen archäologischen Kennt=
nisse und benutzt die Kunst eines Lebenden, um an sie
seine Wissenschaft von der Kunst der Alten anzuhängen.
Iffland beklagte diese Kritik, die ihm mehr Schaden als
Nutzen gebracht habe. Goethe, ein Feind dieser äußer=
lichen Art von Kunstkritik, wehrte das „Flick= und Lappen=
werk" energisch ab und hatte, wie er an Schiller schreibt,
sogar den boshaften Einfall, den Verfasser durch eine

sophistische Wendung auf seinem eigenen Grund und
Boden zu schlagen; der Spaß ist nicht ausgeführt wor=
den. Dagegen hat Tieck dem geschmacklosen Kritiker im
„Gestiefelten Kater" heimgeleuchtet; wie der gelehrte,
wortreiche Philister überhaupt aus den Kreisen der Ro=
mantiker viel Spott zu erdulden hatte.

Daß Iffland, als es sich darum handelte, ihn dauernd
an Weimar zu fesseln, sich für Berlin entschied, hat,
wie bereits dargelegt ist, das gute Einvernehmen zwischen
ihm und Goethe nicht gestört. Er erschien im April
1798 zum zweiten Male in Weimar. „Von Directions=
wegen" war eine von Goethe redigirte „Nachricht" ans
Publicum erschienen, um das Gastspiel des „ganz Deutsch=
land auf das vortheilhafteste bekannten Künstlers und
gegenwärtigen Directors des Königlich Preußischen deut=
schen Schauspiels" anzusagen. Der Zudrang war, wie
Goethe gehofft hatte, ein sehr starker, viele Fremde kamen
nach Weimar gezogen, um dieses Genusses theilhaftig zu
werden, so daß diesmal auch der finanzielle Erfolg, da
die Preise erhöht waren, dem künstlerischen gleich kam,
worüber sich Goethe nicht wenig freute. Die Vorberei=
tungen nahmen Goethe viel Zeit weg; doch hoffte er sich
an Ifflands Erscheinung reichlich zu entschädigen. Iffland
spielte an acht Abenden, am 24. April beginnend, am
4. Mai beschließend. Auch diesmal wählte er sich die
Rollen zumeist aus dem von ihm meisterhaft beherrschten
Gebiete des bürgerlichen Schauspiels. Dazu kam noch
eine Comödie von Goldoni „Die verstellte Kranke" und
die Rolle des Pygmalion in dem gleichnamigen viel=
gespielten und beliebten Melodram von Rousseau, zu dem

der berühmte Benda die Musik gesetzt hatte, und das in
Deutschland verschiedene Nachahmungen hervorgerufen hat.

Schiller mußte diesmal der Theilnahme an diesem
theatralischen Vergnügen sich enthalten; Krankheit fesselte
ihn in Jena ans Zimmer. Goethe unterrichtete ihn über
den Fortgang des Gastspiels und theilte die Eindrücke
mit, die er von Ifflands Kunst empfing. Dabei wird
abermals ein charakteristischer Unterschied offenbar in der
Stellung, die beide Dichter zur Schauspielkunst nahmen.
Goethe gibt sich naiv dem großen Talente des Künstlers
hin, er läßt den Schauspieler als solchen auf sich wirken,
und der Effect, den dieser durch seine Kunst hervorruft,
macht ihm die Leere des dargestellten Stückes vergessen.
Schiller dagegen verlangt vom Schauspieler, daß er ein
seiner Kunst würdiges Product zur Darstellung wähle,
und daher kann er sich nicht genug über die Wahl des
Pygmalion, dieser „frostigen, handlungsleeren und un=
natürlichen Fratze" verwundern und findet es unbegreif=
lich, daß ein Schauspieler, auch nur gewöhnlichen Schla=
ges, den Begriff seiner Kunst so sehr aus den Augen
setzen könne. Goethe, der dieses Stück schon mehrmals
gesehen hat, urtheilt milder, glaubt aber, daß Iffland
viel zu klug sei um etwas zu wählen, wo er nicht eines
gewissen Effectes sicher sei. Und wirklich ist er von Iff=
lands Darstellung, die auch A. W. Schlegel zu einem
Sonett „Der neue Pygmalion" begeisterte, aufs höchste
entzückt, er rühmt an ihr die vollendete theatralische
Würde und Fülle, ja er sucht vergeblich nach Worten
um zu beschreiben, was Iffland in dieser Rolle geleistet
habe. Und es ist interessant gegenüber diesem begeisterten

Urtheile zu vernehmen, daß ein so competenter Kenner und Beurtheiler wie Schröder, der allerdings Iffland nie leiden mochte und daher oft hart und vielleicht auch ungerecht über ihn urtheilte, erklärt, Ifflands Pygmalion habe ihm sehr mißfallen.

Der Totaleindruck von Ifflands Gastspiel auf Goethe war auch diesmal ein außerordentlicher; und was er in theoretischer und praktischer Hinsicht bei dem ersten Erscheinen des Künstlers gelernt hatte, wurde durch dessen zweites Gastspiel von neuem bestätigt und verstärkt: wie er die Rollen bis ins Kleinste durch= und ausarbeitet, Züge aus dem Leben erlauscht und nachahmend darstellt; wie er die einzelnen Charaktere nach Costüm, Geberde und Sprache scharf von einander sondert und ebenso die verschiedenen Situationen fein nüancirt, das erregt auch diesmal seine Bewunderung. Wie stachen die einheimischen Darsteller von ihm ab; sie erschienen Goethe neben diesem Schöpfer eines wirklichen Natur= und Kunstgebildes bloß als Referenten „welche eine fremde Sache aus den Acten vortragen; man erfährt zwar was sich begibt und begeben hat, man kann aber weiter keinen Theil daran nehmen." Für Goethe war es auch von höchster Bedeutung, mit einem so erfahrenen und über seine Kunst auch nach= denkenden Schauspieler über alles, was im dramatischen Fach interessiren kann und was ihm, wie wir später sehen werden, gerade damals, an dem Wendepuncte zu einer neuen Richtung der theatralischen Kunst, am Herzen lag, gesprächsweise zu verhandeln. Und auf die Schau= spieler der Weimarischen Bühne wirkte auch diesmal Iffland anregend und belehrend. Wie das erste Mal war er auch jetzt Gegenstand auszeichnender Behandlung; ihm zu Ehren gab Goethe mehrere Frühstücke in seinem Hause, und auch der Herzog lud ihn zu einem solchen ein.

Die projectirte Säcularfeier zum Beginn des neuen Jahrhunderts, bei der auch Iffland mitwirken sollte, kam nicht zu Stande. Schiller hatte gewünscht, daß Iffland dabei den Wallenstein spiele.

Schillers wiederholtes Verlangen, ihn nochmals spielen zu sehen, sollte nicht in Erfüllung gehen. Nach des Dichters Tode ist Iffland noch zwei Mal auf der Weimarischen Bühne erschienen. Seine Gastspiele im September 1810 und im December 1812 erregten immer von neuem die Bewunderung Goethes und den enthusiastischen Beifall des Publicums. Es ist merkwürdig, daß jene Schwäche des Künstlers, die Schiller mit Rücksicht auf die Wahl des Pygmalion an ihm gerügt hatte, von Goethe erst bei seinem letzten Gastspiel tadelnd hervorgehoben wird: daß er sich nämlich zumeist Rollen aussuche, die ihrem Gehalt nach seiner unwürdig seien und die durch seine vollendete Darstellung auch nicht mehr als einen augenblicklichen Werth erhielten; ein Verfahren, das auf den Geschmack des Volkes einen höchst ungünstigen Einfluß ausübe. Aber es wirkte bei Ifflands Spiel nur das Wie auf ihn, während er sich um das Was gar nicht bekümmerte; denn wenn zwar die Kunst, nach Goethes Meinung, wie sie besonders in den „Propyläen" vertreten war, nur würdige und bedeutende Gegenstände behandeln sollte, so ist doch auch kein Zweifel, „daß die Kunst, wie sie sich im höchsten Künstler darstellt, eine so gewaltsam lebendige Form erschafft, daß sie jeden Stoff veredelt und verwandelt" (an Zelter 12. Dec. 1812).

Mit welchem freudigen Interesse Goethe noch dem letzten Gastspiel Jfflands entgegensah, zeigt folgende Stelle aus einem von Jena an Kirms gerichteten ungedruckten Briefe vom 16. November 1812:

„Haben Sie ja die Güte mir geschwind anzuzeigen, wenn Sie etwas Näheres von Jfflands Ankunft erfahren. Ich mag nicht gern von Jena weg, aber ich freue mich unendlich ihn zu sehen. Haben Sie die Güte nachzudenken, ob ich nicht für die Zeit einen schicklichen und bequemen Platz im Orchester finden könnte, etwa auf der Seite der ersten Violine. Ich verspreche mir eine außerordentliche Zufriedenheit an seinen Darstellungen, aber für sein zartes Spiel ist meine Loge viel zu weit."

In der Zeit zwischen Jfflands zweitem und drittem Gastspiel hatte sich die Physiognomie des Weimarischen Theaters vollständig verändert. In den beiden ersten Gastspielen erschien er inmitten des stillosen Ensembles als der Vertreter eines bewußten Stilprincipes. Er überragte seine Partner sowohl in der Auffassung als in der Wiedergabe der künstlerischen Aufgaben; aber nur durch die geistige Vertiefung und die formale, bis zur Virtuosität entwickelte Abrundung des Spiels erhob er sich über den Rahmen der Weimarischen Bühne. Sein realistischer Stil war nur die höchste Steigerung derjenigen Kunstmittel, die auch von den zum größten Theil noch undis=

ciplinirten, stillosen Realisten der Weimarischen Bühne angewandt wurden, und keine unüberbrückbare Kluft, kein innerer Gegensatz trennte ihn von der Weimarischen Spielweise. Als er zum dritten Mal auftrat, war er zwar derselbe geblieben, aber in Weimar hatte sich ein Stil gebildet, der seiner Kunstauffassung vollständig entgegengesetzt war. Er war auf diesem Boden innerlich ein Fremder geworden. Wir haben bereits im ersten Capitel ein Urtheil Ifflands über diesen Stil angeführt: zu breite Declamation. So konnte er es bei seinen letzten Gastspielen zwar wagen, Charakterrollen wie den König Lear und den Shylock zu spielen, nicht aber eine Rolle aus dem Gebiete der neuen jambischen, rhetorischen Tragödie Schillers, die er zwar als Director des Berliner Schauspielhauses mit regem Interesse auf diesen Boden verpflanzt hatte, die ihm aber, dem Feinde des Jambus, innerlich doch im Grunde fremd war. Nur auf dem ihm eigenen Felde, auf dem er unbestrittener Sieger war, konnte er mit den jetzt auch in der Technik vorgeschrittenen Weimaranern leicht und bequem zusammenwirken. So hat er sich, in weiser Erkenntniß der Grenzen seiner Kunst, trotz Schillers Drängen, nie dazu verstanden, die Rolle des Wallenstein in Weimar zu spielen. Genast erzählt sogar, er habe bei seiner letzten Anwesenheit im Freundeskreise und gegen Goethe unumwunden es ausgesprochen, daß er in den jetzigen Rahmen der Weimarischen Tragödie weder in Rhetorik noch Plastik hineinpasse.

Über Ifflands drittes Gastspiel, und besonders über seine Darstellung des Lear sind uns interessante Urtheile erhalten in ungedruckten Briefen des berühmten Mitglieds der

Weimarischen Bühne, Pius Alexander Wolff, an den Leipziger Oberhofgerichtsrath Heinrich Blümner, über dessen Beziehungen zu den Weimarischen Schauspielern später noch ausführlich gehandelt werden soll. Am 13. September schreibt Wolff:

„Künftigen Mittwoch erwarten wir Iffland hier, und wenn er den Abend in Weimar bleiben will, so wollen wir ihm Tasso geben. Ich habe ein ganz eigenes Gefühl, eine ungemeine Begierde und ein gewisses Bangen was mir die Brust zusammenpreßt, vor einem Manne meine Kunst zu üben, der als ein so großes Muster mir vor Augen steht. Übermorgen haben Sie ihn bei sich, wollen Sie uns noch einmal bei ihm in Erinnerung bringen und ihn versichern, daß die herrlichen Eindrücke, die er durch seine Darstellungen in uns hinterließ, nur mit unserm Leben entschwinden werden. Wir haben uns neuen Muth durch den Anblick seiner Meisterstücke geholt, und ich bin nie mit größerer Freude Schauspieler gewesen als jetzt."

Und am 20. September:

„Gestern Mittag halb 1 Uhr kam Iffland hier an, aber da er noch bei guter Zeit in Gotha eintreffen wollte, hielt er sich nicht länger auf, als um sich das Maß zum Kleid vom Lear nehmen zu lassen und vom Bart und der Perrücke; er fuhr gleich wieder fort, die Jagemann begleitete ihn. In Gotha spielt er den Essighändler und in der „Ehelichen Probe", und bekömmt dafür 1500 Thaler; der Herzog von Gotha hat dies schon allerwärts ausposaunen lassen. Hier spielt er künftigen Montag den Grafen im „Puls", Dienstag den Langsalm im „Wirrwarr", und Mittwoch den Lear. Dagegen hat er sich den „Tasso" und den „Vierundzwanzigsten Februar" ausgebeten, ersterer wird Montag nach dem „Puls" gegeben, und zweiter Dienstag nach dem „Wirrwarr". Sie können sich denken, daß die Vorstellungen bis gegen 11 Uhr dauern werden, aber das hat alles nichts zu sagen. Er wünscht im „Juden" sehr zu spielen, aber das Stück ist bei uns gar nicht einstudirt, indessen hat er sich doch ein Costüm schon dazu bestellt und es wird vielleicht doch noch möglich gemacht. Auf den Lear freue ich mich unendlich, ich habe mir auch eine ganz kleine Rolle genommen, um ihn recht aufmerksam betrachten zu können. Ich hoffe, Iffland wird sich hier noch länger aufhalten und eine Reihe von Darstellungen geben, denn im Grunde ist er doch sehr gern hier."

Dann am 4. October:

„Iffland hat, wie Sie bereits wissen werden, viermal gespielt; Montag im „Puls", Dienstag im „Wirrwarr", Mittwoch den Lear und Donnerstag den Harbo im „Amerikaner". Im „Puls" hat er die Rolle durchaus ganz anders gegeben, als er sie in Leipzig wird dargestellt haben. Vielleicht daß er gleich die Charaktere, welche er uns aufstellen wollte, im Ganzen übersah, und um eine größere Verschiedenheit zu zeigen, ließ er die Rolle ziemlich fallen, er hob durchaus nichts heraus, und spielte sie durchaus nur mit dem größten

Anstand und aller gräflichen Würde. Ich bin überzeugt, daß er zu einer andern Zeit diesen Charakter viel bestimmter gibt und manche Momente mehr heraushebt; aber er schien es durchaus vermeiden zu wollen, daß er hier etwas komisch werden möchte, welches doch eigentlich zum Theil in seinem Verfahren gegen den Doctor und dann wieder in dem Aufgeben seiner Heirath liegt. Doch dem sei wie ihm wolle, er hat den Charakter so wie er ihn anfing durchgeführt und es war etwas Ganzes und Schönes. Mir fiel immer dabei ein, es müsse die Rolle, so wie er sie gab, in gereimten Versen sein, so zierlich und glatt war er in seiner Sprache und seinem ganzen Wesen. Der Langsam im „Wirrwarr" war nun etwas ganz Vorzügliches, durchaus die Laune und die komische Kraft, die nie ihre Wirkung verfehlte, und der Charakter blieb immer in den Grenzen des Natürlichen; man kann nicht sagen, daß er ein einziges Mal übertrieb. Sein Gesicht war von vornherein so verschlafen und alles an ihm so abgespannt, träge und langsam; da war auch gar nichts vergessen, und wie überaus lustig war dann die Scene, wo er nun anfängt zu plaudern und sich etwas Motion zu machen. Dies gab der sonst etwas langweiligen Rolle eine angenehme Abwechslung und war, so wie er es vorstellte, ganz aus der Natur gegriffen. Er hatte nämlich recht ordentlich ausgeschlafen und bekam nun auf einmal Lust recht viel zu sprechen, ließ niemand mehr zu Wort kommen, gleich nachher fühlte er aber die Anstrengung und sank in seine alte Schläfrigkeit.

Über Lear will ich Ihnen nichts sagen, Sie haben ihn selbst gesehen. Man könnte Bogen voll darüber schreiben. Ich habe mir eine so vollendete Darstellung kaum denken können. Es ist das Höchste, Vollkommenste, was man sehen kann. Er war auch außerdem diesen Abend als Mensch so liebenswürdig, daß ich mich glücklich fühlte, an seiner Seite stehen zu dürfen, ganz in Bewunderung und Ehrfurcht versunken. Ich kann mir keinen Begriff machen, wie diese Rolle noch vollendeter gegeben werden könnte, und doch wollen diejenigen behaupten, welche Schröder gesehen, daß er Ifflanden noch übertreffe. Sie sagen Schröder habe den Lear ganz allein, ohne fremde Hülfe durchgeführt, Iffland dagegen hat sich durchaus vom Anfang an auf den Narren, den Kent gestützt, und so wie ihm diese fehlen an Cordelia wieder eine Stütze gefunden; so wie ihm diese entnommen wird, und er sie todt glaubt, sinkt er zusammen und stirbt. Was ist das Wahre, welches größer? Ich weiß es nicht.

Im „Amerikaner" haben Sie ihn erst kürzlich selbst gesehen; er war hier noch ausgelassener, aber es stand ihm alles so vortrefflich, daß gar nichts dagegen zu sagen ist.

Ich begreife nicht, wo Iffland die Kraft und die Gesundheit hernimmt und erhalten kann, diese vier Rollen hintereinander, keinen Abend vor 3 Uhr zu Bette und um 6 Uhr wieder auf, gleich darauf wieder abgereist — es ist erstaunlich. Mit seinem Aufenthalt hier schien er ungemein zufrieden und er sagte mir, daß er wirklich äußerst ungern fortgehe; er hätte ge=

wünscht, nun gleich noch einige Zeit hier fort zu spielen, und hat es versprochen aufs Jahr wiederzukommen. Bei Hofe hat er zweimal gespeist, von der Großfürstin einen Ring und vom Herzog 300 Thaler erhalten; es ist nicht viel, aber er war sehr zufrieden, weil er übrigens ungemein fetirt wurde. Mit dem „Tasso", sowie mit dem „Vierundzwanzigsten Februar" schien er sehr zufrieden. Es hat an einer Menge Complimente nicht gefehlt; ob es ihm von Herzen ging, weiß ich nicht, denn als Mensch läßt er sich selten sehen, und es läßt sich wohl erwarten, daß er uns ins Gesicht nicht tadeln wird. Er ist so groß in seiner Kunst, daß wir ihm wohl klein vorkommen mögen, ich glaub es gern."

Die Mittheilung eines rührenden Briefes, den der dreiundsiebzigjährige Iffland vor seinem letzten Auftreten in Weimar an Goethe richtete, am 25. April 1812, möge diese nicht erschöpfende Darlegung seiner Beziehungen zu der von ihm stets geliebten Stadt beschließen. Nach einer warmen Empfehlung des Schauspielers Rebenstein, der im Mai dieses Jahres in Weimar gastiren sollte, heißt es:

„Mit herzlicher Freude sehe ich der Zeit entgegen, wo Sie mir vergönnen werden, von vielen Dingen zu reden, die mich erfreuen und die mich bewegen. Man kann nur gestärkt von Ihnen gehen und so lebe ich jener Zeit mit süßem Hoffen entgegen.

Ich darf sagen, daß ich die Kunst mit jugendlicher Liebe umfasse und daß die Stürme der Zeit diese Kindlichkeit mir nicht haben rauben können.

Wenn aber Erfahrung und Jahre die schmeichelhafte Hoffnung geben, in der Ausübung einer gewissen Reife näher gekommen zu sein: so quält dagegen die Sorge, daß man, sich unbewußt, zu Übergränzung und Überreife kommen möchte. Dieser Zweifel, wenn er zunimmt, raubt allerdings jene liebliche Sicherheit, welche allein das Gute in der Darstellung gefällig bewirkt. Ich sorge, das Alter des Künstlers tritt weit früher ein als das Alter des Menschen.

Muß ich deshalb mich fürchten vor Ihnen aufzutreten, so will ich um so mehr eilen, daß es geschehe, ehe die Zeit die Reste verstäubt, die noch in mir sein könnten."

Auf das Gesuch eines Musikers, der sich der Bühne widmen wollte und um die Erlaubniß eines Debuts bat, antwortete Kirms (1. Nov. 1796) ablehnend: „Der Herr Geheime Rath Goethe hat das Principium, niemand eine Gastrolle zu gestatten, wenn er nicht die Absicht hat, ein Fach anders zu besetzen." Die willkürliche Zulassung von fremden Gästen hat, besonders bei einem geschlossenen, einheitlich geschulten Ensemble, immer etwas Mißliches. Das Gastspiel eines vollendeten Künstlers, wie etwa Jfflands, hat aber stets auch einen pädagogischen Erfolg; und nur dann, wenn durch ein solches Gastspiel eine neue Anregung und Steigerung in die ständige Gesellschaft gebracht wurde, wich Goethe von dieser Maxime ab. Nur zu leicht reißt der schlechte Geist des Leichtsinns, der Gleichgültigkeit und Nachläßigkeit ein; der Einzelne und die Gesammtheit läßt sich gehen und der

Schlendrian fordert erbarmungslos seine Opfer. Die praktischen Maßnahmen, welche die ersten Jahre von Goethes Theaterleitung erheischten, verkündeten den energischen Kampf gegen diesen Schlendrian, der auf der Mehrzahl der damaligen Bühnen heimisch war. Auch der Idealismus Wilhelm Meisters wendet sich gegen diesen tief eingewurzelten Krebsschaden der deutschen Bühne: namentlich dagegen, daß die Schauspieler in den Proben sudelten, und sich am Abend der Vorstellung auf Laune und gut Glück verließen. Als ein wirksames Mittel, den erschlafften Ehrgeiz der Schauspieler wieder anzuspornen, erkannte Goethe das Vorbild großer Meister. „Ein Schauspieler, der sich vernachlässigt, ist mir die widerwärtigste Kreatur von der Welt, meist ist er intorrigibel; deßhalb sind neues Publicum und neue Rivale unentbehrliche Reizmittel: jenes läßt ihm seine Fehler nicht hingehen, dieser fordert ihn zu schuldiger Anstrengung auf. Und so möge denn nun auch das auf dem deutschen Theater unaufhaltsame Gastrollenspielen sich zum allgemeinen Besten wirksam erweisen."

Als ein solches Mittel zum Zweck erschien im September des Jahres 1801 die ausgezeichnete Schauspielerin Friederike Auguste Conradine Unzelmann, geb. Flittner aus Berlin auf den Weimarischen Brettern. Goethe hatte ihre Bekanntschaft bereits in Carlsbad gemacht. Er kannte sie außerdem durch Frau Aja, die, eine leidenschaftliche Theaterfreundin, Gelegenheit gehabt hatte, diese Künstlerin als Mitglied der Großmannschen Truppe in Frankfurt, der sie als Sängerin und Schauspielerin bis zu ihrer Übersiedlung (1788) angehörte, lieb zu gewinnen;

die Erinnerung an sie kehrt in den späteren Briefen an den Sohn öfters wieder. Schon 1798 hat sie, wohl durch Jfflands Beispiel angeeifert, ihre Blicke nach Weimar gerichtet und sich daselbst zu einem Gastspiel angeboten. Ihr Brief an Goethe lautet also:

„Hochwohlgebohrner Herr Geheimerath!

Ob Sie sich so meiner noch erinnern wie ich mich Ihrer, daran zweifle wohl freilich, allein wissen werden Sie wohl fileicht noch das eine gewisse Unzelmann in Carlsbad war, die von Figur zwahr sehr klein, doch mit einer großen Empfänglichkeit für alles Schöne und Große gebohren wurde, sich daher nie wieder so angenehmer Augenblicke erinnern kann, als die waren welche ich in Ihrer Gesellschaft zubrachte, und seit der Zeit war immer mein Lieblings Wunsch noch einmal dießes Glück zu genießen. Hierzu haben Sie allein das Mittel in Händen, könten Sie mir nehmlich versprechen das ich bey Ihren Herzog eine gute Aufnahmen finten könte, das er als ein Beschützer der Künste mir verstatten wolle Gastrollen zu spielen so wehre es mir möglich auf 14 Tage Urlaub zu bekommen und das gröste Glück welches ich mir schmeichlen kann wehre mir dann gewärth, mein kleines Talent Ihrem Unparteischen Urtheil zu unterwerfen und nach dießem mich hinfort gantz zu bilden. Dies wehre dann der Haubtzweck meiner Reise, ich würde Ihnen daher gar keine Rollen vorschreiben, sondern sie mir von Ihnen vorschreiben lassen, und mich gantz dem unterwerfen was Sie sagen. Machen Sie mir

diese Freude, ich weiß das Sie es können, und ich
werde Ihnen gewiß die größten fortschritte meines Ta=
lents zu dancken haben. Bestimmen Sie mir gefälligst
die Zeit, wo just der Herzog nicht abwesend ist. Noch
in dießem Monath wehre es mir am liebsten weil just
der König verreist und ich auch noch ein wenig von
der Leipziger Messe profitiren könte. Ich hoffe auf
eine Baltige und gütige Antwort und bin mit der
allervorzüglichsten Hochachtung

    des Herrn Geheimeraths

       ergebenste

      Friederique Unzelmann.

Berlin den 1. Aprill 1798.

N. S. Der dicke Musch, der Mopshund nehmlich
von Ihnen Onix genannt lebt noch und freut sich
mit mir des Glücks Sie zu sehn."

Goethes Antwort hat sich im Concept erhalten, sie
hat nachstehenden Wortlaut:

„Sie werden mir wohl glauben, schöne kleine Frau,
wenn ich Ihnen sage, daß demjenigen, der Sie ein=
mal gekannt hat, der Wunsch immer übrig bleiben
muß Sie wieder zu sehen, und daß mir daher Ihre
Neigung sehr erfreulich ist, uns wohl einmal in Wei=
mar besuchen und durch Ihr Talent die angenehmste
Unterhaltung zu verschaffen. Zugleich werden Sie sich
versichern, daß es keine leere Ausflucht ist, wenn ich
für diesmal Ihre Reise widerrathe, indem Sie viel=

leicht bey Ankunft dieses Briefes schon unterrichtet
sind, daß wir Herrn Iffland zu eben der Zeit, welche
Sie uns widmen könnten, erwarten.

Lassen Sie uns auf eine andere Epoche die Hoffnung
auch Sie zu sehen und zu bewundern, so wie wir als=
dann die Bedingungen, die Ihnen angenehm seyn
können, vorher klar und deutlich verabreden wollen.
Zu dem Honorar, welches ein fremder, auf unserm
Theater auftretender Künstler, wie billig, erhält, trägt
der Hof unmittelbar nichts bey, sondern es ist bloß
eine Sache der Theaterdirection und wenn man sich
daher bey uns freylich keine außerordentlichen Gaben
zu erwarten hat, so ist man doch gewiß dasjenige zu
erhalten, worüber man sich vereinigte. Es versteht sich
von selbst daß wir in solchen Fällen, außer dem be=
dungenen Honorar, die Reise bezahlen und den hie=
sigen Aufenthalt frey geben.

Sie sehen aus meinem umständlichen Briefe, der
fast einer Punctation zu einem Contracte ähnlich sieht,
daß es mir Ernst ist, Sie zu irgend einer günstigen
Zeit bey uns zu sehen. Da es denn auch übrigens
an dem was sich nicht versprechen läßt, an einer recht
gemüthlichen Aufnahme Ihrer lieben kleinen Person
und einer lebhaften Theilnahme an Ihrem schönen
Talente nicht fehlen soll. Leben Sie recht wohl, haben
Sie Dank für Ihren Brief und streicheln den wür=
digen, beneidenswerthen Onyr aufs allerschönste."

Darauf schreibt sie:

„Hochwohlgebohrner Herr Geheimerath!

Dießen Brief wollte ich Ihnen eigentlich durch Herrn Iffland selbst überschicken, allein der Himmel hatt es anders beschlossen indem ich den Abent vor seiner Abreiße nicht aus einer Gesellschaft konte, die mich bis 11 uhr festhielt. Ich dancke Ihnen von Hertzen vor Ihren Güthigen Brief, ich bin gantz Stolz damit einen Brief von einem Mann zu haben den die gantze Welt liebt und schätzt, und ich vor allen. Wenn es Ihnen gefällig ist, das Sie mich in Weimar haben wollen, so bitte ich ergebenst, mir die Zeit zu bestimmen wenn es Ihnen an gelegensten ist. Ich freue mich unendlich darauf vor so einem Ein= sichtsvollen Puplicum zu spielen, und besonders Sie wieder zu sehn. Alles übrige überlasse ich Ihrer Güthe. Mit der vorzüglichsten Hochachtung habe ich die Ehre mich zu nennen

Ev Hochwohlgebohrn

ergebenste

Berlin den 27. April 1798.

Unzelmann.

N. S. Herrn Iffland bitte ich ergebenst meine Empfehlung zu machen."

Im Frühling des nächsten Jahres schien es, als ob das verschobene Gastspiel nun doch stattfinden sollte. Die Künstlerin machte eine größere Kunstreise nach Österreich, und auf dem Rückwege wollte sie Weimar berühren. Die Verhandlungen zu führen, hatte Goethe seinem Ablatus Kirms überlassen; für die Unzelmann trat Iffland ein.

In einem sehr laconischen Briefe scheint dieser die Bedingungen der Unzelmann übermittelt zu haben; Kirms fand sie zu hoch und will die Forderungen herabdrücken, wozu Goethe seine Einwilligung gibt. Einige Tage darauf (28. März) schreibt Kirms an Goethe: „Die Herrschaften müssen etwas für Herrn Hofrath Schiller thun, wir können sie also nicht wegen der Mad. Unzelmann angehen. Der Herzog meinten auch, wir würden dabei keine Seide spinnen. Iffland sagte mir, als er hier war, man möchte der Unzelmann keine Kost geben." Als sich die Angelegenheit bis gegen den Mai hinzog, wünschte Goethe, daß jetzt sein Aufenthalt in Jena durch das Erscheinen der Künstlerin nicht unterbrochen werde. Und auf Kirms' frommen Wunsch „Der Himmel gebe, daß Mad. Unzelmann nicht kommt" (an Goethe 9. Mai), antwortet Goethe tröstend: „Sie werden wohl die Betrübniß erleben, diesmal das Angesicht der Madame Unzelmann nicht zu sehen." Und so war es auch.

Als im darauffolgenden Jahre die Künstlerin eine Rolle zu ihrem Benefiz aussuchte, wollte sie das Berliner Publicum, zum Dank für seine andauernde Güte gegen sie, mit etwas ganz Besonderem überraschen, und bat Goethe um die von Schiller für Weimar gemachte Egmont-Bearbeitung; dieselbe in der Iffland aufgetreten war. Sie wollte die Rolle des Clärchen spielen. Goethe ging auf diesen Wunsch bereitwilligst ein. Sein Brief vom 22. November ist nicht erhalten. Sie aber spricht umgehend in herzlichen Worten ihren Dank aus: „Bey der Rolle des Clärchen wird mich das Andenken an den Autor begeistern, und mann soll wenigstens von mir sagen, das ich nie eine Rolle mit so viel Anstrengung gespielt habe." Aus der Antwort, mit der Goethe das Manuscript übersendet, kann man ohne Mühe zwischen den Zeilen ein Urtheil über die Art und Weise, wie Schiller bei dieser dramaturgischen Arbeit verfahren war, herauslesen. Goethes Brief an die Künstlerin lautet:

„Sie erhalten, liebenswürdige Frau, mit vielem Dank für Ihren zweyten gefälligen Brief das Exemplar Egmonts, wie er durch Herrn Ifflands Gegenwart bey uns möglich geworden.

Ich habe einen Augenblick hineingesehen, um zu überlegen was man etwa zu Gunsten einer Vorstellung noch daran thun könnte; allein ich erschrak über die Arbeit die man unternehmen müßte, um etwas daraus zu machen wofür man allenfalls stehen dürfte.

Nehmen Sie ihn also freundlich auf wie er ist und machen Sie daraus das, was der Autor zu seiner Zeit nur andeuten konnte. Leben Sie recht wohl, gedenken Sie mein und haben Sie die Güte mir das Manuscript gelegentlich zurückzuschicken.

Jena am 16. Dec. 1800."

Bemerkenswerth ist, daß bei dieser Aufführung, die von der Künstlerin in einem Brief an Goethe sehr scharf getadelt wurde, Iffland nicht den Egmont, sondern die seinem künstlerischen Naturell viel besser liegende Rolle des Cranien spielte.

Endlich im Jahre 1801 geht der Herzenswunsch der Künstlerin, vor Goethe zu spielen, auch zu Goethes Freude, in Erfüllung. Am 19. September verzeichnet er in seinem Tagebuch: „Ankunft der Mad. Unzelmann." Am 21. begann sie ihr Gastspiel, das sieben Abende umfaßte und am 1. October schloß.

Friederike Unzelmann war der Stolz des Berliner Schauspielhauses und das Entzücken des gesammten Berliner Publicums. Nachdem sie 1793 durch den Verlust ihrer mehr lieblichen als großen Singstimme gezwungen war, auf die weiteren Lorbeeren der Sängerin zu verzichten, hatte sie sich auf dem Gebiete des gesprochenen Schauspiels nach allen Richtungen hin ausgebreitet. Ein Paar tiefe, ausdrucksvolle, zugleich treuherzige und von der Gluth schwärmerischer Sehnsucht erzählende Augen leuchteten in ihrem nicht eigentlich schönen, aber von unvergänglicher Jugend strahlenden Antlitz, und durch sie bezauberte sie alle Welt. Auch Goethe: er schließt einen späteren Brief an sie mit der galanten Wendung: „Ich drücke Ihnen die Hand und küsse Ihre freundlichen Augen." Die Rollen, die sie zu ihrem Gastspiel gewählt hatte, zeigen den Reichthum und die erstaunliche Vielseitigkeit ihres Talentes. Gleich ausgezeichnet in naiven Backfischrollen, als feine Weltdame, im rührenden Schauspiel und im Ausdruck großer tragischer Leidenschaft, durfte sie es wagen neben der Gurli in Kotzebues Lustspiel „Die Indianer in England", neben der Julie von Solar in Bouillys Drama „Der Taubstumme", neben der Josephine in Kotzebues Rührstück „Armuth und Edelsinn" die Maria Stuart und die Minna von Barnhelm zu spielen, um endlich als Gräfin Orsina sich auch im Pathos des höchsten Affectes zu zeigen. Außerdem die Octavia in Kotzebues gleichnamigem Trauerspiel und die

Rolle des Josef in den „Beiden Savoyarden". Unter dem frischen Eindruck dieser Leistungen schrieb Goethe am 10. October in einem (ungedruckten) Brief an den Göttinger Historiker Sartorius:

„Madame Unzelmann traf auch zu Ende September hier ein und gab etwa 7 Vorstellungen. Ihr durchaus charakteristisches, gehaltenes, verständiges, gehöriges, ungezwungenes Spiel hat mir außerordentlich viel Vergnügen gemacht und wenn ich über das was sie leistete in's Einzelne gehen dürfte, so würde ich an ihr rühmen, daß sie gegen die Mitspielenden mit der größten Leichtigkeit eine gefällige Lebensart ausübt, aber auch, wenn sie nichts zu sprechen hat, jedem pantomimisch etwas artiges zu erzeigen und das Ganze dadurch zu beleben weiß."

In dem schon bei Ifflands Gastspiel citirten Aufsatz Goethes, „Weimarisches Hoftheater" überschrieben, — der geschwätzige Böttiger erzählt von ihm, daß er, Goethes Theater-Edict benannt, in Weimar widrige Sensation erregt habe, besonders unter den Schauspielern, die durch das alleinige Lob Ifflands und der Unzelmann ihre eigenen Bemühungen verdunkelt sahen — wird dies allgemein gehaltene Lob mit fast gleichen Worten öffentlich ausgesprochen. Die Unzelmann war seit Iffland die bedeutendste Erscheinung auf der Weimarischen Bühne. Aufgewachsen und herangebildet in der Schule des Realismus, war sie in Berlin erschienen als eine Schauspielerin, die „ganz ihren Charakter versteht, richtige schöne Natur in allem zeigt, wirklich agirt und nicht bloß recitirt". Das Repertoire, welches die Unzelmann in Weimar vorführte, zeigt bereits die neuen Aufgaben, die der Schauspielkunst durch den in Weimar vor sich gehenden Aufschwung der dramatischen Dichtung zugewachsen waren. Iffland hatte sich dieser Richtung sofort angeschlossen und war eifrigst bemüht, die Neuschöpfungen der Weimarischen Kunst für Berlin zu gewinnen. Die Berliner Schauspielkunst machte aber nicht jene Entwicklung mit, zu der die Weimarische Schauspielkunst an der Hand der neu erstandenen Poesie allmälig geleitet wurde. Die Forderung der Charakteristik im Sinne der Naturwahrheit, der Darstellung von wirklichen Menschen blieb in Berlin durch die neuen Ideale, durch die Erscheinung des „Wallenstein" und der folgenden rhetorischen Tragödien Schillers ebenso unangetastet, wie seiner Zeit in Hamburg durch Schröder dieselbe Richtung durch Aufführung des „Don Carlos" in ihren Zielen sich nicht hatte irre machen lassen. Es ist bekannt, daß Iffland ebenso wie Schröder ein Feind der jambischen Form des Dramas war. Der erste Berliner Darsteller des Wallenstein, der geniale Fleck, hatte diese Aufgabe gelöst ganz im Sinne dieser Richtung, ohne Rücksicht auf die nach besonderer Geltung verlangende Sprache. Der Rhythmus der neuen dramatischen Sprache focht die Berliner Schauspieler so wenig an, daß sie sich herausnahmen die Sprache des Dichters zu meistern und zu modeln, wo sie ihren Vorstellungen von dramatischer Wahrheit nicht entsprach. Von der Unzelmann ist bekannt, daß sie sich die Rollen, die im jambischen Rhythmus abgefaßt waren, in ununterbrochener Wortfolge ausschreiben ließ, um auch nicht durch den Anblick dieser ungewohnten Form in der natürlichen Sprechweise, in der Wahrheit des Vortrags gehindert zu werden. Doch scheint dies nur im Anfang der Fall gewesen zu sein, wo die Neuerung fremd an ihr ungeübtes Ohr schlug. Denn später rühmte ihr ein so feinhöriger Vertheidiger des rhythmischen Dramas wie A. W. Schlegel nach, daß sie vermöge ihres zarten Sinnes für Wohllaut und Ebenmaß in der Recitation der Verse Meisterin gewesen sei. Auch Goethe lobte in jenem angeführten Aufsatz „ihre klare Recitation, ihre energische und doch gemäßigte Declamation". Schiller aber, in der Forderung des Ideals weniger nachsichtig und daher im Urtheil strenger, macht ihr gerade jene eingebildete Naturwahrheit des Vortrags zum Vorwurf. Über die Darstellung der Maria Stuart schreibt er (23. September 1801) an Körner: Sie „spielt diese Rolle mit Zartheit und großem Verstand; ihre Declamation ist schön und sinnvoll; aber man möchte ihr doch etwas mehr Schwung und einen mehr tragischen Stil wünschen. Das Vorurtheil des beliebten Natürlichen beherrscht sie noch zu sehr; ihr Vortrag nähert sich dem Conversationston, und alles ist mir zu wirklich in ihrem Munde; das ist Ifflands Schule, und es mag in Berlin allgemeiner Ton sein. Da wo die Natur graziös und edel ist, wie bei Mad. Unzelmann, mag man sich's gern gefallen lassen, aber bei gemeinen Naturen muß es unausstehlich sein, wie wir schon in Leipzig bei der Vorstellung der Jungfrau von Orleans gesehen haben."

Hiermit haben wir bereits den entscheidenden Punct berührt, von dem aus die gesammte Weimarische Kunstrichtung, insofern sie ihre Wirkung aufs Theater erstreckt, zu betrachten ist.

Goethe meinte einmal in späten Jahren, er habe gehofft, mit „Iphigenie" und „Tasso" den Grundbau eines neuen deutschen Theaters zu errichten. Es fragt sich aber, ob er während der letzten Ausgestaltung dieser Stücke, die ihnen, aus einer rhythmischen Prosa heraus, erst die jetzige klassische Form gegeben hat, eine solche Hoffnung wirklich gehegt hat. Er war in jenen Zeiten ein Einsamer und war sich seiner Einsamkeit vollständig bewußt. Er sah ganz deutlich, es fehlte nicht nur an einem Publicum, das sich zu solcher Höhe aufschwingen konnte, sondern auch an Schauspielern, die im Stande waren, solchen Aufgaben gerecht zu werden. Er war seiner Zeit weit vorausgeeilt und als er sah, wie langsam sie ihm nachhinkte, da verlor er die Lust, in diesem Sinne vorläufig weiter zu wirken. Als er aus Italien, in allen seinen Kunstanschauungen geläutert, wieder unter den nordischen Himmel zurückkehrte, war er erstaunt und ärgerlich, daß dort noch alles so war, wie er es verlassen, und daß die Menge den letzten Erzeugnissen einer von ihm längst überwundenen Epoche, Schillers Jugenddramen, zujubelte. Werke wie der „Götz" und „Clavigo" waren gedichtet aus dem naturalistischen Drang jener Zeit und kamen der damaligen Schauspielkunst in ihren Vorzügen und Schwächen entgegen: ein Reichthum an Begebenheiten, der dem Darsteller Gelegenheit gab mit allen Mitteln seiner körperlichen Beredsamkeit, als ein „Acteur" im vollsten Sinne sich zu entfalten; dabei eine dem alltäglichen Leben abgelauschte, auf starke dramatische Wirkung abzielende und vor genialischen Übertreibungen nicht zurückschreckende, volksthümlich ge=

würzte Sprache, die keinen Aufwand von Kunst, im Gegentheil die größte Wahrheit und Natur im Ausdruck der einfachsten Gefühle erforderte. Wie anders „Iphigenie", wie anders „Tasso"! Zwischen beiden steht als vermittelnde Brücke „Egmont", wo sich, wenn auch nur stellenweise und gleichsam verstohlen, der Natur- und Conversationston jener Stücke schon zu jambischer Fülle und Klangschönheit erhebt, wenn die Leidenschaft nach einer Erhöhung des Ausdrucks drängt. Aus den „einigen Stücken", die Goethe am Beginn seiner Theaterleitung im Geschmacke jener Zeit, also im Dienste des praktischen Bedürfnisses schreiben wollte, war wenig geworden. Die dramatische Muse hatte sich in den neunziger Jahren schweigsam zurückgezogen, nachdem sie den „Großkophta", den „Bürgergeneral" und „Die Aufgeregten" hinterlassen hatte, Stücke, die allerdings dem Tagesgeschmack, zumeist in der äußeren Form, entgegenkamen. Es ist aber klar, daß ein Dichter, der bereits einen über diesen Geschmack so hoch erhabenen Stil gefunden hat, wie den Stil der „Iphigenie" und des „Tasso", dieses Herabsteigen in eine niedrigere Kunstform nicht principiell durchführen kann.

Von anderer Seite bekam Goethe willkommene Unterstützung. Auch Schiller hatte sich im „Don Carlos" zum Jambus entschlossen; aber er hat damit auf der damaligen Bühne so wenig Glück gehabt, wie Lessing, der den ersten Hauptstoß nach dieser Richtung hin gegeben hat, mit seinem „Nathan". Den damaligen Schauspielern fehlte so sehr jegliches Gefühl für Rhythmus, daß Schiller 1786 die Jamben des „Don Carlos" für die Bondinische Gesellschaft in Leipzig in Prosa auflösen mußte; daß Schröder von der Aufführung des Nathan abstehen mußte, nicht zum mindesten deshalb, weil die Schauspieler noch nicht die dazu nöthige Reife hatten. Dazu kam, daß alle die großen Darsteller außerhalb Weimars entschiedene Gegner des neuen von Weimar aus verkündeten Evangeliums der idealistischen Schauspielkunst waren.

Nach der Vorstellung eines hausbackenen Prosastückes von Ziegler im November 1797 gesteht Goethe in einem Briefe an Schiller, er wundere sich, wie weit seine Schauspieler wirklich seien. Aber nur auf einem gewissen ebenen Wege der Natur und Prosa machten sie ihre Sache gut; in dem Momente, wo nur eine Tinctur von Poesie eintrete, wie bei dem gelindesten Pathetischen immer geschehe, seien sie gleich null oder falsch. So hatte auch die mehrmalige Aufführung des „Don Carlos" nicht nachhaltig gewirkt, und an den „Nathan" getraute sich Goethe ebenso wenig wie Schröder. Auch war in diesen beiden Stücken bloß ein Anlauf zur Schöpfung eines neuen dramatischen Stils genommen. Fest begründet wurde er erst durch den „Wallenstein".

Schiller hatte, nicht aus Rücksicht auf das Publicum oder die Schauspieler, sondern aus tieferen Erwägungen zuerst zur Prosa gegriffen; diese Form allein schien ihm der prosaischen Art des Stoffs zu entsprechen, wie er in seiner ersten Roheit den Dichter bewältigte. Je mehr aber der Dichter die Herrschaft über den Stoff gewann, je mehr sich der anfangs widerspenstige, undankbare und unpoetische Stoff rundete und fügte, desto mächtiger rang er auch nach einer Form, in welcher diese souveräne

Herrschaft des Künstlers über sein Rohmaterial am würdigsten zum Ausdruck kam; und so griff er zum Verse. Von dieser geänderten Form fand wieder eine Rückwirkung auf den Stoff statt, aus dem nun alle prosaischen Motive verschwinden mußten, um poetischen, auf die Einbildungskraft gerichteten zu weichen. In dieser Wendung von der Prosa zum Verse haben wir den formalen Ausdruck derjenigen Wandlung zu erkennen, welche die klassische Kunst überhaupt genommen hat: die Wandlung vom Charakteristisch-Verschiedenen zum Rein-Menschlichen, Allgemeinen. In dieser Hauptmaxime waren beide Dichter im tiefsten Grunde ihrer Seelen einig. Goethe spricht, mit entschiedener Verachtung der in Deutschland herrschenden poetischen Mittelmäßigkeit, das entscheidende Wort: „Alles poetische sollte rhythmisch behandelt werden! Das ist meine Überzeugung." Ja er verlangt die rythmische Form von allen dramatischen Arbeiten, sogar Lustspiel und Farce in erster Linie. „Jetzt aber", schreibt er an Schiller, „bleibt dem Theaterdichter fast nichts übrig als sich zu accommodiren, und in diesem Sinne konnte man Ihnen nicht verargen wenn Sie Ihren Wallenstein in Prosa schreiben wollten; sehen Sie ihn aber als ein selbstständiges Werk an, so muß er nothwendig rhythmisch werden." Dieselbe Erfahrung konnte Goethe bald darauf an sich machen, als er die erst in Prosa abgefaßte Kerkerscene des ersten Theiles „Faust" rhythmisch umarbeitete.

Die Prosa saß, gestützt auf eine Autorität wie Lessing — denn Nathan bildet nur eine Ausnahme — in der künstlerischen Anschauung und im künstlerischen Gebrauch jener Zeit so fest, daß es eines förmlichen Kampfes bedurfte, um sie aus dieser starken Position zu vertreiben. Hier ist nicht der Ort, die Geschichte dieses ästhetischen Krieges zu erzählen, der an interessanten Wechselfällen sehr reich ist. Nur auf ein wichtiges Moment sei hingewiesen. Schiller in erster Linie gebührt der Ruhm des Sieges. Ein eifriger Vorkämpfer aber war A. W. Schlegel, der 1795 und 1796 in Abhandlungen in den „Horen" energisch für die alleinigen Rechte des Verses im Drama eintrat. In seinem im 4. Hefte des Jahrganges 1796 der „Horen" herausgekommenen Aufsatz „Über den dramatischen Dialog" kündigt er, ohne Namensnennung, sein Vorhaben einer Shakespeare-Übersetzung an und rechtfertigt die Wahl des jambischen Verses gegen die poesielosen Verfechter einer mißverstandenen prosaischen Natürlichkeit, die den Vers im Drama als einen entbehrlichen und zufälligen Zierrath, ja sogar als einen Fehler erklärten. Er wies auf die Alten hin, aber Shakespeare lag näher. Und allerdings ist, nach all den bisherigen Prosaverwässerungen Shakespeares, Schlegels geniale Übersetzung es gewesen, die nächst Schillers Dramen die Berechtigung des Verses im Drama am schlagendsten erwies. Freilich steht die Art und Weise wie Goethe und besonders Schiller den Jambus handhaben, dem langathmigen, breitfließenden, auch auf schöne Klangwirkung bedachten Pathos des griechischen Trauerspieles näher als der oft knappen, gedrungenen, wuchtigen, charakteristischen Färbung desselben bei Shakespeare; und die beiden Richtungen unterscheiden sich auch dadurch, daß Shakespeare so zu sagen nur die höheren Stände in diesem Idiom sprechen läßt; diese aber steigen in die Niederung der Prosa herab, wenn Charakter und Situation das Aufgeben der inneren Würde und des äußeren Anstandes erfordern. An dem Goethischen Jambus, besonders in der „Iphigenie" und im „Tasso", vermißte Schlegel das Dialogische, das Dramatische: die Perioden schlingen sich in harmonischem Wellengang durch zu viel Zeilen hindurch. Aus Schlegels ebenso gründlichen als tief durchdachten Erörterungen mußte Schiller reiche Anregung erfahren, und seine anfängliche Entscheidung für den prosaischen Wallenstein ist deshalb um so merkwürdiger. Sie läßt sich vielleicht dadurch erklären, daß Schiller noch nicht bis zur unbedingten Anerkennung der jambischen Dramenform mitging. Dort wo es die innere Gestalt des Stoffes forderte, zauderte er keinen Augenblick, die Prosaform zu wählen.

Durch den „Wallenstein" wurde die zweite Hauptmaxime, die Goethe als für seine Theaterleitung maßgebend ausspricht, angeregt: „die sehr vernachlässigte, ja von unsern vaterländischen Bühnen fast verbannte rhythmische Declamation wieder in Aufnahme zu bringen."

Während der Arbeit am „Wallenstein" hegte Schiller den Wunsch, daß der größte lebende Schauspieler, Schröder, der erste Darsteller dieser Heldenrolle sein möge; und es wäre wohl ein in der Theatergeschichte denkwürdiges Ereigniß gewesen, wenn der Hauptvertreter der realistischen Richtung, des charakteristischen Tragödienspiels, das erste Hauptwerk des idealistischen Stils aus der Taufe gehoben hätte. Schröders zweite Hamburger Direction endete 1797, und der erst Dreiundfünfzigjährige zog sich theatermüde in die ländliche Einsamkeit zurück. Schiller selbst scheint ihn Anfangs 1798 wegen des Wallensteins angegangen zu haben. Wie sich eigentlich Schröder zu der ganzen Sache verhielt, ist nicht recht klar. Am 10. März, kurz vor seinem letzten Auftreten in Hamburg (30. März) hatte er an Kirms*) geschrieben:

„Ich habe mit Herrn Vulpius gespaßt. Sie werden es sicher eher wie jeder andere erfahren, wenn ich auf theatralische Abenteuer ausziehe. Hier haben Sie meine izigen Ideen: ich bleibe zwar den Sommer auf meinem Landwesen, weil ich allerhand zu bauen und einzurichten habe. Ich machte auch gern eine kleine Reise, und vorzüglich nach Kopenhagen. Sollte sie vor sich gehen, und ich auch nicht Kopenhagen sondern Berlin oder Weimar wählen, so wird doch auf keinen Fall eine theatralische Reise daraus. Wenn ich irgendwo spiele, und das würde nur in Berlin oder Weimar sein, so geschieht es erst im Herbst. Hier in Hamburg werde ich höchstens 12 mal im Winter spielen und mit 1800, wenn ich lebe, meine theatralische Laufbahn sicher enden. Ich werde auch dann nicht mehr anzusehen sein, wenn ich auch lebe. Es wäre mir lieb eine neue Rolle zu lernen, und am liebsten wäre es mir, wenn Schillers Wallenstein auch theatralisch vortrefflich würde."

Noch im April scheint Schröders Kommen sicher zu sein. Aber schon im Mai hatte er sich wankelmüthig

---

*) Der Brief ist ohne Adresse, in einer Abschrift, unter den Briefen an Goethe.

zurückgezogen, zum nicht geringen Verdruß Schillers und Goethes. Die Verhandlungen wurden durch den Allerweltsmann Böttiger geführt. Schröder hatte auch einen bestimmten Termin gesetzt, bis zu dem er im Besitze der Rolle sein müsse. So schnell konnte aber Schiller unmöglich fertig sein. Schiller fühlte übrigens auch, daß Schröders große Individualität seine Nebenspieler zum Schaden des Ganzen doch etwas verdunkeln könne. Daß aber Goethe trotzdem immer noch hoffte, ihn zu gewinnen, zeigt jene auf Schröder gemünzte Stelle in Schillers Prolog zur Wiedereröffnung der Schaubühne im October 1798, die von ihm selbst eingeschoben war:

O! möge dieses Raumes neue Würde
Die Würdigsten in unsre Mitte ziehn
Und eine Hoffnung die wir lang gehegt
Sich uns in glänzender Erfüllung zeigen!

Goethe sandte ihm, dem „Senior der deutschen Schaubühne", am 7. October eine Abschrift dieses Prologs. „Nehmen Sie diese Mittheilung als das Zeichen einer aufrichtigen Verehrung an, die man dem vorzüglichsten Talente schuldig ist, und als einen Laut der Hoffnung: daß ein Gestirn, dessen sich Deutschland so lange freute, nur hinter Wolken und nicht völlig hinter dem Horizonte verborgen sei." Das Gestirn verschwand aber doch ganz unter den Horizont. Selbst die außerordentliche Ehre, die ihm im Prolog angethan war, vermochte nicht, seinen Entschluß, der Bühne für immer den Rücken zu wenden, zu brechen. In diesem Sinne ist seine Antwort auf Goethes schmeichelhaftes Schreiben gehalten.

„Neblingen den 17 Oct 98.

Ihre gütige Zuschrift hat einen der Welt völlig abgestorbenen Menschen sehr erwärmt; ich glaubte nicht, daß es noch geschehen könnte. Bänden mich nicht Verhältnisse, so würde ich eilen, die Reste meiner Kunst einem so auserlesenen Zirkel darzustellen, der billig genug seyn würde, nicht mehr zu erwarten. Es ist der izigen Direktion eben so sehr als mir daran gelegen daß ich das hiesige Theater nicht mehr betrete. Ich darf aber dieses Publicum, welches mir im vorigen Winter — da mich schlechte Menschen wieder auf die Bühne schlepten — so ausgezeichnet begegnete, nicht beleidigen; und es wäre nicht allein Beleidigung für dasselbe, sondern auch thörichte Eitelkeit, wenn ich, bey dem Gefühle der Abnahme meiner Fähigkeiten, mich in einer andern Stadt zeigte. Vielleicht ereignen sich im künftigen Jahre Dinge, die mir vollkommne Freiheit geben! aber ich fürchte, dann werden auch die Reste nicht mehr seyn. Wenn ich Wallenstein bekomme — wie ich wünsche und hoffe — so soll er mit dem vortreflichen Prologe vorgelesen werden, und in meiner Clause, einer kleinen fühlenden Zahl ein schönes Fest geben. Die Eitelkeit, die ich dadurch zeige, wird durch den Übersender und Verfasser entschuldigt werden.

Mit der vollkommensten Hochachtung

Ihr

ergebenster

Schröder."

Diese Antwort hatte jede Unsicherheit zerstreut, und man verzichtete in Weimar darauf, den Künstler nochmals auf dem Felde seiner großen Triumphe zu sehen. Schiller beurtheilte sein Benehmen sehr schroff; er hielt es für nichts anderes als für einen gegen die undankbaren Hamburger ausgespielten Trumpf.

—

Wir haben gesehen, daß zwei Erscheinungen für die eigenthümliche Entwicklung des Weimarischen Theaters und für Goethes praktische Theaterbildung von einschneidender Bedeutung waren: das Auftreten Jfflands und Schillers Vereinigung mit Goethe, der ausdrücklich gesteht, daß jener sein in den neunziger Jahren erloschenes Theaterinteresse wieder von neuem erweckt habe. Schillers Mitwirkung ergänzte Goethes Thätigkeit nach der Seite des Ästhetischen hin, wie wir besonders im nächsten Capitel sehen werden. Denn die Zusammenhaltung der politischen und ökonomischen Form des Theaters machte Goethe immer noch so viel zu schaffen, daß ihm eine freie Entfaltung all der ästhetischen Interessen, die sich im Theaterwesen geltend machen können, unmöglich war. Und gerade in jener Zeit erregten ihn die Fragen nach dem Wesen der Kunst aufs tiefste; und was Goethe in der Dichtung schon längst geübt, was Schiller bereits theoretisch erkannt und auch dichterisch zu verwirklichen begonnen hatte, wurde jetzt als ein System ausgesprochen, das, wenn es auch von der bildenden Kunst ausging und zunächst an den bildenden Künstler sich wandte, dennoch für alle Kunst und alle Künstler von kanonischer Bedeutung sein sollte. Hier liegen die Wurzeln aller klassischen Kunst und Kunstbetrachtung.

Kunst und Natur sind durch eine himmelweite Kluft von einander getrennt. Die Natur bietet nur die äußere Seite der Dinge dar; nicht diese hat der Künstler oberflächlich wiederzugeben. Von dem durch Zufall und Ungefähr beeinflußten Charakteristisch = Individuellen der Außenseite soll er in die Tiefe dringen zum Allgemeinen, Ewig=Organischen, und dem Dargestellten einen Gehalt, eine Form geben, die es natürlich, zugleich aber auch übernatürlich, unendlich erscheinen lassen. Die nackte Naturwirklichkeit und die schöne Kunstwahrheit streiten um die Palme. Der gesetzlose, von einem blinden Triebe beeinflußte Künstler folgt jener, dieser aber huldigt der echte gesetzgebende Künstler. Er hebt die Kunst zum höchsten Gipfel, jener führt sie herab zur niedrigsten Stufe. Goethe erkannte zwar an, daß die Kunst des Charakteristischen dem nordischen Künstler innerlich näher steht; von dieser seiner beschränkten Stammesindividualität soll er sich aber emancipiren und sich zum ganzen Menschen erweitern; das Heil, die Erlösung aus diesem Irrgang ruht in der reinen Schönheit der Antike! Zur Bildung und Leitung des Künstlers sowohl in der Wahl als Ausführung seiner Motive will Goethe Maximen aufstellen, die aus den Kunstwerken selbst herausgehoben sind, und will sie dem Künstler zu praktischer Prüfung überantworten. Diese Ideen, für deren Auseinandersetzung im Verein mit Gleichgesinnten er 1798 die schon durch den Namen die Tendenz anzeigende Zeitschrift „Propyläen" gegründet hatte, dieser höhere, über die

Natur sich erhebende, idealische Kunstbegriff soll nun auch für die Schauspielkunst gelten; und dieses Gesetz, das er für die bildende Kunst nur theoretisch, nur als geistiger Anreger aussprechen konnte, hat er in der Schauspielkunst auf der ihm unterstehenden Bühne praktisch in die Erscheinung gebracht. Es ist hier nicht der Ort, darzulegen, wie weit Schiller, namentlich durch seine für alle Zeiten klassische Analyse des antiken Kunstbegriffs, an der Ausbildung dieser Ideen betheiligt ist; daß er aber, rein theoretisch, denselben Begriff der Schauspielkunst schon lange vor Goethe dargelegt hat, ist bereits angedeutet worden.

Im ersten Stück des dritten Bandes der „Propyläen" steht ein ausführlicher Aufsatz „Über die gegenwärtige französische tragische Bühne". Derselbe ist aus einem Briefe Wilhelms von Humboldt an Goethe, Paris 18. August 1799, herausgehoben und von Goethe, da die in demselben niedergelegten Kunstanschauungen ganz im Geiste der Propyläen geschrieben sind, in dieser Zeitschrift zum Abdruck gebracht worden. Wilhelm von Humboldt war eine durch und durch ästhetische Natur, die die Erscheinungen der Kunst nicht als etwas zufällig Gewordenes, sondern als etwas aus festen Gesetzen entstandenes Organisches betrachtete und, ausgestattet mit seiner Beobachtungsgabe und gründlicher philosophischer Bildung, diesen ewigen Gesetzen nachspürte. So hat er auch bei seinem Pariser Aufenthalt die theatralische Kunst der Franzosen einer ebenso gründlichen als feinsinnigen Untersuchung unterzogen, und dabei, wie er selbst gesteht, eine neue Anschauung von der Schauspielkunst gewonnen.

Aus den im Nationalcharakter gegebenen und durch die ganze geistige Entwicklung der Nation beförderten und befestigten Eigenheiten ist die individuelle Verschiedenheit der Schauspielkunst bei den einzelnen Volksstämmen zu erklären. Außerdem hängt aber diese Kunst noch in engster Weise von der eigenthümlichen Beschaffenheit ab, zu der die dramatische Dichtkunst jener Nation gediehen ist. Wie die Form der haute tragédie in Frankreich zu einer eisigen Convention erstarrt ist, so ist auch die Schauspielkunst diesem Schicksal nicht entgangen. Der höchste Zweck, den der französische Schauspieler als Künstler hat, ist, die äußeren Zeichen, welche die Convention für bestimmte Affecte festgesetzt hat, zu erhalten und weiter zu vererben und sie mit besonderer Rücksicht auf eine sinnliche Befriedigung des Auges und Ohres zu einem Bilde zusammenzufassen, das von der Naturwirklichkeit ebenso weit entfernt ist als es die Kunstwahrheit, wie sie sich Goethe in der Antike verwirklicht dachte, je erreicht. Dem französischen Schauspieler kommt es auf das Äußere an: in seiner Leistung vereinigt sich das Farbig-Blendende des Malers, das Statuarische des Bildhauers, das Pantomimische des Tänzers zu einer nicht großen und tiefen, aber reinen ästhetischen Stimmung. Die französische Bühne ist gleichsam ein Rahmen, innerhalb dessen sich vor dem Auge des Zuschauers eine Reihe von Tableaux vorüberbewegt, wobei auf malerische Composition, auf Decoration und Costüm ein großes Gewicht gelegt wird. Dem französischen Schauspieler sind ästhetische Körperbildung, ein harmonischer Rhythmus der Bewegungen und der Sprache, edle Grazie und vor-

nehmer Anstand unumgänglich nothwendige Mittel zur
Erreichung der Illusion. Dieser Formalismus machte
auf Humboldt einen entschieden günstigen Eindruck, denn
er erkannte, daß in ihm nothwendige Bestandtheile wahrer
Kunst enthalten seien. Vom Standpunct der reinen
Ästhetik konnte er es nur bedauern, daß alle diese Fertig=
keiten, diese Ausdrucksmittel dem deutschen Schauspieler
vollständig fehlten. Während beim französischen Mimen
das Innere durch das Äußere, das rein Menschliche durch
das Ästhetische beherrscht wird, zielt der deutsche Dar=
steller, oft und zumeist mit Verletzung der schönen ästhe=
tischen Form, auf die Sache, auf den Charakter, auf
Empfindung und Ausdruck, auf freie, ungebundene Dar=
stellung des Menschen mit all der Tiefe und Fülle, der
individuellen Verschiedenheit und charakteristischen Härte
des Seelenlebens. Und hierin überragt er den beschränkten
Formalismus des Franzosen. Auch im Ausdruck der
Leidenschaft bleibt der Franzose beim Äußeren stehen, er
spielt nicht den leidenschaftlichen Charakter, sondern die
Leidenschaft als solche, und verfällt, da den verschiedenen
Leidenschaften stereotype Bewegungen, Stellungen und
musikalische Töne zukommen, die der neue Darsteller
einer Rolle von seinem Vorgänger übernimmt, in Gleich=
mäßigkeit und Starrheit. „Man könnte", sagt Humboldt,
„ein Bild eines tragischen Helden im Allgemeinen ent=
werfen, und man würde in den Einzelnen dasselbe Bild
mit ziemlicher Vollständigkeit wiederfinden". Innerhalb
dieser Starrheit ist aber doch das Mechanische, das
Physische im Naturausdruck der Leidenschaft heftiger, ge=
waltthätiger und sprunghafter auftretend als eine wirklich

idealische Kunst es wünschenswerth erscheinen läßt, so
daß der Franzose im Affect selbst vor Verzerrungen des
Gesichts nicht zurückschreckt. Die Gesten und Geberden
des Franzosen sind malend und schließen sich dem Rhyth=
mus und der Cadenz der Verse genau an. Sie haben
oft etwas Statuarisches, indem es beliebt ist, schöne
und pathetische Gesten, aus ästhetischem Wohlgefallen an
denselben, über Gebühr lange festzuhalten. Und endlich:
der französische Schauspieler vergißt keinen Augenblick den
Respect, den er dem Publicum schuldig zu sein glaubt;
er nimmt in seinen Stellungen jederzeit von dessen
Anwesenheit Notiz. Ferner vergißt der französische Schau=
spieler niemals, daß er ein Diener des Dichters ist:
er hat vor dem Worte des Dichters eine unbegrenzte
Hochachtung, keine Schönheit desselben geht ihm verloren,
er hebt jede sorgfältig heraus, während der Deutsche eine
ungebührliche Gleichgültigkeit gegen das Wort hat und
nur den Effect des Ganzen im Auge behält; kurz der
Franzose ist mehr Declamator als Darsteller seiner Rolle,
er sagt sie her und begleitet sie mit Geberden. Freilich
legt ihm hierbei die starre Form des französischen Alexan=
driners Fesseln an. Bei alledem darf nicht vergessen
werden, daß Humboldt nur die haute tragédie im Auge
hat. Im sogenannten drame ist die Kunst des Schau=
spielers eine freiere, natürlichere, wobei ihn die dem
Franzosen angeborenen feinen Gesellschaftsformen wesent=
lich unterstützen; ein Unterschied übrigens, der im großen
Ganzen auch heute noch besteht.

Humboldt hat das Wesen und die Gesetze der franzö=
sischen Schauspielkunst abstrahirt von den Leistungen des

größten französischen Mimen, von François Joseph Talma.
In ihm gelangte die Eigenart der französischen Kunst
zur höchsten Vollendung. Er vereinigte alle Vorzüge
derselben was das Äußere betraf, er war aber auch der
erste, der die strenge Convention zu Gunsten einer freieren
Bewegung durchbrach und zu den bestehenden Ausdrucks=
mitteln neue hinzufügte, die aus einer tiefen Einsicht in
die Ziele und Zwecke der Schauspielkunst entsprungen
waren. Er ist bekanntlich der Schöpfer des historischen
Costüms, und diese Forderung der Naturwahrheit ist bei
seinen beschränkten Collegen auf starken Widerspruch
gestoßen. Die großen Lebenserfahrungen, die ihm die
Theilnahme an den heftig bewegten Ereignissen seines
Vaterlandes nahe brachte, hat seine ganze Kunst vertieft
und erweitert; in Wahrheit und Stärke des Ausdrucks
hat er alle seine Mitspieler übertroffen. Er nahm sich
Freiheiten, die kein anderer vorher gewagt hatte: Talma
spricht nicht mit und zu den Zuschauern, sondern wirk=
lich mit und zu den Personen des Stücks; er thut
Schritte gegen den Hintergrund und wendet dem Publi=
cum den Rücken zu; er ist rücksichtslos gegen den Bei=
fall desselben und verharrt in schönen Stellungen nicht
länger als die Naturwahrheit es gestattet. Vor allem,
er wagt es zuerst, bei Neuschöpfung alter Rollen die
Tradition seiner Vorgänger zu mißachten. Mit einem
Worte, in seinem Streben nach Naturwahrheit nähert
er sich der realistischen germanischen Kunstauffassung. Er
hat dem abgelebten Körper des französischen Klassicismus
neues, gesundes Blut zugeführt, hat die erstarrenden
Formen aus seiner modern=romantischen Kunstanschauung

heraus neu belebt. Goethe lernte den großen Künstler
bei Gelegenheit des Erfurter Congresses kennen und bewunderte ihn als Britannicus in Racines gleichnamigem
Trauerspiel. Noch viele Jahre nachher erinnerte er sich
dieses Eindrucks. Er erkannte und rühmte ihn als einen
Darsteller in modernem Geiste, dessen Bestreben dahin
gehe, das Innerlichste des Menschen vorzustellen.

Humboldt erörtert auch noch ausführlich den Unterschied von Kunst und Natur in der Schauspielkunst. Die
Franzosen sind sich eines reinen Gegensatzes dieser beiden
Erscheinungsformen nicht bewußt; sie verlangen nicht aus
einem Kunstprincip heraus Idealisirung der Natur in
der Kunst, sondern die Tradition und Convention hat
diesen Unterschied festgesetzt und so wird er von Geschlecht
auf Geschlecht als etwas Selbstverständliches vererbt.
Bei der Schauspielkunst wird diese Frage modificirt dadurch, daß sie nicht so selbstständig ist, wie die andern
Künste, sondern daß sie die dramatische Dichtkunst erst
zur Voraussetzung hat. Beim Schauspieler, meint Humboldt, dürfe die Natürlichkeit oder Unnatürlichkeit des
Spiels nicht mehr durch eine unmittelbare Vergleichung
mit der Natur selbst, sondern nur durch eine mittelbare
mit der Behandlung derselben durch den Dichter constatirt werden. Da der Schauspieler des Dichters Werk
erst lebendig macht, so hängt es von der Beschaffenheit
des letzteren ab, ob in dem Spiel des Darstellers Freiheit herrschen soll oder Convention. In letzterem Falle
befindet sich die französische Schauspielkunst. Sie hängt
ab von einer durch und durch conventionellen Dichtkunst.
Nach der Terminologie unserer klassicistischen Ästhetik

wäre demnach das Wesen der Schauspielkunst und der dramatischen Dichtkunst bei den Franzosen nicht Stil, sondern Manier.

Goethe gesteht, daß dieser Aufsatz zur rechten Zeit gekommen sei und auf ihn wie auch auf Schiller einen besondern Einfluß gehabt habe. Es ist merkwürdig, daß sich Goethe selbst zu jener Zeit auf einem Wege befand, dessen Endziel die Überführung der dem französischen Theater innewohnenden Vorzüge auf die deutsche Bühne ist. Er übersetzte Voltaires „Mahomet" ins Deutsche, und Humboldts Auseinandersetzungen waren ihm ein Leitstern in der Ausarbeitung. In demselben Hefte der Propyläen, das Humboldts Brief enthält, veröffentlichte Goethe einige Scenen dieser Übersetzung und schickte denselben eine sehr bemerkenswerthe Vorrede voraus. Kein Freund des deutschen Theaters werde den Aufsatz über das Theater der Franzosen lesen, ohne zu wünschen, „daß unbeschadet des Originalgangs, den wir eingeschlagen haben, die Vorzüge des französischen Theaters auch auf das unsrige herübergeleitet werden möchten". Er hofft, daß durch Aufführung des „Wallenstein", der „Merope" und „Zaire" nach Gotter und Eschenburg, und der Schlegelschen Hamlet-Übersetzung in Berlin ein Mittel gegeben sei, um die Scheu so vieler Schauspieler vor dem Rhythmischen zu curiren. Und er legt seiner Mahomet-Bearbeitung die Absicht unter, eine solche Epoche beschleunigen zu helfen, in der die Schauspieler zu einem wörtlichen Memoriren, zu einem gemessenen Vortrag, zu einer gehaltenen Action veranlaßt werden könnten.

Das klassische Drama der Deutschen, das von Shake-

speares Tragödie der Leidenschaft, der freien schranken=
losen Subjectivität ausgegangen war, wurde in Weimar
wieder in die Bahn der strengeren, festgeschlossenen Form
der Franzosen geleitet. Lessing hatte die Deutschen von
dem falschen Regelzwange der Franzosen zwar befreit;
und auch jetzt galt es nicht etwa eine despotische Nach=
ahmung einer Kunst, die jeder inneren Freiheit und
Wahrheit entbehrte, einer dem deutschen Genius fremden
Kunstform, die in ihrem wahren Werth längst erkannt
und gerichtet war. Was vielmehr der neuen Ästhetik als
nachahmenswerth erschien, das war die dramatische Form,
aus der immer noch die entfernte Verwandtschaft mit
dem antiken Drama zu erkennen war, und die im engsten
Zusammenhange stand mit der Gestalt der modernen
Bühne, wie sie sich von Frankreich aus verbreitet hatte.
Schiller hat in seinem Gedicht „An Goethe, als er den
Mahomet von Voltaire auf die Bühne brachte" das
Verhältniß, in welches die deutsche Kunst jetzt zur fran=
zösischen getreten war, in poetischer Form ausgesprochen.

Es droht die Kunst vom Schauplatz zu verschwinden,
Ihr wildes Reich behauptet Phantasie.
Die Bühne will sie wie die Welt entzünden,
Das Niedrigste und Höchste menget sie.
Nur bei dem Franken war noch Kunst zu finden;
Erschwang er gleich ihr hohes Urbild nie,
Gebannt in unveränderlichen Schranken
Hält er sie fest, und nimmer darf sie wanken.

Aus dem heiligen Bezirk der Scene sind hier „der
Natur nachlässig rohe Töne" verbannt. Der Dichter be=
wundert den Wohllaut der Sprache, die edle Ordnung
und Grazie des Ganzen. Nie aber soll der Franke Muster

werden, denn seine Kunst ist eine todte; der deutsche Wahrheitssinn kann mit der Unnatur des falschen französischen Anstandes nichts zu thun haben. Ein Führer zum Bessern soll er werden, und die „oft entweihte Scene zum würd'gen Sitz der alten Melpomene" reinigen.

Was hier für die Dichtung ausgesprochen war, das sollte auch für die Schauspielkunst gelten. Auch sie sollte unter französischer Führung vom rohen Naturalismus gesäubert und mit jenen Vorzügen der schönen Form begabt werden, die der Franzose vor dem Deutschen voraus hatte: Anstand und Grazie, vollständige Herrschaft über den Körper, Schönheit, Wohllaut und Gemessenheit der Declamation, Einschränkung der Action auf ein ästhetisches Maß.

Dieses Ziel konnte natürlich nicht mit Einem Sprunge und nicht durch Verordnungen erreicht werden. Hindernisse lagen auf dem Wege, die nicht leicht zu beseitigen waren. Mit einer enormen Spannkraft, in der sich die ganz außerordentliche ästhetische Energie unserer Dichterfürsten, in erster Linie Schillers ausprägt, war der Boden der deutschen Bildung in die Höhe gehoben worden; und der allgemeine Bildungsgrad des damaligen Durchschnittsschauspielers stand im Widerspruch mit der an ihn herantretenden Forderung des neuen Kunstideals. Mangel an Stücken, die diesem Ideale dienten, war das eine Hinderniß; davon aber im nächsten Capitel. Mangel an Schauspielern, die es auf der Bühne verwirklichen konnten, das andere. Welche Schwierigkeiten verursachte doch die neue Form den Schauspielern beim Einstudiren des „Wallenstein"! Hier tritt nun Goethes pädagogische Neigung

helfend ein. In den Theatercapiteln des schon oft ge=
nannten Goethischen Romans stehen sich der Held Wilhelm
Meister und der Schauspieler Serlo als zwei einander
entgegengesetzte Charaktere gegenüber, deren Vereinigung
erst das Ideal eines Schauspielers ergäbe. Der erstere
ist Theoretiker, er denkt nach über die Ziele und Mittel
seiner Kunst, er hat feste Kunstbegriffe, aus denen heraus
er Regeln aufstellen will, um zu bestimmen, was recht,
schön und gut sei und was Beifall verdiene. Der zweite
ist durchaus Praktiker; aus dem Erfolge seiner Kunst
ergeben sich ihm gewisse selbstverständliche Begriffe über
das Wesen derselben und zum praktischen Erfolg will er
seine Schauspieler hinleiten: er läßt sie bei sich lesen,
um sie sprechen zu lehren und den Reiz des Rhythmus
in ihrer Seele zu erregen; er deutet nach den Vor=
stellungen auf das Falsche hin, und wie es besser ge=
macht werden soll; so verschafft er selbst mittelmäßigen
Talenten höhere Einsichten und Fertigkeiten. Goethe
vereinigte beide Richtungen in sich, die theoretische und
die praktische; und auch nach dieser Hinsicht durfte er
sich der Unterstützung Schillers erfreuen. Caroline von
Wolzogen schildert in ihrem „Leben Schillers" dies Zu=
sammenwirken folgendermaßen: „Schiller wirkte auf das
Fühlen und innige Verstehen der Rollen; Goethe auf
die Erscheinung im Leben. Wir sahen oft, daß er in
vier Wochen verstehen, sprechen, sich stellen, sich betragen
lehrte; seine klare Einsicht setzte gleich einem Zauberstab
versteinte Massen in anmuthige Bewegung".

Es ist hier nicht der Ort bis in alle Einzelheiten
zu erweisen, wie Goethe die neuen Marimen in That

umgesetzt hat. Nur auf verschiedene Momente seiner theatralischen Pädagogik soll der Blick gelenkt werden.

Goethe war kein Freund von Experimentiren mit jungen Leuten, deren Begabung er nicht erst sorgfältig erprobt hatte. Auf die materiellen Fundamente der Schauspielkunst, auf Sprache und Körperbildung, legte er naturgemäß ein großes Gewicht und untersuchte bei diesen Talentproben, in wie weit sie vorhanden waren. Der junge Prüfling mußte etwas Einnehmendes und Anziehendes besitzen und volle Gewalt über seinen Körper haben. „Ein Schauspieler", sagte er zu Eckermann, „der keine Selbstbeherrschung besitzt und sich einem Fremden gegenüber nicht so zeigen kann, wie er es für sich am günstigsten hält, hat überhaupt wenig Talent." Dann ließ er ihn lesen, um sowohl Kraft und Umfang seines Organs als auch seine seelischen Fähigkeiten zu ergründen. Er gab ihm Werke, in denen sich die verschiedensten Arten der Empfindung ausdrückten: Erhabenes und Großes, Leidenschaftliches und Wildes, klar Verständiges, Geistreiches, Ironisches, Witziges und Rührendes. Er merkte sich das Fach, für das er besonders geeignet schien, und war bedacht, ihn zu Stärkung und Ausbildung seiner schwachen Seiten anzuregen. Fehler des Dialekts und Provinzialismen mußten abgelegt werden; besonders der sächsische Dialekt mit der breiten, offenen Aussprache des e war Goethe verhaßt. Der des Tanzens und Fechtens Unkundige mußte Unterricht beim Tanz- und Fechtlehrer nehmen. War Goethe so äußerlich etwas orientirt, dann gab er dem Prüfling zuerst Rollen, die seiner Individualität entsprachen; später aber solche, die geeignet waren,

seine einseitige Individualität nach anderen Seiten hin zu
erweitern. Er empfahl dem angehenden Schauspieler das
eingehende Studium der antiken Kunst, damit er von
der angeborenen Neigung zur Nachahmung der Natur
hingeleitet werde zum Begriff der idealen Schönheit der
Form. Und so sind auch seine Rathschläge und Vor=
schriften für Haltung und Bewegung des Körpers und
seiner Theile nur aus diesem Gesichtspuncte erklärlich
und verständlich. Er schärfte ein, die Rolle anfänglich,
bevor sie gelernt werde, recht langsam und bestimmt zu
sprechen, und dabei den Ton so tief als möglich zu
halten, damit das Organ für die Steigerung desselben
ausreiche. Er warnte davor, sich beim Auswendiglernen
eine falsche Accentuation anzueignen. Aber er gab nicht
nur Vorschriften und gute Lehren, sondern griff selbst
thätig ein. Wie er einmal Vorlesungen als die Schule
des Wahren und Natürlichen gepriesen hat, so legte er
stets einen besonderen Werth darauf, durch solche Vor=
lesungen seinen Schauspielern einen Begriff von dem
beizubringen, was er wollte und erstrebte. Leichter war
dies Ziel zu erreichen bei denjenigen Mitgliedern des
Theaters, die in der zweiten Periode, wo die Haupt=
maximen bereits feststanden, in den Verband desselben
getreten waren. Bevor wir von ihnen sprechen, sei noch
ein kurzer Rückblick auf eine aus der ersten Periode
herübergekommene Künstlerin gestattet.

Die hervorragendste Kraft des Instituts nach Christiane
Becker war die Sängerin und Schauspielerin Caroline
Jagemann. Eine geborene Weimaranerin, kam sie nach
sechsjähriger Ausbildung am Mannheimer Nationaltheater

nach Weimar, wo sie sich sofort eine Ausnahmestellung gründete. Goethe schlägt in einem „Unterthänigsten Promemoria" (27. Januar 1797) die Bedingungen ihrer Anstellung vor: sie erhält Decret als Hofsängerin mit Pension von 200 rh., wogegen sie den mit der Theaterdirection eingegangenen Contract in allen Stücken zu halten sich verpflichtet. § 1 dieses Contractes lautete: „Demoiselle Caroline Jagemann verbindet sich auf dem Weimarischen Theater erste und zweite Singrollen zu übernehmen und überzeugt sich, daß die Oberdirection keine Gelegenheit versäumen wird, ihr Talent in das beste Licht zu setzen." Daneben sollte sie auch von Zeit zu Zeit Rollen im Schauspiel, welche für sie schicklich gefunden werden, übernehmen. Sie war verpflichtet in Weimar und an allen Orten des Großherzogthums zu spielen, über die Grenzen desselben brauchte sie der Truppe nicht zu folgen, doch erwartete man von ihr, daß sie sich nicht weigern werde auf Verlangen der Direction auch dieses zu thun. In der That war sie in Lauchstädt, Rudolstadt, Leipzig und Halle ein gern gesehener, viel bewunderter und verhätschelter Gast. Sie erhielt, was sonst keinem Mitglied zugestanden war, alljährlich einen mehrwöchentlichen Sommerurlaub, den sie auch vielfach zu auswärtigen Gastspielen benutzte, was gleichfalls keinem anderen Mitgliede erlaubt war.

Als nach dem Tode der Christiane Neumann-Becker trotz langem Suchen keine passende Vertreterin für das erledigte Fach derselben gefunden wurde, wurde ihre Thätigkeit auch im Schauspiel eine immer größere. Sie war eine herrschsüchtige Natur, die sich nicht unterordnen konnte, und die nicht nur persönlich, sondern auch künstlerisch aus dem Rahmen des von Goethe so sorgsam gehüteten Ensembles heraustrat. Sie scheute dabei keine Intrigue, wußte sich zu offenem oder verstecktem Coulissenkriege immer dienstwillige Bundesgenossen zu werben, und machte Goethe um so mehr zu schaffen, als sie, durch die Freundschaft des Herzogs gedeckt, gegen die Theaterleitung sowohl wie gegen ihre Collegen sich alles herausnahm. Ihre bewunderte Schönheit, ihr großes Talent, das auch Goethe jederzeit bereitwillig anerkannte, machten sie zu einem Liebling des Publicums. Goethe sagte später zu Eckermann, sie sei eigentlich nie seine Schülerin gewesen, habe seiner Lehre nie bedurft, sondern immer instinctmäßig das Rechte gethan. Eine corrigirende Ergänzung zu dieser Äußerung bietet folgende Stelle aus einem Brief von Kirms an Goethe (5. April 1801): „Dem. Jagemann ersuchte mich gestern, heute Vormittag mit ihr zu Ew. Hochwohlgeb. zu fahren, um neue Lection wegen der Rolle der Amenaide (in Voltaires Tancred) sich auszubitten, ohne welche sie am Mittwoch nicht auftreten könne. Sie habe zeither muntere Rollen gespielt und sei gänzlich aus diesem Geschmack heraus. Kurz sie habe alles vergessen was ihr gesagt worden sei." In den Acten und in vielen auf das Theater bezüglichen Briefen spielt sie eine große Rolle: die Rolle des enfant terrible. Für sie gab es keine Vorschriften und keine Theatergesetze, und selbst die Größe Goethes legte ihrem rücksichtslosen Herrschgelüste keinen Zaum an. Die Klagen der Regisseure nehmen kein Ende, andererseits räsonnirt sie außerhalb Weimars beständig. Gleich im ersten Jahre ihres Weimarer Aufenthaltes gab es einen Theaterscandal, und in allen folgenden kritischen Momenten leitete sie nicht bloß hinter den Coulissen, sondern außerhalb des Theaters die Fäden der Intrigue, an der Goethes Theaterleitung endlich doch scheiterte.

Eine ausführliche Theatergeschichte hätte über den ganzen jeweiligen Personalbestand Bericht zu geben. Goethe, in der Erhaltung getroffener Einrichtungen ziemlich conservativ, liebte doch eine zeitweilige Einführung junger frischer Kräfte in die festgewordene Masse, wenn er auch stets bemüht war, einem allzu großen Andrang kunstbeflissener Anfänger oder auswärtiger, von dem Rufe Weimars angezogener Mimen abzuwehren. „Das Theater ist viel schnellern Abwechselungen unterworfen (als Musik) und es ist gewissermaßen ein Unglück, wenn das Personal einer Bühne sich lange nebeneinander hält; ein gewisser Ton und Schlendrian pflanzt sich leicht fort.... Wird, wie gesagt, ein Theater nicht oft genug durch neue Subjecte angefrischt, so muß es allen Reiz verlieren" (Goethe an Carl August 11. September 1797). Beim Engagement neuer Mitglieder sah er stets auf deren Tauglichkeit und ließ sich durch Äußeres, wie etwa Sympathie und Antipathie des Publicums nicht leiten. Der Schauspieler Cordemann gastirte 1798, während Goethe in Jena abwesend war; Kirms empfahl ihn zum Engagement, auch mit Rücksicht auf die sofort zu Tage getretene Sympathie des Publicums. Darauf Goethe an Kirms:

„Ob ich gleich fest entschlossen bin mir keinen Schauspieler vom Publico weder auf noch ab votiren zu lassen,

weil ich dessen Grillen, Unbestand und Ungenügsamkeit
nur allzusehr kenne; so treten doch gegenwärtig manche
Betrachtungen ein, die uns selbst veranlassen dürften,
Herrn Cordemann zu engagiren. Ew. Wohlgeb. haben
solche in Ihrem Briefe recht wohl herausgesetzt und
ich bin geneigt Ihre Vorschläge einzugehen. Schließen
Sie, nach vorgängiger Communication mit H. v. Luck,
einen Contrackt auf ein und ein halb Jahr und sehen,
daß er überhaupt mit 8 Thlr. zufrieden sey.

Vor allen Dingen aber fragen Sie bey Durchl.
der Herzogin mit meiner unterthänigsten Empfehlung
nochmals an: ob dieses Engagement ihrem Willen
und ihren Wünschen gemäß sey.

Im Stillen kann ich Ew. Wohlgeb. nicht leugnen
daß mir weder Cordemanns Füße noch Arme recht
gefallen wollen, mit jenen knickt er, mit diesen schwebt
er, doch hat er was interessantes im Blick und scheint
von einem gewissen Feuer der Leidenschaft belebt,
worauf so viel bey einem Schauspieler ankommt und
nach Ihrer Versicherung macht ja sein Ganzes keinen
unangenehmen Eindruck.

Nur eines muß ich gleichfalls im Vertrauen hinzu-
setzen: daß ich mich durch dieses Engagement noch
nicht verbinde Haiden*) fortzuschicken. Ob ihn das
Publicum gerade mag, das kann uns nicht rühren,
die Frage ist: ob er in gewissen Rollen brauchbar sey,

---

* Kirms hatte in seinem Briefe erzählt, die Herzogin habe
ihn gefragt, ob Goethe nicht den Cordemann engagiren und den
Haide fortschicken würde.

die, wenn sie gleich keine Hauptrollen sind, doch auch besetzt werden müssen.

Überhaupt ist es eine alte Erfahrung, daß das Publicum bey jeder Gesellschaft einen Sündenbock haben muß, an dem es seine Piken und Unarten auslassen kann, und wenn sich gerade keiner bey der Gesellschaft fände, so müßte man einen expreß zu dieser angenehmen Function engagiren.

Es versteht sich von selbst, daß Cordemann sich verbindet alle ihm von der Direction zugetheilte Rollen zu übernehmen, und nicht etwa an irgend ein Fach Ansprüche macht. Wir nehmen ihn als einen Suppleanten auf und in unserer Lage wird sein hauptsächlichstes Verdienst seyn, wenn er in vorkommenden Fällen ausfallende Lücken supplirt, und uns mit seinem Talent, auf eine willige und gefällige Weise, aushilft.

Ich wünsche daß Sie sich recht wohl befinden mögen und danke für die fortdauernde Aufmerksamkeit und Sorgfalt, womit sie unser gemeinsames Geschäft zu beleben wissen.

Jena am 18. Juni 1798."

In den ersten Jahren des neuen Jahrhunderts machte sich ein Mangel an tüchtigen jungen Kräften fühlbar, und man blickte stark nach auswärts zum Zweck einer Ergänzung des Personals. Glücklicher Weise kamen mehrere talentvolle Anfänger um diese Zeit nach Weimar, die den Wunsch hegten, am dortigen Theater unterzukommen. Zuerst (1802) versuchte Friederike Unzelmann ihren sechzehnjährigen Sohn der Fürsorge Goethes zu empfehlen. Der oft zu praktische, zu vorsichtige Kirms, der Angst hatte, es könnte dies der Theaterkasse Kosten verursachen, die keinen Ersatz durch die Leistungen des Anfängers fänden, widerrieth sehr heftig und schrieb am 19. August 1802 an Goethe:

„Madam Unzelmann gehet darauf aus, ihren Sohn Ew. Hochwohlgeb. aufzuhangen. Sie hat recht! Wollen Ew. Hochwohlgeb. diese Kosten, diese Last übernehmen? Es ist wahr, es gibt Ruf, wenn dieser Knabe hergeschickt wird; was hilft er uns aber? Mehrere werden auch ihre Kinder hier erziehen und unterstützen lassen, und wenn sie brauchbare Männer geworden, wieder wegnehmen. Wenn das Theater unterstützen soll, so ist für selbiges eine dergl. Unterstützung ein reiner Verlust, denn diese Knaben besetzen keine Stellen und erfordern doch einen Aufwand von Gage, und besonders von Kleidungsstücken, die für sie gemacht werden müssen. Wenn unsere Kasse nicht so miserabel wäre, so würde es gut sein, Kinder der Dienerschaft zu unterstützen, die uns einmal Dienste thun können und müssen. Ich will damit in Ansehung der Unzelmann Ew. Hochwohlgeb. Willen keine Grenzen setzen, sondern ich erwidere dies alles nur als Meinung."

Und am 23. August schreibt er wieder an Goethe:

„Auch lege ich den Brief der Madam Unzelmann bey. Alles weiter überlegt, würde Ew. Hochwohlgeb. die meiste Last mit ihrem Sohn, von dem man nicht ohne Bedeutung Ihnen schreibt, daß er Ihren Vor=

namen führe, haben. Handeln Ew. Hochwohlgeb. dabei nach Ihrer bekannten Klugheit: wird er aber gut, so gehet er bald seiner Wege; indessen könnte man es einmal darauf ankommen lassen."

Kirms ereiferte sich umsonst; der junge Mann kam nach Weimar. Er bestand auch glücklich die Prüfung, die Goethe mit ihm vornahm und bei der sein starkes humoristisches Talent sich verheißungsvoll kund gab. Goethe ließ ihn, mit Glück, als Görge in dem schon genannten Stück „Die beiden Billets" auftreten und dieselbe Rolle spielte er dann auch noch im „Stammbaum" und dem „Bürgergeneral", den beiden Fortsetzungen des ersten Stückes. Goethe interessirte sich sehr für den jungen Anfänger, theils aus Freundschaft für die Mutter, die nicht Worte genug finden konnte, um ihre Dankbarkeit auszudrücken, theils aus persönlichem Wohlwollen für das hoffnungsvolle Talent; und er versprach der Mutter ihn förmlich in die Schule zu nehmen. In einem sehr interessanten Brief an die Mutter (14. März 1803) äußert Goethe eine Grundmaxime seiner Pädagogik, die beim Theater gerade so bedeutungsvoll sei wie auf jedem anderen Gebiete: den Menschen die Augen zu öffnen über das was ihnen fehlt.

Ein anderes Talent, dessen sich Goethe annahm, war Wilhelmine Maaß, die am 17. Februar 1802 die Weimarische Bühne betrat und ihr bis 1805 angehörte. Goethe rühmt ihr eine niedliche Gestalt, ein anmuthig natürliches Wesen, ein wohlklingendes Organ, kurz eine glückliche, gewinnende Individualität nach.

Dazu meldeten sich im August 1803 zwei junge Männer bei Goethe, die den Wunsch äußerten, unter seiner Leitung Schauspieler zu werden: Pius Alexander Wolff und Karl Franz Grüner.

Wolff kam ausgerüstet mit einem Empfehlungsbriefe seiner Mutter an Goethe. Goethes Antwort, zu der sich das Concept in seinem Nachlaß erhalten hat, ist ein schönes Zeugniß sowohl seiner Sorgfalt bei der Prüfung junger Theaterschwärmer als seines warmen persönlichen Antheils an denjenigen, die er für berufen hielt und für die er sich interessirte. Sie lautet:

„Madame!

Es hat sich vor einiger Zeit ein junger Mann bey mir gemeldet und den Wunsch geäußert, auf unserm Theater angestellt zu werden. Bey einer genauen Prüfung fand ich, daß er nicht ohne Anlage sey, und als ich mich näher nach seinen Lebens= und Familien= umständen erkundigte, erfuhr ich dieselben besonders durch Ihren mütterlichen Brief vom   , wodurch ich bewogen werde, Gegenwärtiges an Sie zu erlassen.

Der Schauspieler befindet sich bey uns keineswegs in der Lage, wie etwa noch in Oberdeutschland. Er ist, so lange er sich zu dieser Kunst bekennt, weder von guter Gesellschaft noch anderen wünschenswerthen Verhältnissen ausgeschlossen; so wie er auch, wenn er sie verläßt, wohl Gelegenheit findet, irgend eine bürger= liche Stelle zu bekleiden. Es kommt alles darauf an, was er leistet, wie er sich beträgt und ob er sich beym Publicum Neigung und Achtung zu erwerben weiß.

In solchen und andern Rücksichten habe ich, nach wiederholtem Gespräch und vielfacher Überlegung Herrn Wolff nicht abrathen können, die Bühne zu betreten. Wird er sich einige Jahre durch Fleiß, Betragen und Wirthschaftlichkeit auszeichnen, so ist vorauszusehen, daß er unter Begünstigung glücklicher Umstände seiner Natur gemäß ein zufriedenes Leben führen werde.

Stille sowohl als brausende Leidenschaften, welche dem Menschen die Tage verbittern, sind in allen Ständen rege; wie Sie selbst in Ihrer Familie erfahren. Aber glücklicherweise kann man sich in jedem Stande sittlich bearbeiten und bilden.

Gönnen Sie Ihrem Sohne fortan Ihre mütterliche Liebe und den Beystand, dessen er in der ersten Zeit noch bedarf, bis er sich durch sein gesteigertes Talent in eine bequemere Lage versetzen kann.

Ich wünsche daß Sie sich durch diese Betrachtungen beruhigt fühlen, um so mehr als ich versichern kann, daß es nur von dem Betragen des jungen Mannes abhängen wird, bey uns in gutem Verhältniß zu stehen und zu bleiben."

Goethe glaubte an den beiden Jüngern Talent zu bemerken und da die übrige Gesellschaft gerade auswärts weilte, er also von allen Theatergeschäften frei war, begann er mit den beiden gründliche „Didaskalien," von den einfachsten Elementen des Sprechens und der Bewegung ausgehend und allmälig zu den höheren Kunstforderungen aufsteigend, „so daß ich selbst klärer über ein Geschäft ward, dem ich mich bisher instinctmäßig hingegeben hatte. Die Grammatik, die ich mir ausbildete, verfolgte ich nachher mit mehreren jungen Schauspielern; einiges davon ist schriftlich übrig geblieben". Zu diesen beiden kam dann noch ein Anfänger Namens Grimmer.

Der junge Unzelmann war es, der in Goethe die Idee einer förmlichen Theaterschule anregte, die im October 1803 bereits auf zwölf Personen angewachsen war. Diese „Didaskalien" machten Goethe selbst großes Vergnügen und waren auch von praktischem Vortheil für das Theater. Zu der Aufführung des „Julius Cäsar", die damals mit Eifer vorbereitet wurde, hatte er die drei Anfänger Wolff, Grüner und Grimmer bereits so weit gebracht, daß sie in der ersten Vorstellung, wie Goethe an Schlegel schreibt, „einklingend" auftreten konnten. Die mit den Schülern gehaltenen Übungen wurden schriftlich fixirt; Abschriften dieser „Euklidischen Elemente", wie sie Goethe einmal nennt, haben sich in seinem Nachlaß erhalten. Eckermann zog diese ausführlichen, theilweise im Ton des Lehrvortrags gehaltenen Vorlesungen später (1824) ins Enge, stellte sie in Paragraphen zusammen und verfertigte so den als „Regeln für Schauspieler" bekannten Theaterkatechismus daraus.

In einundneunzig Paragraphen sind hier Vorschriften gegeben für diejenigen Theile der Schauspielkunst, die ihre äußere Grundlage ausmachen: für Sprache und Körperbewegung. Es sind bloße Handwerksregeln, die bei der Form stehen bleiben und nur das Technische, die Grammatik im Auge haben. In ihrer schematischen Paragraphenform haben sie etwas Nacktes und Kahles; sie sind ein Gerippe, das Goethe in der mündlichen

Unterweisung gewiß zu beleben gewußt hat. Unaus=
gesprochen ist die französische Kunst, wie sie Goethe aus
Humboldts Brief kannte, der Wegweiser.

Goethe fordert von jedem Schauspieler eine deutliche,
reine, dialektfreie Aussprache, und zur Erreichung dieses
Zieles werden sehr praktische, werthvolle Winke gegeben,
die jederzeit der Beherzigung des ernsten Künstlers em=
pfohlen werden können. Diese natürliche Sprache muß
aber zur Kunstsprache erhöht werden durch maßvolle
Modulation des natürlichen Sprechtones: durch Reci=
tation. Sie wird zur Theatersprache durch gesteigerte
Recitation: durch Declamation, das ist eine im Charakter,
aus Lage und Stimmung der darzustellenden Rolle ge=
haltene Recitation. Goethe warnt hier ausdrücklich vor
den beiden Extremen der Declamation: der Monotonie
und dem Singen. Diese Idealisirung der Sprache er=
reicht dann ihren Höhepunct im rhythmischen Vortrag,
wo der Gegenstand „mit noch mehr erhöhtem, pathetischem
Ausdruck declamirt sein will. Mit einem gewissen Ge=
wicht soll da jedes Wort ausgesprochen werden".

Wie die Sprache, so soll auch der Ausdruck der
körperlichen Beredsamkeit in der Kunst idealisirt werden.
Daher werden Regeln für die Stellung und Bewegung
des Körpers gegeben, die ihm nur zu leicht die natür=
liche Ungezwungenheit der freien Bewegung nehmen und
dafür eine gewisse Tanzmeistergrazie anheften konnten. Wie
die Sprache so sollte auch der Körper zum Organ eines
pathetisch=declamatorisch=rhythmischen Ausdrucks gemacht
werden. Auf äußeren Anstand und auf vornehme Würde,
auf plastisch=statuarische Haltung und auf malerische Be=

wegung des Körpers wird ein starker Accent gelegt; zur
Übung verlangte Goethe von jedem Schauspieler, auch im
gewöhnlichen Leben Haltung und Geberdenspiel nie außer
Acht zu lassen. Ebenso war streng abgezirkelte Form in
der Stellung der Schauspieler zu einander und zum
Publicum eine Hauptforderung. Lessing hatte es ausge=
sprochen, daß das Publicum des Schauspielers wegen
im Theater anwesend sei. Schröder betheuerte, daß er
jene höchst tadelnswürdige Conversation des Schauspielers
mit dem Publicum nie gekannt habe, und daß sie zu
seiner Zeit von keinem Mitglied der Bühne geübt worden
sei, sonst hätte er ihrer sicher in seinen Theatergesetzen
gedacht; er könne behaupten, daß er während seiner
theatralischen Laufbahn vielleicht nicht zehn Mal gewußt
habe, ob das Haus voll oder leer sei, kurz, die Zu=
schauer wären niemals für ihn vorhanden gewesen. Goethe
dagegen verlangt im Sinne der conventionellen Höflichkeit
des französischen Bühnencoder vom Schauspieler stete
Rücksicht auf das Publicum; dieses ist nicht seinetwegen
da, sondern er um des Publicums willen. Die Schau=
spieler sollen nicht aus mißverstandener Natürlichkeit unter
einander spielen; Profil= und Rückenstellung ist verboten;
wo es das Charakteristische oder die Nothwendigkeit ver=
langt, geschehe es mit Vorsicht und Anmuth. Der Schau=
spieler soll nie ins Theater hinein sprechen, sondern
immer mit dem Publicum. Wenn zwei Personen mit=
einander sprechen, darf die links stehende nicht allzu
heftig auf die rechts stehende eindringen; auf der rechten
Seite steht immer die geachtetere Person: Frauenzimmer,
Ältere, Vornehmere. Der rechts Stehende soll sich nicht

gegen die Coulisse drängen lassen, sondern den Zudring=
lichen mit einem Zeichen der linken Hand zurückweisen.
Auch für graziöse Haltung und Bewegung der Hände
werden Vorschriften gegeben, wobei ebenfalls die schöne
malerische Wirkung der Hauptzweck ist. Aus diesem
Gesichtspunct wird auch die Stellung des Schauspielers
auf der Bühne regulirt; das Theater ist ein leeres Tableau,
der Schauspieler bildet die Staffage darin.

Gewiß ist höchste Ausbildung der Sprache und des
Körpers für jeden Schauspieler eine unumgängliche Forde=
rung, auf die leider auch heute noch viel zu wenig Rück=
sicht genommen wird. So lange aber der Schauspieler
nichts hat als diese technischen Fertigkeiten ist er nicht
das was er sein soll: Darsteller eines Charakters, des
Lebens. Dafür allerdings können keine Maximen, keine
Regeln aufgestellt werden. Hier beginnt die selbstschöpferische
Thätigkeit des Schauspielers; und wenn er den springen=
den Punct, aus dem alles Leben, auf der Bühne entquillt,
nicht in und aus sich selbst heraus entdeckt hat, wenn er
auf der Bühne nur das Formale des Lebens nachahmt
ohne zum Ausdruck der geistigen Energie vorgeschritten
zu sein, bleibt er ein Stümper sein Leben lang. Das
wußten auch Goethe und Schiller, und niemand wird
ihnen die Absicht unterschieben wollen, als hätten sie
dieses Charakterisiren aus dem Kern der Persönlichkeit
heraus der Schauspielkunst entziehen wollen. Aber das=
selbe sollte aus dem wild über die Ufer schäumenden
Strom des willkürlichen, zufälligen, geist= und gehaltlosen
Naturalismus zurückgedämmt werden in das geregelte Bett
einer anmuthigen und schönen aber strengen Form. Die

Form wurde als das höchste Ziel erklärt, der Inhalt wurde ihr nicht gleichgestellt, sondern untergeordnet. Das Wort, das in den Stücken von Iffland, Kotzebue und den Dramenfabrikanten niederer Sorte werth= und bedeutungslos gewesen war, war durch Goethe und Schiller geadelt worden. Es hatte einen erhöhten Inhalt gefunden, es war der Ausdruck von Empfindungen und Gefühlen geworden, die dem an der Alltäglichkeit haftenden realistischen, poesielosen Drama fremd waren: in ihm sprach sich der Geist der neuen Kunst symbolisch aus. War es nicht natürlich, daß die Dichter eines so beschaffenen Wortes von den Schauspielern verlangten, daß dieses mit Bewußtsein gewählte Wort in ihrer Darstellung zur bedeutungsvollen Geltung komme? Durch bloßes Sprechen aber erlangt es dieselbe nicht, es muß declamirt werden. In der Art und Weise, wie Goethe die Declamation einstudirte, lehnte er sich an Formen und Gepflogenheiten der Musik an. Eine Tradition, die sich in einer mit Kirms verwandten Weimarischen Familie erhalten hat, berichtet, Goethe habe beim Einstudiren sich eines Tactstockes bedient. Auch Wolff erzählt, daß Goethes Art, eine dramatische Dichtung auf die Bühne zu bringen, ganz die eines Capellmeisters war. „Er liebte es, bei allen Regeln, die er festsetzte, die Musik zum Vorbild zu nehmen, und gleichnißweise von ihr bei allen seinen Anordnungen zu sprechen. Der Vortrag wurde von ihm auf den Proben ganz in der Art geleitet, wie eine Oper eingeübt wird: die Tempis, die Fortes und Pianos, das Crescendo und Diminuendo u. s. w. wurden von ihm bestimmt und mit der sorgfältigsten Strenge bewacht;

und man glaube ja nicht, daß ein solches Verfahren die Natur und Wahrheit des Vortrags beeinträchtige." Mit „Quartettproben" der Hauptspieler wurde das Einstudiren eines Stückes begonnen und stieg, von dem sicheren Boden des Mechanischen sich erhebend, langsam empor zu einem alle Theile einheitlich zusammenstimmenden Ganzen, das gleich einer Oper nach bestimmten, mit Verstand und Gefühl gewählten Zeitmaßen sich bewegte.

Daß bei solcher Art, selbst wenn der feste Wille vorhanden ist, in diesen Schranken alles frei und zwanglos zu gestalten, nach und nach doch Zwang, Unfreiheit, Absichtlichkeit sich einstellen müssen, ist fast selbstverständlich. Und je mehr sich das Repertoire nach der Seite der declamatorischen Tragödie ausbreitete, und die Aufgaben, denen die Schauspieler zum Theil geistig gar nicht gewachsen waren, sich häuften, desto gefährlicher mußte natürlich diese starke Betonung des sprachlichen Theils der Darstellung für die Schauspieler werden. Das was ihnen innerlich fehlte, wurde ihnen anerzogen, von außen aufgedrängt; und wo diese formale Erziehung es bloß zur Wiedergabe der äußeren, nicht die ganze Kunst ausmachenden Merkmale brachte, weil der befreiende, in Fleisch und Blut verwandelnde, schöpferische Geist des großen Talentes fehlte, da lag die Gefahr nahe, daß die Darstellung talt, frostig, äußerlich, unnatürlich und unwahr werde. Die Individualität des Künstlers war durch ein Machtgebot Goethes aufgehoben; der Künstler durfte keinen Augenblick sich und seine Umgebung vergessen; Leidenschaft durfte ihn nicht soweit beherrschen, daß er außer Acht ließ, mit Anstand und Würde sich zu bewegen, und jeglichen heftigen Ausbruch zu mildern. Die Weimarischen Schauspieler wurden alle auf einen Kammerton gestimmt, denn Harmonie war die Seele des Spiels. Und so wurde die Schauspielkunst immer mehr ihres productiven Charakters entkleidet, der Schauspieler zu einem bloßen Declamator, zu einem Referenten des Textes herabgedrückt. Das, was im Prinzip, namentlich zur Unterdrückung eines geistlosen, oberflächlichen Naturalismus, von höchstem Werthe war, wurde in der fortdauernden Praxis im Laufe der Jahre immer mehr zur steifen, starren Regelmäßigkeit. Goethe verlangte freilich im vorletzten Paragraphen der Schauspieler-Regeln, daß das Steife verschwinde, und die Regel nur die geheime Grundlinie des lebendigen Handelns werde. Wie es aber das Tragische von Goethes Bemühungen um die bildende Kunst war, daß er mit seinen auf die höchste Kunstschönheit abzielenden Principien nur todtgeborene Producte unbedeutender Maler zu Tage förderte, und die Malerei über diese Zauberformel des Idealismus hinweg immer mehr sich zum Charakteristischen, zum Realismus bewegt hat, so erging es ihm auch mit der Schauspielkunst: die geheime Grundlinie bildete sich immer mehr zur sichtbaren Umrißlinie aus, das heißt: aus dem schönen Stil wurde endlich eine kalte, frostige Manier. Die weitere Entwicklung der deutschen Schauspielkunst ist über die Forderungen Goethes hinweg geschritten. Eigensinnig und selbstherrlich wie keine ihrer Schwestern hat sie auch die guten Keime, die Goethe ausgestreut, für gering geachtet; und eine einheitliche, auf großen Kunstgesetzen ruhende Schauspielkunst gibt

es auch heute nicht. Auch heute gilt, was zu Lessings
Zeit galt: es gibt große Schauspieler, aber immer noch
keine Schauspielkunst.

Die Hauptvorwürfe, die Goethes Theaterschule gemacht
wurden, sind: Unwahrheit, Unnatur. Es ist ein Unter=
schied zwischen dem, was Goethe in der Theorie angestrebt
hat, und dem was Zeit und Umstände in der Praxis
aus seinen Grundsätzen gemacht haben. Goethe verlangte
vom Kunstwerk, daß es gleichsam mit einem Fuße den
Boden der Natur und Wahrheit berühre, mit dem anderen
sich in eine höhere Sphäre erhebe; daß es etwas Beson=
deres und zugleich doch etwas Allgemeines darstelle; daß
es das sei, was er einmal „Kunstnatur" nennt. Er
erkennt den Grund aller theatralischen Kunst in dem
Wahren, Naturgemäßen und verlangt von ihr Eigen=
thümlichkeit des Ausdrucks, und zwar diejenige Eigen=
thümlichkeit, die in dem Besonderen einer jeder Nation
begründet ist. In dem herrschenden Naturalismus konnte
er diese Besonderheit, konnte er diese Natur und Wahr=
heit nicht erkennen; denn es fehlte im großen Ganzen
bei den Naturalisten vielfach der nothwendige innere Zu=
sammenhang zwischen dem Darzustellenden und der Art
der Darstellung, zwischen dem Inhalt und der Form.
Schon der junge Schiller klagt in dem erwähnten Auf=
satze „über das gegenwärtige teutsche Theater", daß die
Schauspieler für jedes Genus von Leidenschaft eine
aparte Leibesbewegung einstudirt haben, die sie beim
Eintreten jener Leidenschaft mit einer Fertigkeit, die
zuweilen dem Affecte vorspringe, an den Mann zu bringen
wüßten. Dazu kam dann jenes schon erwähnte aus=

schweifende Übermaß von mimischer Action, wo sich der Schauspieler in detaillirter Nuancirung nicht genug thun konnte. Außerdem fehlte die gehörige Rücksicht auf das Wort; und von einer irgendwie kunstgemäßen Sprechweise war unter solchen Umständen keine Rede. In demselben Aufsatz klagt Schiller: „Declamation ist immer die erste Klippe, woran unsere mehrsten Schauspieler scheitern gehen, und Declamation wirkt immer zwei Drittheile der ganzen Illusion. Der Weg des Ohres ist der gangbarste und nächste zu unsern Herzen." Von jenem Übermaß der Ausdrucksmittel wollte Goethe die Schauspielkunst gereinigt wissen. Wo der Naturalist, bloß um recht charakteristisch zu agiren, keinen Unterschied machte zwischen dem Zufällig-Wirklichen und dem Innerlich-Nothwendigen, da sollte jetzt aus den zur Verfügung stehenden mimischen Mitteln nach einem künstlerischen Princip eine Auswahl getroffen und ein künstlerisches Gleichmaß von Inhalt und Form hergestellt werden. Aber nicht in der Weise der Franzosen oder der oben angeführten Naturalisten sollte ein starres Schema aufgestellt werden; sondern nur solche Gesten wurden vom Schauspieler gefordert, die nicht bloß nach etwas aussehen, sondern die etwas bedeuten, die wirklich eine äußere Manifestation einer inneren Bewegung auszudrücken im Stande sind: wie von jedem anderen Kunstwerk verlangte Goethe auch von dem des Schauspielers, daß Stoff und Form sich harmonisch verschmelzen und daß seine Kunst die Darstellung des Schönen sich zur Aufgabe stelle. In dieser Vereinigung von Gehalt und Form, von Besonderem und Allgemeinem liegt die Symbolik des betreffenden Kunstwerkes. Symbolisch muß nach Goethe jedes echte Kunstwerk sein, und so gilt der Prosaspruch: „Es ist nichts theatralisch, was nicht für die Augen symbolisch wäre" auch von der Schauspielkunst.*) Nur höchstbegabte Künstler wären im Stande gewesen, diesen schwierigen Weg zu wandeln; die Goethe zur Verfügung stehenden Durchschnittsschauspieler konnten nicht zugleich den Einen Fuß in das Idealreich des Schönen setzen und mit dem anderen doch auf der Erde bleiben. Goethe erzählt, daß seine Schauspieler bei der ersten Darstellung des „Mahomet", da sie den Weg aus dem Naturalismus in die künstlerische Beschränkung des Stils noch nicht gefunden hatten, wohl aus Unsicherheit in Manierirtheit verfielen, und daß es da sein Bestreben gewesen sei, sie auf den sicheren Weg der Natürlichkeit hinzuleiten.

Goethe blieb seinen künstlerischen Principien getreu, und mit der Consequenz, die der sicheren Überzeugung vom Besitz der Wahrheit eigen ist, verschaffte er ihnen Geltung, so lange er an der Spitze des Theaters stand. Über das Theaterjahr 1815 schreibt er in den „Tag- und Jahresheften": „In dieser Epoche durfte man wohl sagen, daß sich das Weimarische Theater in Absicht auf reine Rezitation, kräftige Declamation, natürliches zugleich und kunstreiches Darstellen auf einen bedeutenden Gipfel des inneren Werthes erhoben hatte..... Und so kann man sagen, das Weimarische Theater war auf seinen höchsten

---

*) Derselbe befindet sich in dieser Form unter noch ungedruckten Sprüchen; Goethe hat ihn, etwas umgeformt, in den Aufsatz „Shakespeare und kein Ende" verarbeitet.

ihm erreichbaren Punct zu dieser Epoche gelangt, der
man eine erwünschte Dauer auch für die nächste und
folgende Zeit versprechen durfte."

Die Kunst eines Theaterleiters besteht, wie schon erwähnt, darin, ein einheitliches Zusammenspiel herzustellen. Dies kann er nicht ohne die Fähigkeit, jeden
Einzelnen nach seinem Talente an die für ihn passende
Stelle zu setzen. Ein Krebsschaden der Schauspielkunst
des vorigen Jahrhunderts war das allzu pedantische
Festhalten an strenger Absonderung der Fächer. Eine
Handhabe und Unterstützung dieses Mißstandes lieferten
die dramatischen Dichter jener Periode, in deren Werken
die Menschen vielfach nach solchen Fächern geordnet sind,
und Pedanten, Chevaliers, Juden, komische Väter u. s. w.
wie nach einem Schema construirt auftreten. Auch in
den Weimarischen Contracten der neunziger Jahre sind
den einzelnen Schauspielern noch solche Rollenfächer zu-
gewiesen; immer aber behielt sich die Direction ganz freie
Hand zu beliebiger Verwendung eines jeden Mitgliedes.
Goethe verlangte von jedem Mitgliede, daß es auch in
dieser Hinsicht Vertrauen hege in seine Einsicht und
Billigkeit. Doch war er weder Pedant, noch hielt er
sich für unfehlbar; und so sprach er einmal den wohlwollenden Wunsch aus, daß man in zweifelhaften Fällen
„die Schauspieler selbst fragte, was sie sich zu leisten
getrauten und was sie mit Muth spielen oder allenfalls
mit Zufriedenheit abgeben würden" (an Kirms 12. Mai
1799).

Freilich ging es dabei nicht immer glatt ab. Streitigkeiten bei Vertheilung der Rollen sind ja bekanntlich ein Hauptübel des Theaterwesens, das in dem transitorischen Charakter der Schauspielkunst seine Begründung hat. In einem Circular an die Mitglieder des Theaters (Lauchstädt 10. Juni 1793) heißt es: „Sollten wegen der Rollenvertheilung Streitigkeiten entstehen, welche ein jedes gut denkende Mitglied bei dergleichen außerordentlichen Fällen, um den Vortheil des allgemeinen Besten nicht zu hindern, gewiß nicht erregen wird, und von der Oberdirection die Entscheidung darüber nicht eingeholt werden können, so entscheidet die Mehrheit der Stimmen der männlichen Mitglieder." Namentlich Demoiselle Jagemann bereitete durch ihre unersättliche, rücksichtslose Rollensucht der Theaterleitung manche Unannehmlichkeit. In einem oben mitgetheilten Actenstück ist bereits der Grundsatz ausgesprochen, kein Rollen-Monopol in Weimar zu dulden. Der bekannte Berliner Intendant Graf Brühl, Jfflands Nachfolger, erklärte, Goethe habe damit nicht einen großen, sondern den ersten und letzten Schritt gethan; und er hat Goethes Anordnung in Berlin sofort seinem Personal zur Kenntniß gegeben (Brühl an Goethe 1. Mai 1815). Ein besonders starker Fall kann hier aus den Acten beigebracht werden. Der Sänger Frey debutirte am 7. April 1810 in der Titelrolle des „Wasserträgers" von Cherubini. Ein älteres Mitglied der Bühne, Friedrich Lortzing, der Oheim des bekannten Operncomponisten, der bisher diese Rolle innegehabt hatte, erhob dagegen Einspruch, daß Frey noch andere bisher ihm gehörige Rollen beanspruche. Darauf erläßt Goethe (27. April 1810) folgendes Schreiben an die Theatercommission:

„Auf beyliegendes Schreiben möchte gern Herrn Lortzing eine freundliche Antwort ertheilen; jedoch wünsche vorher von meinen hochgeehrtesten Herrn Mitcommissarien das nähere Verhältniß und Ihre Meinung zu vernehmen.

Wir statuiren, und zwar mit Recht, bey dem Weimarischen Theater keine Fächer, d. h. niemand kann auf diese oder jene Rolle entschiedenen Anspruch machen. Allein wir wissen auch recht gut, was wir zu des Schauspielers und zu unserm eigenen Vortheil einem jeden lassen müssen.

Die Rollenart, von welcher hier die Rede ist, würde ich nicht gern Herrn Lortzing entziehen, theils weil sie ohnehin selten vorkommt, theils weil sich der Schauspieler mit dem Publicum in eine Art von Relation setzen muß, daß man ihn auf diese Weise plaisant findet; wozu denn Gelegenheit, Übung, daraus entspringende Leichtigkeit und guter Humor erforderlich ist.

Ich habe nie gedacht, daß Herr Frey an solche Rollen Anspruch machen würde, sonst hätte ich mich früher erklärt. Soviel ich mich erinnere, war die Rede von humoristischen gutmüthigen Alten in der Art wie solche Malcolmi spielt, und wie selbst der Wasserträger ist, mit dem Herr Frey auftrat. Will er sich darin zeigen und qualificiren, so wird es sein Vortheil und der unsrige sein; da wir hingegen nichts gewinnen, wenn wir Lortzing bezahlen, ohne ihn spielen zu lassen und ihn überdies noch verdrießlich machen.

Da ich aber Herrn Freys Persönlichkeit nicht kenne und sein Talent nicht zu beurtheilen weiß, auch einen braven, bey uns neu eingetretenen Mann*), der wenigstens nicht mißfällt, keineswegs disgustiren mag, von der andern Seite aber Herr Lortzing weder die genannten beiden Rollen noch irgend eine andere dieser Art aus oben angeführten Ursachen entziehen möchte; so wünschte ich hierüber das Nähere zu vernehmen, um mich vollkommen unterrichtet bestimmen zu können."

Hieran sei noch folgender Erlaß an die Commission angeschlossen:

„Da ich wünsche daß künftig das Austheilungsgeschäft der Lust- und Trauerspiele sowie der Oper als Commissarisches Geschäft behandelt werde, indem für mich gar zu viel Unangenehmes entsprang, daß ich dasselbe gewissermaßen bloß persönlich behandelte (sic!). Ich ersuche daher meine hochgeehrtesten Herrn Mitcommissarien beyliegende Austheilung **) gefällig gleichfalls zu signiren, da ich denn, wenn nichts zu erinnern ist, die Namen auf die Rollen schreiben werde. Zugleich wünsche, daß diese Dinge in Acten-Fascicul geheftet und künftiger Notiz wegen aufbewahrt werden.

Weimar d. 31. Oct. 1815.   Goethe."

---

*) Lortzing war seit 1805 in Weimar.
**) Gemeint ist die Besetzung von Cumberlands „Westindier".

Mit dem transitorischen Charakter der Schauspielkunst hängt es auch zusammen, daß der Schauspieler mehr als jeder andere Künstler auf das Urtheil der öffentlichen Meinung Werth zu legen geneigt und angewiesen ist. Da ihm die Nachwelt keine Kränze flicht, muß er in dem Urtheil der Mitwelt die Quellen sehen, aus denen die kommenden Geschlechter sein Bild zusammensetzen. Eine Menge öffentlicher Urtheile über die Weimarischen Künstler und ihre Darstellungsweise sind uns erhalten. Hier sei nur auf einige wichtige hingewiesen, sowie auf die Art wie sich das und jenes Urtheil in den Gemüthern der Weimarischen Schauspieler spiegelt. Interessant ist folgende Stelle aus einem Briefe des Regisseurs Becker an Kirms (Lauchstädt 4. August 1804):

„In dem „Freymüthigen" sind wir sehr mitgenommen worden, und wie ich gehört, so ist ein guter Freund von des Herrn Falks Familie aus Halle, der es eingesendet. Auch in der Berliner Zeitung ist ein großer Aufsatz, wo unser Theater gegen das Berliner ganz herab gesetzt ist. Es heißt, kein ordentlicher Künstler könnte ja dort nicht sein, denn wer wollte sich denn wohl solche mechanische Übungen und Versuche welche die Direction vornehme, gefallen lassen? Es wäre ein Laboratorium, wo man Schauspieler hervorbrächte, für andere Theater, die sie dann erst ausbildeten, was aber dort bliebe wäre schlecht, die Jagemann sollte nicht denken daß sie was großes wäre, sie wäre just das geringe an diesem Theater. Ich habe das Blatt gelesen, es ist schändlich, und dies soll durch Jfflands

Verwenden von seinem Secretär Pauly, der letzthin
mit Bethmann in Weimar war, geschrieben sein, wie
ich von Berlin aus sicherer Hand habe; so schlecht
handelt Iffland. Sie werden den Brief gelesen haben,
welchen ich in der Eleganten Zeitung habe abdrucken
lassen wegen der Falkschen Geschichte. Da nun der
Einsender gewiß kein andrer ist als Falk, er aber
keinen Muth hat sich zu nennen, so wird die Gesell=
schaft es just mit ein paar Worten in dieser Zeitung
abmachen, dann mag er schreiben und thun was er
will. In dem letzten Blatt der Eleganten Zeitung
steht wieder ein langer Spaß über uns wo wir alle
als Don Carlos, Philipp, Posa, Moor ꝛc. und ich
als Sperling aufgestellt sind. Wie wir auf der Reise
hieher auf dem kalten Hasen ein Mittagbrod einge=
nommen haben, und dergl. Sie sagen wohl, man
soll nichts dazu sagen, aber schlimm wäre es, wenn
man erst so abgestumpft ist, daß man nicht mehr
empfindlich wäre, ob einen Lob, oder Tadel trifft.
Das ist ein schlechter Künstler, der für beydes kein
Gefühl mehr hat. Und obgleich der Geheimerath zu
allem so geschwiegen hat, so weiß ich doch, daß alles
dies was man auf ihn losgebrannt hat, einen großen
Theil seiner Unzufriedenheit ausmacht, und ihn öfters
sehr angreift und wenn er was sagen könnte, wider
solche Leute würde er es wohl thun, aber so erlaubt
es seine Lage nicht. Daß aber so ein Mensch wie
Falk noch trotzdem daß er so auf die Direction und
Schauspieler loslegt, doch immer noch in Weimar das
größte Publicum auf seiner Seite hat, wie ich be=

stimmt gehört, daß sich die halbe Stadt freut, daß man so ihre Schauspieler behandelt, das gibt wahrlich großen Muth in Weimar zu leben, da lobe ich mir andere Theater, da dürfte so etwas nicht geschehen; das Publicum wird es allemal mit dem Schauspieler halten, wir erleben das in Berlin und Leipzig. Die Unzelmann hat in Leipzig nicht gefallen, indem sie ihre Schauspielerinnen nicht muthlos machen wollen; in Weimar mag eine Anfängerin hinkommen, sie gefällt, das haben wir erlebt an der Maas, da sagten sie, sie hätten solche Schauspieler noch nicht gehabt. Nein, wenn man das alles so genau überlegt, so kann man sich nicht wundern, wenn dieses und jenes sich weg sehnt. Ja wenn nicht Goethe und Schiller, und Sie lieber Herr Hofkammerrath am Ruder ständen, so wäre ich auch der erste, der sich mit fort machte, denn was soll einen halten in Weimar, keine großen Gagen gibt es nicht, gesellschaftlich sind die Menschen auch nicht, Armuth auf allen Ecken wo man hin kuckt, ein Enthusiasmus ist auch nicht da, wie selten wird man trotz aller Anstrengung nur im geringsten dafür gedankt, und was hat der Schauspieler sonst, das bischen Gage geht an Kleider und nothdürftiges Essen und Trinken drauf, ach Gott es ist ein erbärmlich Leben."

Der bedeutendste Schauspieler, der aus Goethes Schule hervorgegangen ist, war der schon genannte Pius Alexander Wolff, bekannt als Dichter der „Preciosa". Er zeigt am deutlichsten, was Goethe gewollt hat. Als ein Mann

von Bildung und Geist, mit echtem Schauspielertalent
ausgestattet, hat er Goethes Lehren nicht als steife Regeln
sich angelernt, sondern sie wurden ihm zur zweiten Natur.
Wie er sie innerlich aufgenommen und verarbeitet hat,
das zeigen seine Bemerkungen „Über den Vortrag im
Trauerspiel" (1827). Er und seine Frau, eine Tochter
des alten Malcolmi und ebenfalls Goethes gelehrige
Schülerin, haben den Ruf von Goethes Schule und des
Weimarischen Theaters nach auswärts getragen und in
dem Goethischen Sinne am Berliner Nationaltheater
gewirkt, von den Anhängern der Weimarischen Schule
hoch belobt, aber auch von den Gegnern derselben ihrer
Begabung und ihres Könnens wegen anerkannt. Wolff
spielte am 17. Mai 1809 in Weimar zum erstenmal den
„Hamlet", seine Frau die Ophelia. Die Vorstellung
ließ, wozu gewiß eine längere Abwesenheit Goethes von
Weimar beigetragen hat, manches zu wünschen übrig.
Die von Mahlmann herausgegebene „Zeitung für die
elegante Welt" brachte eine Besprechung dieser Auf=
führung, wobei Wolffs Spiel einer eingehenden Betrach=
tung unterzogen ist. Der Recensent fand einzelnes vor=
trefflich, und lobte das tiefe Studium, das der Darsteller
dieser schwierigen Rolle gewidmet habe, daß er nirgends
in leeres Deklamiren, in hohlen Prediger= oder Professoren=
ton verfallen sei. Im Ganzen aber vermißte er an der
Darstellung die Einheit, und tadelte, daß der Darsteller
mit dem Geberdenspiel zu freigebig war, worunter die
tragische Würde gelitten habe. Diese Recension, sowie
einige andere in demselben Jahrgang der genannten
Zeitung, erregten nicht bloß das Wolffsche Ehepaar,

sondern brachten einen Sturm der Entrüstung in dem gesammten Personal hervor, das sich mit seltener Einmüthigkeit zur Bestrafung des unerhörten Verbrechens zusammenthat. Wolff meldet am 8. Juni des Jahres an Blümner, daß sein Leipziger Freund Dr. Stieglitz mit seiner interessanten Frau einige Tage in Weimar gewesen sei, und fährt dann fort:

„Um unsern guten Namen in Leipzig wieder herzustellen und die niederträchtigen Aufsätze in Mahlmanns Zeitung Lügen zu strafen, habe ich bei ihrem Hiersein eine Vorstellung des „Hamlet" veranstaltet (am 3. Juni), welche sie mit angesehen haben, und die gewiß keinen unangenehmen Eindruck bei ihnen hinterlassen hat. Meine Frau als Ophelia hat ein vollendetes Kunstwerk geliefert, und wenn ihr etwas vorzuwerfen ist, so ist es ihre Gestalt, sie ist nicht mädchenhaft genug zu dieser Rolle, allein das ist ein Vorwurf, der aus keinem Kennermunde kommen und die Künstlerin nicht treffen kann. Über meinen Hamlet will ich nicht selbst urtheilen, aber das kann ich behaupten, daß ich schwerlich eine Rolle finde, die ich mit mehr Liebe umfassen werde und worin ich mehr gefalle. Der Aufsatz in der „Eleganten Zeitung" ist so nichtswürdig und voll Lügen, daß sogar die Verse, die er darin anführt, gar nicht vorkommen, weil Goethe diese Stelle selbst übersetzt und nebst vielen anderen verbessert hat. Der Verfasser dieser unwürdigen Recensionen, welche in einer Reihe von Blättern Mahlmann herausgegeben hat, ist auf Befehl des Herzogs entdeckt worden. Es ist ein gewisser von Sariges, welcher sogar von der Polizei gefordert worden und nachdem er alles eingestanden, als ein Pasquillant aus der Stadt und über die Grenzen gebracht worden ist, welches Sie nächstens in allen deutschen Zeitungen lesen werden! Herr Mahlmann spielt eine schöne Rolle dabei!"

Das Vorgehen des gesammten Personals, die Haltung der Commission, die Entscheidung des Herzogs lernen wir aus folgenden Actenstücken kennen:

"Hohe Herzogliche Hoftheater Direction!

Im gerechten Vertrauen auf den edlen Schutz einer Anstalt, die durch Begünstigung eines weisen Fürsten und durch Pflege einer allgemein geachteten Direction zu einer so namhaften und ehrenwerthen gedieh, daß sie seit Jahren als eine der ersten Deutschlands anerkannt und genannt wird, erbitten die Mitglieder des Fürstl. Hoftheaters die Verwendung der Hohen Direction, um die Gerechtigkeit und Huld des erhabenen Beschützers gegen öffentliche Pasquille zu erhalten.

Seit geraumer Zeit hat in einer Reihe von Briefen, die in der Eleganten Zeitung abgedruckt sind, ein Individuum in Weimar, das höheren Orts bereits genannt ist, im Schirm feiger Anonymität, das hiesige Hoftheater als handwerksmäßig und gemein zu schänden und herabzuwürdigen gewußt.

Wie nun jeder Einzelne über derlei hämische Aufsätze, die keineswegs den Geist einer vernünftigen Kritik aussprechen, unbekümmert war, da ihm so manchen Abend die Gelegenheit geblieben, eine treffende Bemerkung in seinem Nutzen zu verwenden, oder die feindselige durch die That zu entkräften, so fodert doch im gegenwärtigen Falle das Selbstgefühl uns auf, ohne welches wir unwerth wären das hiesige Theater zu betreten, welches wir auch durch sittliche Aufführung zu erhalten bemüht sind — und die Achtung jenes Vorzugs im Dienste unseres erhabenen Fürsten, unter Leitung eines Goethe unsere Kunst ausüben zu dürfen — daß wir die öffentliche Ehre der ganzen Anstalt in der Gerechtigkeit Höchst Sr. Durchlaucht selbst gerettet wünschen.

Wir imploriren die hohe Verwendung unserer geachteten Vertreter der Fürstl. Theater Commission jene Gunst die Seine Durchlaucht jedem ihrer Diener gönnen uns in einzig competenter Vermittlung so zuzuwenden, daß der Verfasser der Briefe als hämischer Pasquillant und Verläumder einer guten Anstalt von Weimar entfernt und durch polizeiliche Gewalt zu offenbarer Genugthuung gezogen werde.

Wir werden dafür so wie für diese Gnade des edlen Fürsten, den Deutschland mit Recht einen Beförderer und Erhalter wissenschaftlicher und artificieller Ausbildung nennt, durch fortgesetzt thätiges Bestreben die Ehre des Theaters zu rechtfertigen und ferner zu erhalten bemüht bleiben und verharren mit Bitte daß gegenwärtiges Schreiben schnell vor die höchste Behörde gebracht werde, in schuldiger Er-

gebenheit und unausgesetzter Hochachtung der fürst=
lichen Direction
  Weimar d. 1. Juni 1809.
              gehorsamste Diener
              die Mitglieder des hiesigen
              Hoftheaters."
Folgen sämmtliche Unterschriften.*)

„In dem originaliter beyliegenden Schreiben der sämtlichen Mitglieder des hiesigen Hoftheaters bitten dieselben, daß der Verfasser, der seit einiger Zeit in anonymen Briefen, welche in die Zeitung für die elegante Welt eingerückt wurden, ihren Namen ver= unglimpft und sie zu handwerksmäßigen Spielern herabgewürdiget, durch richterliche Gewalt zu offen= barer Genugthuung gezogen werden möge.

 Ew. Herzogl. Durchlaucht Hoftheater=Commission hat seit geraumer Zeit nicht allein in dieser Eigen= schaft sondern auch als unbefangener Zuschauer dieser nach immer größerer Ausbildung strebenden Künstler dergleichen ungegründeter, hämischer Tadel Verdruß und zugleich den Wunsch erregt, daß ein kräftig wirk= endes Mittel ergriffen werden könne, die Ausübung dieses um sich greifenden Krittler Handwerks, das den Geist der wahren Kritik deutscher Kunst verdrängt und den Künstler muthlos macht, zu hindern.

 Um so mehr freuen wir uns, daß sich das reine

---

*) Der Verfasser dieses Schriftstückes ist dem Stile nach der Schauspieler Graff.

Ehrgefühl des hiesigen Theaterpersonals in beyliegendem Schreiben freywillig ausgesprochen und dasselbe sich einer vernünftigen Kritik, aber keiner gedungenen Verläumbung unterworfen hat.

Dieses billige Gesuch daher gern unterstützend, verfehlen wir nicht, Ew. Herzogl. Durchl. dasselbe unverzüglich darzureichen und Höchst Dieselben um eine Verfügung zu bitten, wodurch dergleichen Unfug für die Zukunft vermieden werden möge.

Mit tiefster Devotion verharren wir unausgesetzt

Weimar Ew. Herzogl. Durchlaucht
am 1. Junii unterthänigst treu gehorsamste
1809. Herzogl. zur Hoftheater Commission allhier
gnädigst Verordnete

Kirms Kruse"

(Goethes Unterschrift fehlt.)

„C. A.

pp. Wir lassen Euch in anliegender Abschrift den Bericht der Hoftheater Commißion, der sich auf eine Beschwerde der Mitglieder des Hoftheaters bezieht, mittheilen, und begehren dabey gnädigst, Ihr wollet den Urheber der unschicklichen Kritiken, worüber Beschwerde geführt wird, ausfindig machen, und falls er ein Fremder ist, der sonst keine nützlichen Geschäfte hier treibt, ihm insinuiren lassen, daß er seinen Aufenthalt anderwärts nehmen solle.

An dem p. und p. Gegeben
Weimar den 5 Juni 1809."

(Gegengezeichnet von Goethe und Voigt.)

Einen hübschen Beitrag zur Charakteristik Wolffs, seines Verhältnisses zu Goethe und seiner Stellung als Repräsentant der Weimarischen Schule bietet folgende Stelle aus einem Brief, den er, bei dem ersten Berliner Gastspiel mit seiner Frau, an Goethe geschrieben hat (Berlin, 11. Mai 1811):

„Euer Excellenz!

Man muß reisen, eine Bühne von so großem Ruf wie die hiesige genau kennen lernen, um das Glück doppelt und in seinem ganzen Umfange zu fühlen, unter der Direction von Ew. Excellenz zu stehen, und wenn meine Verehrung vor dem hohen Geiste, der uns regiert, noch zunehmen könnte, sie müßte bei dem Anblick dieses Greuels zum Riesen werden. Wir haben hier die günstigste Aufnahme gefunden, ich kann und darf aber auch ohne alle Arroganz behaupten, das Publicum hat vor uns noch keine reine Declamation auf der Bühne gehört. Man kann sich keinen Begriff machen, wie diese Menschen mit den Versen umspringen, und ich wünschte nur jeden unzufriedenen Weimaraner auf fünf Minuten bei der Aufführung eines versifizirten Trauerspiels hier zu haben. Die Schauspieler und das Publicum klagen unaufhörlich über die Größe des Theaters, über ein Echo und die Unverständlichkeit beim Vortrage und wundern sich, daß wir bei schwächeren Organen als die meisten der hiesigen Schauspieler so deutlich und hörbar sprechen. Dies Räthsel ist aber sehr leicht zu lösen; man ist hier gewöhnt alles nur im Profil zu bewundern, wir

brauchen nicht mehr Stimme als in Weimar, um
ganz deutlich zu werden."

In den Auslassungen Wolffs und anderer Weimari=
scher Schauspieler beeinflußt ein gerechtfertigter Local=
stolz das Urtheil; sie rühmen sich, und dies mit Recht,
der Vorzüge ihrer Kunstrichtung, und sind blind für
die Nachtheile und Schwächen, die im Laufe der Jahre
immer bedenklicher sich herausbildeten. Man hat die Ein=
seitigkeit der Richtung angegriffen, die Pedanterie, mit der
sie in den späteren Jahren durchgeführt wurde, belächelt
und von „Dressur" gesprochen. Hochgebildete, urtheils=
fähige Theaterkenner, die Aufführungen der Weimarischen
Truppe sehen konnten, haben den Mangel selbständiger
künstlerischer Individualitäten verspürt, und waren be=
sonders darin einig, daß hier alles auf ein durchschnitt=
liches Mittelmaß gebracht sei, daß Unwahrheit, Manierirt=
heit unter den Schauspielern Platz gegriffen haben. So
hatte der geistvolle F. L. W. Meyer, Schröders Biograph,
dessen theatralisches Urtheil ganz im Geiste jenes großen
Schauspielers gebildet war, 1810 einer „Tell"=Aufführung
in Lauchstädt beigewohnt, und schrieb darüber an Schröder:
„Heißt das Ensemble, daß sämmtliche Herrn und Damen
in Gottes Namen ihre Rollen vertauschen können und
ziemlich einer gespielt haben würde wie der andere, so
läßt sich dieser Gesellschaft das Ensemble nicht absprechen."
Graff erschien ihm zu sehr verweimart; er tauge nur für
diese Bühne und ihre höchst conventionelle Manier.
Haide, der Darsteller der Titelrolle, sei in dieser Schule
ganz untergegangen und habe verlernt aus dem Herzen

und zum Herzen zu reden. Dem Ehepaar Wolff rühmt er als höchstes Lob Brauchbarkeit und eine größere Ausbildungsfähigkeit nach; manierirt seien sie aber wie die andern. Ein „statuenartiges Spiel scheint hier plastisch genannt zu werden". Und der Curiosität halber seien hier einige wenig gekannte Urtheile von Friederike Unzelmann-Bethmann mitgetheilt, die sie von Weimar aus an ihren Mann schreibt (15. Juni 1815): „Vorgestern gingen wir ins Theater und sahen „Johann von Paris", es gefiel mir besser wie bei uns, weil die Jagemann viel besser spielte und aussah und Strohmeyer viel besser sang und spielte als die Müller und Rebenstein; das Orchester ist unter aller Kritik.... Im Theater sahen wir (gestern) „Adolf und Clara" (Singspiel von d'Allayrac), wo nur Carl allein gut war, die Heygendorf war recht schlecht; dann „Die Mitschuldigen", da waren alle schlecht. Wie überhaupt das Theater recht elend ist und besonders war Herr Wolff ganz miserabel und elend." Über eine Aufführung der Oper „Camilla" (von Paer) schreibt sie einige Tage darauf: „Ich ging mit großen Erwartungen ins Schauspielhaus, wurde aber gewaltig getäuscht; Herr Strohochse*) ist mit Fischer gar nicht zu vergleichen; seine Stimme ist sein Alles, er singt schlecht, das heißt ohne allen Geschmack und spielt wirklich wie ein Stroh- oder Eisenmann, dabei geberdet er sich äußerst unedel und nonchalant. Deine ehemalige Vergötterte (Frau von Heygendorf) sang zu schlecht und spielte die ganze Rolle elend bis auf einen einzigen Moment.... Der

---

*) Gemeint ist der Bassist Stromeyer.

junge Herr Genast, von dem der Papa so eingenommen ist, daß er sagt, er hätte eine Stimme wie Strohmeyer, spielte... wie eine Latte, hatte sich aber ein paar Waden ausgestopft, wogegen dem dicken Koch seine nur Pfeifenstiele sind; dabei die andere Figur so mager, wie der lange Weber; überhaupt scheint das Ausstopfen und das monoton sein die Haupteigenschaft der Schauspieler von Weimar zu sein. Madame Wolff hielt zu Ehren der Großfürstin eine Rede, im Klingelton, und hatte bei einem ganz reichen Kleide keinen Fächer in der Hand; das ist akurat, als wenn ein Mann bei einer solchen Gelegenheit ohne Hut erscheinen wollte. Überhaupt wissen alle nicht was sich schickt."

Am kühnsten aber und verwegensten benahm sich ein Kritikus in einer anonym erschienenen Schrift "Saat von Göthe gesäet dem Tage der Garben zu reifen. Ein Handbuch für Ästhetiker und junge Schauspieler. Weimar und Leipzig 1808." Das Büchlein schließt sich an das Gastspiel der Weimaraner in Leipzig (1808) an. In einem unerhörten Tone, mit der giftigsten Gehässigkeit wird hier gegen Goethes "Pflanzschule" und seine Pflanz= schüler geeifert; seine Kunstregeln, besonders die in der Unterweisung der Schauspieler gelehrten, werden als "Geheime Statuten, oder Theater=Gesetze und Regeln des löblichen Idealisten=Ordens" ins Lächerliche gezogen und in übertriebenster Weise parodirt. Der Verbindung von Goethe und Schiller wird die Verbildung des Weimari= schen Theaters zugeschoben, "und die, wenngleich un= sterblichen Meisterwerke beider merkwürdigen Männer sind, wenn dem Unwesen nicht mit Kraft entgegen=

gearbeitet wird, mit dem Untergange der deutschen Bühne erkauft." Aber der eigentlich Schuldige, meint der Anonymus, war Goethe, und Schiller nur der in seiner Gutmüthigkeit Gemißbrauchte. Der Verfasser verkennt im großen Ganzen — bei aller Anerkennung im Einzelnen — Goethe als Dichter; aber er besudelt ihn auch als Menschen, wenn er mit frecher Stirne behauptet, Goethe habe ins Schauspielwesen gepfuscht, bloß um darin eine vollständige Umwälzung hervorzubringen, also aus keinem anderen Grunde als aus Eitelkeit. Denselben Vorwurf macht er ihm als dramatischem Dichter. Und er versteigt sich zu der Behauptung, Goethe habe gegen sein besseres Wissen und Gewissen, gegen seine Überzeugung die Kunst und insbesondere die Schauspielkunst auf Abwege geführt, indem er sie zur Darstellung des dem deutschen Charakter völlig widerstrebenden Trauerspiels hinaufgeschraubt, und die eigentliche deutsche Nationalgattung, das Schau- und Lustspiel, unterdrückt habe. In eingehenden Besprechungen sämmtlicher Aufführungen in Leipzig werden die einzelnen Mitglieder scharf und, bei aller Anerkennung wirklicher Talente wie der Jagemann, des Wolffischen Ehepaars u. s. w., nicht ohne gehässiges Vorurtheil charakterisirt. Fast auf jeder Seite schreien Neid, Bosheit und Ungerechtigkeit in häßlichen Tönen, und das Übelwollen des Kritikers liegt klar am Tage. Aber dennoch steckt hinter dieser Decke ein gut Stück Wahrheit; und die praktische Einsicht des gebildeten Verfassers in die Schauspielkunst ist nicht zu bezweifeln. Er ist ein leidenschaftlicher Vertreter jener Darstellungskunst, in der die Ausgestaltung einer Rolle zum lebendigen Charakter verbunden ist mit sinngemäßer Declamation. Diese Verbindung vermißt er bei den „verbildeten Seminar=Schauspielern" der Goethischen Schule, wo der einseitigste Idealismus, die pathetische, manierirte Declamation, und eine in an= gelernten Äußerlichkeiten bestehende, nicht minder manie= rirte Mimik und Körperbewegung die natürliche Wahr= heit, wie er sie an seinem Ideal Schröder bewunderte, verdrängt haben.

Wäre das alles ruhig und objectiv entwickelt, so hätte das Buch einen Werth als kritische Zeitstimme. So aber ist es ein aus niedrigen persönlichen Motiven, aus Rache gegen Goethe und das Weimarische Theater ent= sprungenes Pamphlet.

Der Verfasser war der Schauspieler Carl Reinhold (eigentlich Zacharias Lehmann), welcher nach achtjähriger Thätigkeit als Regisseur am Schleswiger Hoftheater 1806 mit seiner Frau Engagement in Weimar suchte. Die Gesellschaft weilte damals in Lauchstädt und dem Ehe= paar wurde daher ein Gastspiel nach Wiedereröffnung des Theaters in Weimar bewilligt. Jedoch wurden vorher bereits die Contracte abgefaßt und zwar gültig bis Ostern 1810, welche Verbindlichkeitsfrist aber nach dem im September stattgehabten Gastspiel bis Michaelis 1807 verkürzt wurde. Mit dem für das Gastspiel zu Grunde gelegten Contract traf in Lauchstädt, wo das Ehepaar damals weilte, ein von Kirms unterzeichneter Brief ein, der aber von Goethe abgefaßt, dictirt und im Concept eigenhändig corrigirt worden war. Er lautet:

„Dem Herrn Geheimerath von Goethe habe ich den Inhalt Ihrer Zuschriften mitgetheilt und darauf folgendes nunmehr erwiedern wollen.

Ohngefähr den 30. August wird die Weimarische Bühne eröffnet und es werden Ihrer jungen Frau in der Oper und Ihnen in dem Schauspiel, welches bey uns nur selten geschieht, einige Gastrollen zugestanden, und dafür ein billiges Honorarium verwilligt, im Fall kein Engagement zu Stande kommen sollte.

Was bey unsrer Bühne überhaupt und besonders in gegenwärtigem Fall in Betracht kommt, besteht vorzüglich in Folgendem.

Es finden bey uns eigentlich keine Rollenfächer statt; sondern jedes Mitglied wird nach seinem Alter und seiner Persönlichkeit mit Rollen versehen, wobey die Direction ohne Einrede ihrer Überzeugung folgt, jedoch so viel als möglich die Wünsche ihrer Mitglieder im Auge hat, und wenn sie gleich die älteren niemals zurücksetzt, doch auch den Neuantretenden Gelegenheit sich zu zeigen genugsam zu verschaffen weiß.

Gegenwärtig werden ernsthafte Alte von Herrn Graff, gutmüthige und launichte von Herrn Malcolmi, komische durch Herrn Becker gespielt; und so werden Sie erst nach und nach in bedeutende Rollen eintreten können.

Eben so wird Ihre Frau Liebste in Betracht ziehen, daß in den Opern bisher die vorzüglichen Rollen durch die Demoiselles Jagemann und Ambrosch besetzt sind; jedoch bey neuen Austheilungen soll es derselben auch an dergleichen nicht fehlen.

Nicht weniger tritt der Fall ein, daß gelegentlich, hier oder auswärts, eine fremde Sing=Partie zu übernehmen ist, auch eine Alternation statt findet; wobey man ein gefälliges Mitwirken voraussetzt. Eben so versteht es sich, daß Sie beyde sich von den allgemeinen Dienstleistungen und herkömmlicher Assistenz nicht ausschließen.

Da bis Ostern gar kein Abgang seyn wird, so ist auch die Ihnen verwilligt werdende Gage eine außerordentliche Ausgabe.

Ihrer Frau Liebsten können daher bis zu gedachtem Termin nur 7 rh. Gage und 1 rh. Garderobegeld, Ihnen aber 6 rh. Gage und 1 rh. Addition, 15 rh. zusammen verwilligt werden.

Von Ostern an würden Ihrer Frau Liebsten 2 rh. und Ihnen 1 rh. zugelegt.

In der Regel hat niemand ein Recht zu verlangen, daß ihm von Seiten der Direction Kleidungsstücke angeschafft werden, da deshalb die Garderobegelder und Additionen ausgesetzt sind; doch ist manches in der Garderobe, welches mitgetheilt wird, auch geschieht etwas bey außerordentlichen Fällen. Doch hängt dieses blos von dem Ermessen und dem guten Willen der Direction ab.

Sie erhalten in der Beylage einen Contract der diese Bedingungen kürzlich enthält, und wodurch Sie sich zu dem hiesigen Theater engagiren, wenn die zugestandenen Gastrollen, wie wir wünschen, glücklich ausfallen sollten.

Man setzt voraus, daß Ihr letztes Engagement

nicht einseitig von Ihnen aufgehoben worden, daß also von dorther keine Einsprüche geschehen können."

Darauf äußerte Reinhold einige Bedenklichkeiten: er sei nicht zu Rollen verbindlich, die seinem bisher bekleideten Fache (zärtliche und launige Alte, alte Chevaliers) gänzlich entgegen seien, wie etwa junge Liebhaber; und dann könne er sich nur verpflichten, sogenannte französische, d. i. moderne Kleidung sich selbst zu beschaffen. Goethe erwiderte ihm darauf in einem (ungedruckten) Briefe vom 24. August: „Was Ihre geäußerten Bedenklichkeiten betrifft, so versteht sich bei dem 3. Artikel von selbst, daß niemand zu Rollen, die seiner Gestalt, seinem Alter und überhaupt seinem ganzen Wesen widersprechen, aufgefordert werde." Und an Kirms schrieb er am 26.: „Da eine Gelegenheit nach Weimar geht, so schicke ich sogleich die zu der Reinholdischen Sache gehörigen Papiere; die Art, wie der Mann sich benimmt und ausdrückt, mißfällt mir nicht, und ich bin über seine Bedenklichkeiten nur leicht und im Allgemeinen hingegangen." Die beiden scheinen aber nicht den an sie gestellten künstlerischen Anforderungen entsprochen zu haben; am 27. März 1807 gibt die Theatercommission dem Ehepaar einen zarten Wink, daß man wünsche von ihnen befreit zu sein: „Da man nicht voraussehen kann, was die Zukunft enthüllen wird, so kann man auch ohnmöglich durch Stillschweigen den Contract bis zu Ostern 1810 verlängern, sondern findet für nöthig, dem Herrn und der Madam Reinhold hiermit zu erklären, daß man sich die Befugniß vorbehalte, den Contract von Michaelis 1807 an, nach vorgängiger dreimonatlicher Aufkündigung, welche Befugniß natürlicher Weise denselben auch zu statten komme, zu jeder Zeit aufheben zu können." Darauf erklärte Reinhold, wenn man seinen Contract nicht sofort aufkündige, betrachte er ihn als stillschweigend bis Michaelis 1808 verlängert. In Folge dessen erhielt das Paar die Aufkündigung zu Michaelis 1807.

Reinhold war darüber aufgebracht, daß Goethe ihn, da ihm (nach dem Zeugniß eines Zeitgenossen) Darstellungstalent gänzlich mangelte, in ganz untergeordneten Rollen verwendete. Er machte jedoch noch die Leipziger Campagne mit; und hier erfolgte auch in seinem unerquicklichen, ja schmutzigen Privatverhältniß eine Katastrophe. „Mlle. Jagemann hat die Reinholdischen sogenannten Eheleute getrennt. Mad. Reinhold heißt nun Mad. Spengler und wohnt bei ihren Eltern. Wie haben wir uns dabei zu verhalten? Wir können sie nicht eher als Mad. Spengler auf den Zettel setzen, bevor wir nicht von der Herzoglichen Theatercommission dazu autorisirt sind. Ich glaube, Sie lassen den Herzog bei Anwesenheit der Jagemann darüber entscheiden, daß Sie mit Goethe darüber nicht in Collision kommen...." (Genast an Kirms 24. Mai 1807.) Dazu kam noch eine Schlägerei mit Unzelmann, welche seine Unbeliebtheit namentlich bei den Regisseuren steigerte; und Genast sowohl wie Becker wird in jenem Pamphlete nächst Goethe am schlimmsten mitgespielt.

Reinhold hat übrigens bald aus besserer Einsicht der Bühne Valet gesagt, sich der Wissenschaft, besonders philosophischen und ästhetischen Studien zugewandt und

viele Jahre später als Schriftsteller die Thorheit seiner
Jugend — er schrieb das Pamphlet als Dreißigjähriger
— durch eine freiere Betrachtung und Beurtheilung der
klassischen Zeit Goethes und Schillers gesühnt.

Da der zugewiesene Raum nicht gestattet, ein ganzes
Capitel „Disciplin" zu geben — das Material dazu ist
in überreichem Maße vorhanden — so mögen hier die
interessantesten Einzelfälle herausgehoben werden. Sie
reihen sich an das Capitel „Schauspielkunst und Schau=
spieler" in so fern an, als sie zumeist hervorgegangen
sind aus dem Widerstreit der unlenksamen, aufbrausenden,
egoistischen Schauspielerindividualitäten gegen die festen
Normen eines gesetzlich geordneten Gemeinwesens. Wenn es
darauf ankam, ließ Goethe nicht mit sich spaßen. Er litt
keinen Widerspruch des Einzelnen, wenn er, seinen Blick
auf das Ganze gerichtet, im guten Bewußtsein der höheren
Einsicht handelte, daß wie in der Kunst so auch in jedem
geordneten Gemeinwesen die wahre Freiheit sich auf das
Gesetz stützen müsse. Ein gewisser bureaukratischer Zug
geht durch die ganze amtliche Wirksamkeit Goethes; aber
niemals verknöcherte er so weit, daß nicht zum Schlusse
doch immer das Rein=Menschliche zum Durchbruch ge=
kommen wäre. Trotz Theatergesetzen und Regievorschriften,
trotz strengster Disciplinarstrafen, unter denen Hausarrest
und Arrest auf der Hauptwache das äußerste waren, trotz
der moralischen Macht von Goethes Persönlichkeit war
dauernde Ruhe und innerer Friede, vollkommene Unter=
ordnung unter den Willen der Oberleitung nicht zu erzielen;

und Goethes Groll machte sich oft in heftiger Weise Luft. „Ich lasse", schreibt er einmal an Kirms (27. Aug. 1799), „so manches in seinem alten Schlendrian hingehen, dagegen wünschte ich nicht, wenn ich einmal etwas auf eigene Weise einrichten will, gleich Widersetzlichkeit und Unannehmlich= keiten zu erleben. Es ist das gerade der Weg mir das Theater wieder für den nächsten Winter zu verleiden."

Es bestanden am Weimarischen Theater von Anfang an gewisse Einrichtungen, die, wenn sie auch viele Jahre hindurch dem Anprall der künstlerischen Launen und der Eitelkeitsausbrüche der Schauspieler Stand gehalten haben, doch endlich gelockert wurden, so sehr sich auch der con= servative Goethe dagegen sträubte. Es läßt sich darin ein Herausschreiten in Lebensverhältnisse erkennen, die im All= gemeinen den umgeänderten moderneren Lebensbedingungen entsprachen, im Besonderen aber die Stellung kennzeichnen, die der Schauspieler, im Bewußtsein, nach Absolvirung der künstlerischen Lehrjahre auch in eine höhere soziale Schicht eingetreten zu sein, im Rahmen des Kunst= institutes anstrebte.

In einer Instruction an die Regie nach Lauchstädt 1796 heißt es: „Keines von den Mitgliedern des Theaters darf sich ausschließen, in Opern und Stücken mitzusingen oder Statisten zu machen, wenn auch gleich eines oder das andere in Opern und Stücken gespielt und Rollen an andere abgegeben hätte. Wer sich davon ausschließt oder von Proben gar wegbleibt oder sich sonst gesetz= widrige Unordnungen erlaubt, wird ohne Rücksicht, so= bald die Sache zur Kenntniß der Oberdirection gelangt, nach derselben Ermessen zu empfindlicher Strafe verdammt

werden."*) Diese Instruction war damals durchaus nichts
Neues, sondern nur die Auffrischung eines von Anfang
an geübten Gebrauches, auf dessen Einhaltung sich die
neuengagirten Mitglieder in ihren Contracten verpflichteten.
Auch die Theatergesetze enthielten einen darauf abzielenden
Paragraphen. Zu dieser Maßregel drängte vor allem die
harte Noth. Die mehr als bescheidenen Mittel gestatteten
nicht die Anstellung von Statisten oder eines eigenen
Chorpersonals. Bekannt ist ja, daß zu beiden Zwecken
die Schüler des Gymnasiums und des Seminars aus=
helfen mußten und dies in einer Weise, durch die der
Unterricht schwer geschädigt wurde. Herder schritt (1802)
als Ephorus des Gymnasiums gegen die „Anmaßung"
der Theaterdirection ein; aber ohne Erfolg, denn Goethe
erklärte rundweg, daß man „von Seiten fürstl. Theater=
commission, ohne Mitwirkung des Chores, die Aufführung
der Oper nicht zu leisten im Stande wäre". Erst 1807
wurde diesem Unfug endgültig gesteuert. So mußten ferner
sämmtliche Mitglieder in Stücken, wo sie nichts zu thun
hatten, im Chore mitsingen (in Opern, wo sie beschäftigt
waren, mußten sie außerhalb Weimars den Chor aus
der Coulisse heraus verstärken) und Statistendienste thun.
Einige bevorzugte Mitglieder hatten sich davon zu befreien
gewußt, und dies erregte den berechtigten Unwillen der
anderen. Die männlichen Mitglieder suchten am 16. October
1811 bei der Theatercommission um Befreiung von dem

---

*) „sobald — verdammt werden" eigenhändig von G. für die
mildere Fassung von Kirms: „im Rapport der Oberdirection an=
gezeigt, welche den Nachlässigen und Widerspenstigen in die Ord=
nung zu weisen nicht unterlassen wird."

entwürdigenden Dienste an, wurden aber durch folgenden, von Goethe verfaßten Erlaß der Commission abschlägig beschieden:

„Wenn Herzogliche Commission den Mitgliedern des hiesigen Hoftheaters bey allen billigen Wünschen gern entgegen kommt, so muß es ihr desto unangenehmer seyn, das vorliegende Gesuch, um Befreyung vom Statistengeschäft nicht gewähren zu können. Wer die Verfassung des hiesigen Theaters mit unbefangenem Blick überschaut, wird sogleich einsehen, daß eine solche unbedingte Befreyung eine Unmöglichkeit ist. Ja das eingereichte Schreiben giebt hievon selbst den Beweis, da es nur von männlichen Mitgliedern unterschrieben, darauf hindeutet, daß die Frauenzimmer, nach der Lage der Sache keinen Anspruch an eine solche Befreyung weder machen können noch werden.

Herzogliche Commission kann ein durch so viele Jahre geltendes, durch alle geschlossene und erneuerte Contracte bestätigtes Herkommen, selbst wenn sie wollte, nicht aufheben, weil, indem sie eine geringe, aus dem Metier selbst sich ergebende Unannehmlichkeit dem Schauspieler abnähme, sie sich für alle Folgen verantwortlich machte, welche daraus entspringen könnten, und keineswegs zu übersehen sind.

Übrigens kann Herzogliche Commission diese abschlägliche Resolution mit desto mehr Beruhigung fassen, als schon bisher die Obliegenheit, als Statisten aufzutreten, mit besonderer Schonung gefordert worden, und die Regie den Auftrag hat, auch künftighin auf gleiche Weise zu verfahren; wogegen man überzeugt ist, daß niemand sich seiner contractmäßigen Schuldigkeit zu entziehen gedenken werde."

Durch diesen Bescheid fühlte sich namentlich Wolff tief gekränkt und verlangte in einem heftigen Schreiben an die Commission gleiche Rechte mit Stromeyer; dieser war nämlich hauptsächlich der Bevorzugte, der vom Statistendienst sich frei gemacht hatte. Goethe war ob dieser Erhebung seines Zöglings unwillig und es entstand eine längere Spannung zwischen ihnen. Erst 1812 wurde festgesetzt, daß künftig diejenigen Mitglieder, welche die ersten Fächer besetzten und neun Jahre dem Theater angehörten, vom Statistendienst befreit werden sollten. Am 6. März 1813 wurde diese Bestimmung zum Gesetz erhoben, mit der Veränderung, daß aus den neun Jahren zehn gemacht wurden.

In welch bureaufratischer Weise Goethe am Geschäftsgang festgehalten wissen wollte, zeigt folgender Fall.

Frau Wolff hatte Stoff zu einem neuen Costüm verlangt und war von Kirms auf den commissarischen Weg verwiesen worden. Darauf schrieb Wolff an Kirms, den er ohnehin nicht leiden mochte, ein sehr grobes Billet, worin er in sehr kategorischem Ton die schnellste Erfüllung des Wunsches seiner Frau verlangte. Kirms beschwerte sich bei der Commission, worauf sich Goethe an dieselbe folgendermaßen vernehmen läßt:

„Unsere guten Schauspieler werden sich wohl niemals in einen Geschäftsgang finden, so wenig als in Subordination, da es ihnen viel bequemer und angenehmer dünkt, die Sache nach Belieben, wie unter ihres gleichen, abzuthun. Herzogl. Commission hat daher von ihrer Seite bey den einmal gut gefundenen Einrichtungen immer wieder zu bestehen und solche aufs neue einzuschärfen.

In dem gegenwärtigen Falle würde ich rathen, auf eine nächste wöchentliche Austheilung nochmals die Erklärung zu setzen, daß alles dasjenige was Schauspieler an Herzogliche Commission bringen wollen, nicht durch Billette an einzelne Glieder derselben, sondern entweder durch eine auf Herzoglichem Hofamte zu besorgende Registratur oder durch ein schickliches Schreiben Herzoglicher Commission vorzulegen sei.

Jena den 20. Apr. 1810.

Goethe."

Es ist interessant zu sehen, wie sich die Direction zu den Privatverhältnissen der Schauspieler stellte. So handelte es sich 1809 um die Trennung von Carl Unzelmann und seiner Frau (geb. Petersilie). Darüber schreibt Goethe in einem Pro Voto an die Commission (4. Aug. 1809):

„Herzogl. Commission hat dergleichen Dinge weder zu befördern noch zu hindern, doch möchte es gut sein, sich umzuthun, wie eigentlich das Verhältniß der beiden Personen zu einander steht. Ist es gar nicht wieder herzustellen, so wäre es freilich eine Wohlthat wenn sie getrennt würden."

Strenger vom Standpuncte der Disciplin mußte ein anderer Ehescheidungsfall genommen werden, über den Goethe an die Commission schreibt (7. Aug. 1809):

„Die Köpkische Sache betreffend, so kann man wohl zufrieden sein, daß die beiden Eheleute sich trennen. Daß er ihr nur so wenig zugesteht, wäre bedenklich, ob sie es gleich zufrieden ist, wenn man ihn nicht auch zu verabschieden dächte. Die nöthigen Expeditionen deshalb überlasse ich ganz; nur wünschte ich, daß in der Verordnung an ihn, eine Commination ausgedrückt würde, und wenn es ganz namentlich die Hauptwache wäre, wenn er sich unterstünde gegen seine Frau thätlich zu verfahren. Wir lehnen bei der Commission, wie billig, alles ab, was außertheatralisch scheinen könnte; aber wenn ein Mann seiner Frau die Augen blau schlägt, so kann das sehr theatralisch werden, wenn sie gerade an demselben Abend eine Liebhaberin zu spielen hat. Es sollte deswegen bei dieser Gelegenheit sehr deutlich ausgesprochen werden, daß ein Acteur, der seine Frau prügelt, von Commissionswegen sogleich auf die Hauptwache geführt wird."

Köpke hatte sich auch ungebührlich gegen die Schauspielerin Engels benommen, worüber sich Goethe an den Commissionssecretär Witzel (Jena, 11. August 1809) äußert:

„Beyliegendes Schreiben der Demoiselle Engels wäre fürstl. Commission zu übergeben, und Herr Köpke über das Anbringen zu vernehmen. Man sollte mit diesem Manne, der noch immer den Comödianten fortspielt, und nicht begreifen will, was ein Weimarischer Hofschauspieler sei, einmal Ernst machen und ihn ohne viel Umstände auf die Hauptwache setzen: denn nach

der bisherigen Weise hat seine Frau die Prügel und
Demoiselle Engels die Grobheiten weg und fürstl. Com=
mission ist als wenn sie nicht da wäre. Bringt uns
ein gutes Geschick nächsten Herbst zusammen, so wird,
will's Gott, keine Unart ungeahndet hingehen. Denn
bey unserm Theater kommt es mir oft wie bei der hiesigen
Academie vor: es ist als wenn die Welt nur für die
Groben und Impertinenten da wäre, und die Ruhigen
und Vernünftigen sich nur ein Plätzchen um Gottes=
willen erbitten müßten."

Der Schauspieler Oels hatte eine ihm überwiesene
Rolle zurückgeschickt, worauf Goethe der Commission vor=
schlug, ihm bis auf weiteres seine Gage vorzuenthalten
(20. April 1809):

„Daß dieses geschehen, wäre Herrn Oels durch
eine Verordnung zu notificiren, und ihm dabey zu
bemerken, daß er die Gage nicht eher erhalten würde,
als bis er die Rolle zurückgenommen und dieselbe
spielen zu wollen erklärt. Der gute Oels danke doch
ja Gott, daß man ihn erträgt, und poche nicht auf
ein Talent, das täglich zurückgeht."

Goethe mußte sich oft gegen den Hochmuth und die
Arroganz einzelner Schauspieler kräftig zur Wehre setzen.
So hatte sich der Schauspieler Deny (1809) unterfangen,
„fürstlicher Commission einen Termin zu setzen, wann sie
ihm Resolution ertheilen solle". „Wenn es so fortgeht",
fügt Goethe hinzu, „werden wir noch angenehme Sachen
erleben."

Es war ein strenger Grundsatz der Weimarischen Theaterleitung, kein Mitglied auf einem fremden Theater spielen zu lassen. Goethe wollte sich nicht die Früchte seiner Mühen von anderen Theatern wegnehmen lassen. Bekannt ist, mit welcher Strenge Wilhelmine Maas, nachdem sie ohne Goethes Erlaubniß in Berlin gastirt hatte und auch engagirt worden war, nach ihrer Rückkehr bestraft wurde: sie erhielt acht Tage Hausarrest, mit einer Schildwache vor die Thüre, die sie selbst bezahlen mußte. Folgender Brief Ifflands an Kirms bezieht sich auf diesen Fall:

„Mein verehrter Freund!
Über das Verhältniß mit der künftig hiesigen Anstellung der Dem. Maas, über die Anträge welche ihr hier von Danzig und Frankfurt gemacht worden, darüber daß ich vor irgend einer Veredung, dort durch Hrn. Pauli habe anfragen lassen und daß Dem. Maas in jedem Falle von dort abgegangen sein würde, daß sie wirklich bettlägerig krank hier war, habe ich Herrn von Göthe mit der Offenheit und Redlichkeit geschrieben, die Sie — so hoffe ich — in anderen Geschäften mit mir bewährt gefunden haben.

Daß Dem. Maas, der Ordnung und des Beispiels halber, in Strafe für ihr längeres Ausbleiben würde genommen werden, setzte ich voraus.

Nun aber höre ich daß man ihr eine Schildwache vor die Thür gesetzt habe soll. Dies kann ich in der That nicht glauben und bitte um Auskunft darüber.

Ich bin voraus gewiß daß Dem. Maas die

Furcht, es könne geschehen, verleitet hat, zu sagen, es wäre geschehen.

An einem Frauenzimmer, einem Mädchen, einem Mädchen von achtzehn Jahren für einen Fehler, der unrecht aber nicht boshaft und aus der Natur der Sache, daß ein junges Wesen in ihrer Heimath zeigt was sie gelernt hat und deshalb länger ausbleibt — der daraus entsteht - da handelt die humane Direction, in der Hand des ersten Dichters der Welt — gewiß mit Achtung für das **Geschlecht**. Gewiß nimmt man eine mädchenhafte Inconsequenz nicht **kriminalisch**! Denn wäre es doch geschehen, so — doch es ist überflüssig Ihnen zu zeigen, wie man damit das Schwert in Hände der Widersacher gegeben und die Lacher auf jene Seite rangirt hätte.

Eilen Sie mir zu schreiben, daß ich mich irre und nehmen Sie meinen Dank zum voraus!

Berlin 30. April 1804.
   Mit ewiger Treue
     Ihr Freund
      Iffland."

Doch war es nicht möglich, diese Maxime in ganzer Strenge aufrecht zu erhalten, und bei den hervorragenderen Mitgliedern der Gesellschaft machte sich immer mehr der Drang geltend, auch anderwärts ihre Kunst zu zeigen, auf diese Weise Geld zu verdienen und an größeren Bühnen einträglichere Stellungen zu gewinnen. In einem Brief an Kirms (13. Nov. 1812) schreibt Goethe:

„Wie Herr Molke auf seiner Reise an den Rhein aufgenommen worden, wissen wir. Einige Äußerungen desselben machten mich aufmerksam. Nun wäre es gar nicht unmöglich, daß er die Unzelmannsche Rolle spielte, Entlassung verlangte und von dort her Vorschreiben bewirkte, die, man weiß nicht welchen, Eindruck machen könnten. Haben Sie die Güte aufmerksam zu seyn, und wenn irgend etwas verlautete, mit Einsicht und Energie zu handeln. Es ist bekannter als man glaubt, daß wir überklugen Weimaraner immer die Narren von jedem Fremden sind, der sich uns aufdringen oder uns etwas abgewinnen will. Verzeihen Sie diesen Äußerungen; aber wenn man immer leidet, so schreit man einmal."

Neben Caroline Jagemann war es der Bassist Stromeyer, der Goethe und der Direction am meisten zu schaffen machte. Stromeyer war eine eitle Natur, die sich nicht unterordnen wollte; und da er die Freundschaft der allmächtigen Jagemann genoß, setzte er alles durch was ihm beliebte.

Stromeyer erklärte (26. December 1808) der Commission, da sein Contract Ostern 1809 zu Ende sei, gebe er seine Verbindlichkeiten auf fernere Zeit auf und gedenke Ostern von Weimar abzugehen. Der Herzog erließ darauf folgendes Handschreiben an die Commission:

„Da die beybehaltung des Vocalisten Stromeyer, mir, meiner Familie, u. dem Publico angenehm seyn wird, so gebe ich meiner Hofth. Dir. Commission auf mit gedachten Stromeyer aufs neue zu contrahiren u.

den erfolg des [danach unleserliches Wort] an mich
berichtl. einzuschicken.

13. 2. 9. Carl August."

Das Ganze war offenbar nur ein Coup, inscenirt, um
unter besseren Bedingungen festgehalten zu werden. Denn
in einem Schreiben an den Herzog (13. Febr.) bietet er
seine Dienste von neuem an und bittet ihn das weitere
an die Commission zu verfügen, da seine veränderte Lage
auch andere Bedingungen fordere. Von der Commission
aufgefordert diese Bedingungen kundzugeben, verlangt er
eine Erhöhung der Gage, Vorschuß und jährlich einen
4—6 wöchentlichen Urlaub zu auswärtigen Gastspielen.
Die beiden ersten Bedingungen wurden ihm gewährt.
„Da es indessen", heißt es im Bescheid der Commission
(4. März), „ein Grundgesetz des hiesigen Hoftheaters ist,
keins seiner Mitglieder fremde Bühnen betreten zu lassen,
auf welche Norm eine zweckmäßige Einrichtung desselben
gegründet ist; so kann man in Zukunft, wie in der Ver=
gangenheit, niemanden dieses Gesetzes entbinden und
sieht sich daher genöthigt, die Bedingung, welche den
Wunsch zu theatralischen Reisen in sich faßt, abzulehnen."
Ein nochmaliges Gesuch Stromeyers um Erfüllung dieser
Forderung wird ebenfalls abgelehnt, da eine solche Aus=
nahme von dem für das Wohl des Theaters eingeführten
Gesetze zu unvermeidlichen schädlichen Folgen führen müsse.
Stromeyer aber macht gerade von diesem Puncte sein
Engagement abhängig. Die Commission erstattet darauf
Bericht an den Herzog. Der Bericht schließt: „Ew. Durch=
laucht Theater=Commission wird sich niemals entschließen

können, einen Contract zu unterzeichnen, in welchem ein jährlicher Urlaub zugesagt wird, weil es sich voraussehen läßt, daß hieraus ein unvermeidlicher Verderb für das Theater entspringen müßte, wie oben angeführter Aufsatz umständlich dargethan hat." Dieser offenbar von Goethe verfaßte Aufsatz ist leider nicht mehr in den Acten vorhanden. Carl August billigt die entwickelten Grundsätze der Commission, schlägt aber doch vor, bei Stroymeyer eine Ausnahme zu machen, weil man sonst Gefahr laufe, einen unersetzlichen Verlust bei der Oper zu erleiden; er schlägt als Ausweg vor, Stromeyer für die Zeit seines neuen vierjährigen Contractes den Titel eines Kammersängers zu ertheilen, in welcher Ausnahmestellung ihm der verlangte Urlaub gewährt werden könne, ohne daß diese Freiheit im Contract ausgedrückt zu werden brauche. Der Herzog verlangt die Meinung der Commission zu vernehmen. Kirms glaubt, man könnte Stromeyer, der nur auf Gewinn ausgehe, von seinem Vorhaben abbringen durch einen außerordentlichen Zuschuß aus der Theaterkasse von jährlich 100 Thalern. Goethe aber schreibt:

„Was mich betrifft, so glaube ich, daß Commissio das von Serenissimo vorgeschlagene Auskunftsmittel ohne Bedenken ergreifen kann. Daß Stromeyer von der Bedingung eine theatralische Reise zu machen nicht abgehen werde, war voraus zu sehen. Da man alle Ursache hat ihn zu erhalten, so kommt es nur darauf an, daß wir die Form salviren. Ernennt ihn Serenissimus zum Kammersänger, so können wir uns ganz wohl gefallen lassen, wenn er auf eine Zeitlang Urlaub erhält, sowie niemand etwas gegen den Urlaub der Demoiselle Jagemann zu erinnern gefunden.

Zwischenvorschläge zu thun rath ich nicht, weil man von jener Seite immer auf dem alten verharren wird. Ich habe diese Tournüre der Sache von dem ersten Augenblick an erwartet und bin, wie ich schon neulich in der Session im Vorübergehen bemerkt, es ganz wohl zufrieden.

Weimar den 3. April 1809.

G."

Darauf erhielt Stromeyer den Titel eines Kammersängers und zugleich die Erlaubniß eines jährlichen Urlaubes von vier bis sechs Wochen. Er hatte aber versprochen ihn so zu nehmen, daß das Theater dadurch keinen Schaden leide. Im Februar 1812 verlangte er einen dreiwöchentlichen Urlaub zu einem Gastspiel in Leipzig, den die Direction abschlug. Er wandte sich wieder an den Herzog und setzte auseinander, daß er im vorigen Jahre von dem ihm zukommenden Urlaub in Folge einer Cur nicht habe Gebrauch machen können. Der Herzog wies die Commission an, ihm den Urlaub zu geben. Diese überreicht darauf folgendes von Goethe verfaßtes

„Pro voto.

Das Mißverhältniß des Baßisten Stromeier zu herzogl. Theater-Commission tritt, bey seinem gegenwärtigen Urlaubsgesuch, abermals hervor, und mich will bedünken, daß es Pflicht der Commission sey, deshalb einen unterthänigsten Vortrag zu thun.

Seitdem gedachtem Stromeier gestattet worden, auswärts Gastrollen zu geben, haben die Schauspieler, welche neue Contracte gemacht, sich dieselben Vergünstigungen ausbedungen, und in wenigen Jahren wird man alle bedeutende Glieder unserer Bühne eines gleichen Vorzugs genießen sehen.

Damit jedoch bey solchen Abwesenheiten das Theater das, was ihm obliegt, zu leisten im Stande sey, hat die Commission verschiedene Einschränkungen festgesetzt, worunter besonders diese sich befindet, daß die Bestimmung der Zeit von ihr abhängen müsse und kein Urlaub im Winter verlangt werden könne.

Nun ist die Epoche, in welcher die Mitglieder des Theaters am wenigsten zu entbehren sind, gerade das erste Drittel eines neuen Jahres, weil man in demselben, theils die bedeutendsten Vorstellungen erwarten kann, theils neue Stücke für den Sommer einzulernen sind. Man hat auch schon einige solche Gesuche in dem neuen Jahre abgelehnt, und wir brauchen nicht zu wiederholen, daß alle Mitglieder eines Theaters gleiche Rechte und oft mit Ungestüm fordern.

Allein es tritt in diesem Falle noch eine wichtigere Betrachtung ein. Es hat nämlich Stromeier im vorigen Sommer zu einer Reise nach Töplitz Urlaub erhalten, jedoch nur unter der Bedingung, daß die darauf zu verwendende Zeit für die ihm contractmäßig zugestandene Urlaubsfrist gelten solle. Nun will er aber jenes zehnwöchentliche Außenbleiben nicht angerechnet wissen, sondern vielmehr soll sein gegenwärtig geforderter Urlaub noch fürs vorige Jahr gelten, woburch er nicht undeutlich zu verstehen gibt, daß er noch einen zweyten in diesem Jahre sich vorbehalte. Sollten nun solche Vergünstigungen bey uns eingeführt werden, so würde wohl schwerlich das Theater zu irgend einer Zeit zusammen zu halten seyn, und wir würden, wie andere Bühnen, in den unglücklichen Fall gesetzt, durch kostspielige Herbeyrufung fremder Schauspieler, die Abwesenheit der unsrigen einigermaßen zu vergüten. Was für eine Verwirrung, Zerstörung, ja Auflösung der Bühne daraus folge, hat die Erfahrung mehrerer Theater gelehrt, welche sich gegenwärtig vergebens über ein Übel beklagen, das sie sich selbst zugezogen haben.

Hiezu tritt noch eine Betrachtung ein die aus unserer besonderen Lage entspringt, daß nämlich die Nähe von Leipzig uns eigens gefährlich ist; denn es könnte dem Director Secconda nichts erwünschter seyn, als ein gebildetes Theater wie das Weimarische an der Hand zu haben, und auf unsere Kosten seinen Winter zu schmücken und zu benutzen.

Aus allem diesen geht hervor, daß herzogliche Commission mehrgedachtem Strohmeier den Urlaub zu versagen vollkommene Ursache hat.

Da es jedoch scheint, daß Durchlaucht dieses Mannes Gesuch zu begünstigen geneigt sind; so halte ich davor, daß es unsere Schuldigkeit sey, unsere oft erprobte Willfährigkeit und Deferenz gegen höchste Wünsche und Befehle auch in diesem Falle zu zeigen und Vorschläge zu thun, wie für jetzt und künftig sowohl das Ansehn der Commission, als das Wohl des Theaters salvirt werden könne.

Meo voto könnten Serenissimus auf einmal der
Sache abhülfliche Maße geben, wenn Sie den Sänger
Stromeier ganz und gar unseren Befehlen und An=
ordnungen entnähmen und denselben dem Hofmarschall=
amte, an welches er als Kammersänger ohnehin gewiesen
ist, völlig untergäben, da es denn von Höchstderoselben
Willen ganz allein abhängen würde, ohne andere Rück=
sichten, dem Urlaubsgesuche gedachten Mannes nach
eigenem höchsten Ermessen zu deferiren, ingleichen zu
bestimmen, in welchen Opern er zu gebrauchen und wo
er hingegen zu verschonen sey. Was die Theatercasse
zu dessen Unterhaltung bisher gegeben, würde an die
Hofcasse gezahlt, und er erhielte von dorther dasjenige,
was ihm durch seinen Contract zugebilligt worden.

Herzogl. Commission käme dadurch außer aller Ver=
antwortung und das höchst unangenehme Verhältniß
zu einem Untergebenen, der kein Untergebener ist, würde
dadurch beseitigt. Und warum sollten wir es nicht
aussprechen, da es ja notorisch ist, daß gedachter
Kammersänger Stromeier uns schon längst nicht mehr
als seine Vorgesetzten betrachtet, und durchaus nach
seiner Willkür, ja oft zu unserem Despect zu handeln
pflegt, wovon die einzelnen Data zu detailliren ein
allzu unangenehmes Geschäft seyn würde.

Durch jene oben gewünschte gnädigste Anordnung
entstünde daher nichts neues, vielmehr würde nur das=
jenige, was wir bisher erdulden müssen, zu unserer
Zufriedenheit, sanctionirt und wir würden auch sehr
gerne in Zukunft gleichsam bittweise die Dienste dieses
Mannes aufrufen, dem man, bey seinen schönen Natur=

gaben und einem immer mehr ausgebildeten Talente, eine solche Absonderung und Auszeichnung nicht beneiden dürfte. Commissio dagegen könnte in ihrem Kreise fortfahren mit Ernst auf Anordnungen zu halten, deren Werth sie seit vielen Jahren erprobt hat. Ich gebe willig besseren Vorschlägen nach, nur, daß dadurch die Halbheit des bisherigen Verhältnisses aufgehoben werde.

Weimar den 18ten Februar 1812.

Goethe."

Auf den Rand der Eingabe schrieb Carl August lakonisch: „Ich stimme diesem Vorschlage gänzlich bey."

Am Schlusse dieses Capitels möge ein merkwürdiger Brief Goethes an Kirms (31. März 1815), dessen äußere Veranlassung*) nicht zu erkunden war, seine Stelle finden:

„Auf die unangenehmste, und eine in diesem Augenblick höchst fatal aufregende Weise kommt mir die Nachricht, daß Lortzings aufgekündigt haben und daß man ihnen hierauf in einem anonymen Brief den Undank gegen mich sehr bitter vorgeworfen. Die guten leidenschaftlich erregten Menschen, nicht wissend, welchem Heiligen sie sich widmen sollen, kommen gerannt und flehen um Leitung und Führung.

Was soll ich nun hiezu sagen? als daß ich den letzten peremtorischen Erlaß an Lortzings sehr ungern unterschrieben habe; sollte ich aber in meinem wüsten

---

*) Das Tagebuch verzeichnet an diesem Tage: „Theaterhändel wegen Lortzings".

Kopf Mäßigungsgründe zusammensuchen? Was hätte mich hiezu veranlassen können?

Hat man mich nicht bisher schon mürbe zu machen gesucht, durch Vorwürfe, daß ich bei Contractsverlänge=
rungen die Schauspieler ungebührlich begünstige (Siehe Rehbrik)? Habe ich nicht sehr hochklingende Maximen wiederholt zu hören gehabt, daß man gerade bei Contracts=
verlängerungen nicht allein auf dem Status quo bestehen, sondern auch ältere, längst aufgegebene Befugnisse der Commission und Regie wieder zu erobern suchen solle?

Vielleicht hätte ich in gesunden Tagen meine Gegen=
meinung zu äußern gesucht, so ließ ich es aber gehen, wohl voraussehend welche tödtliche Wunde wir unserem Theater zu schlagen im Begriff stehen.

Nun möchte ich aber auch erfahren, welche Ursache wir dem Hof und Publicum angeben wollen, warum wir zwey treffliche Schauspieler, ganz ohne irgend eine Veranlassung, vom Theater jagen. Ich wüßte niemand zu antworten der mich fragte. Denn nicht einmal die geringste Condescendenz, z. B. wegen der kleinen Rollen, die man alle ins Feuer werfen könnte, hat man gehabt, es wäre wenigstens ein Zipfel gewesen, wo man wieder hätte anknüpfen können. Da sollte aber alles rein abgewiesen und abgeschlagen seyn. Ich weiß nicht welch ein dictatorischer Geist uns auf einmal ergriffen hat, ich werde mich demselben gewiß nicht entgegen setzen, weil daraus aufs neue Vorwürfe für künftige Jahre sich für mich entfalten könnten.

Wegen dieser Äußerungen habe ich dringend um Verzeihung zu bitten, weil sie mehr einem Fieberkranken

als einem Geschäftsmann geziemen, in einem fieber=
kranken Geschäft jedoch kann es zuletzt wohl nicht
anders werden.

Mich selbst aber körperlich und geistig betrachtet
muß ich zu verwahren suchen und mir in den nächsten
vier Wochen alle Communication in Theatersachen
durchaus verbitten, ich fühle mich nicht fähig meine
eigenen kleinen Geschäfte zu führen, wie sollte ich
glauben in einem so wichtigen einflußreichen [Geschäft?]
in einer bewegten [Zeit] den rechten Punct zu treffen.

Dieses Blatt mag zum Beweis dienen, daß mir
der Kopf nicht auf dem rechten Fleck steht, und daß
ich bis auf bessere Zeiten wohl von einem Geschäft
zu dispensiren seyn möchte, bey dessen Führung man
alle Ursache hat, sich aufs strengste selbst zu besitzen.

den 31. März 1815."

III.
Das Repertoire.

*Auf unsern deutschen Bühnen
Probirt ein jeder was er mag.*

In einem ungedruckten Briefe vom 2. Juli 1797 (der Adressat ist unbekannt) schreibt Goethe:

„Leider ist alle theatralische Wirkung nur für den Augenblick; und so ist, ich darf es wohl aus langer Erfahrung sagen, auch alles übrige was sich auf das Theater bezieht; selbst die nächstkünftige Zeit darf uns kaum beschäftigen, und kein Plan gelingt, der einigermaßen in die Ferne geht. Wem die Aufsicht über eine solche Anstalt aufgetragen ist, der muß wohl nach Grundsätzen und im Ganzen in einer Folge handeln; aber er gewöhnt sich doch nach und nach, so wie die Schauspieler selbst, von einem Tage zum andern, von einem Monate zum andern zu leben."

Diese allgemeine Erfahrung findet in keinem Theil der Theaterwelt eine kräftigere Bestätigung als in der Feststellung des Repertoires. Hauptsächlich von zwei Rücksichten wird jede Theaterleitung bei der Aufstellung des Spielplanes mehr oder weniger beeinflußt werden müssen: von der Rücksicht auf das Publicum und die vorhandenen spielbaren Stücke. Und so sehr sich die künstlerische Leitung Goethes in ästhetischer Beziehung weit über jede andere erhob, nach diesen beiden Seiten hat auch Goethe sich von den Banden der Nothwendigkeit, von dem Zwang der äußeren Umstände nicht ganz frei machen können.

Das Publicum der deutschen Theater in den ersten Jahren von Goethes Direction, war nichts weniger als gebildet. Es hatte noch keinen ästhetischen Maßstab, um das, was es auf dem Theater vor sich gehen sah, zu beurtheilen. Der Geschmack stand im Allgemeinen nicht nur auf einer sehr niederen Stufe, sondern war geradezu roh, und das Publicum ergötzte sich am meisten an denjenigen Stücken, die seiner Neugier das stärkste Futter zuführten. In Weimar allerdings lebte ein kleiner Kreis, der wenigstens so viel Bildungsinteresse und Bildungsfähigkeit besaß, daß es Goethe der Mühe werth scheinen konnte, ihn über das Niveau der allgemeinen Flachheit zu erheben. Mit der breiten Masse aber konnte sich weder Goethe noch Schiller innerlich befreunden. Goethe mußte nun freilich als praktischer Theaterleiter vielfach durch die Finger sehen und manches gegen seine ästhetische Überzeugung gutheißen, bloß um die stumpfe Neugierde des Publicums zum Zweck einer guten Einnahme zu befriedigen. Es sollte einmal (1797) Klingemanns Trauerspiel „Die Maske" aufgeführt werden, das anderwärts einiges Aufsehen gemacht hatte, das aber, nach Kirmsens Urtheil, nichts enthielt als Diebstähle aus Leisewitz' „Julius von Tarent", aus Klingers „Zwillingen", aus Schillers „Geisterseher" und „Räubern", sowie aus Hage-

meisters „Jesuiten". Goethe gibt die Erlaubniß zur
Aufführung mit den unwilligen Worten: „Ich wünsche,
daß das Stück viel Geld einbringen möge. Da Geld
doch alles entschuldigen soll." An Schiller schreibt Goethe
einmal, niemand könne zweien Herren dienen, und unter
allen Herren würde er sich am wenigsten das Publicum
aussuchen, das im deutschen Theater sitze. Auf Wünsche
desselben, die ihm nicht gerechtfertigt erschienen, oder die
gegen seine Einsichten von den praktischen Bedürfnissen
einer Theaterleitung anstießen, war er nicht gewillt, ein=
zugehen. Ihm kam es oft bloß darauf an, daß eine gute
Vorstellung zu Stande komme, und zu diesem Zwecke
wurde hie und da ein Stück öfter gegeben als es die
Rücksicht auf die Kasse gestattete. Kirms scheint einmal
auf den durch solche Wiederholungen erwachsenden peku=
niären Nachtheil aufmerksam gemacht zu haben, worauf
Goethe sehr kategorisch erwidert (24. Februar 1798):
„Wir haben nur eine einzige Pflicht, das ist die: für
gute Vorstellungen zu sorgen und dieser Zweck kann nicht
anders erreicht werden als wenn ein Stück öfter gegeben
wird . . . . Dafür hat man in jeder Sache die Direction,
daß man nach seiner Überzeugung handelt, um das Beste
hervorzubringen, und nicht daß man den Leuten zu Willen
lebe, wovon man doch zuletzt noch Undank und durch
Hintansetzung des Hauptgeschäftes Schande erlebt."

Das Repertoire jener Zeit spiegelt den Geschmack oder
vielmehr Ungeschmack des damaligen Publicums wieder;
andererseits war die Geschmacklosigkeit des Publicums
eine nothwendige Folge des Ungeschmacks der dramatischen
Dichtung, die eben die Bühne beherrschte. Es ist bereits

darauf hingewiesen worden, welche Art von Bühnen=
dichtung die beliebteste und geschätzteste war. Das aus
England und Frankreich nach Deutschland verpflanzte
bürgerliche Rühr= und Sittenstück fand hier einen guten
Boden. Das solide Bürgerthum spielte in diesen Stücken
die Hauptrolle, seine Auseinandersetzung mit dem Adel
bildete in mancherlei Variationen ein Hauptthema der=
selben. Die Enge und Beschränktheit des damaligen
bürgerlichen Lebens, die Gedrücktheit und Verschüchterung
des Mittelstandes, die gedankenlose Philisterbehaglichkeit,
die Unfähigkeit sich mit den neu auftauchenden Lebens=
fragen abzufinden, all das kommt in diesen Stücken zum
Ausdruck. Das Leben betrachten diese Dichter von der
alltäglichen Seite und liefern nichts als äußerliche Copien
der Natur. Erst die Stürmer und Dränger packen die
allgemein=menschlichen sowie die socialen Fragen energisch
an und streben durch die äußeren Hüllen des Daseins
nach den tieferen Quellen desselben hin.

Die Hauptvertreter dieser bürgerlich=naturalistischen
Richtung waren Iffland und Kotzebue. Die Nachwelt
ist in der Verurtheilung dieser beiden Zeitrepräsentanten
weiter gegangen, als es die Gerechtigkeit vielleicht zuläßt;
man sollte ihnen wenigstens gewisse Verdienste nicht ab=
sprechen, die sie sich um die Entwicklung des Theaters er=
worben haben. Kotzebue, ein Schriftsteller von hervor=
ragendem Talent, von unerschöpflicher Erfindung und
Gestaltungsgabe, von starkem Witz und ausgebildeter
Bühnenkenntniß, wurde durch die unglaubliche Leichtigkeit
der Production und durch die Anerkennung, die er beim
großen Publicum fand, zur Seichtigkeit und Leerheit

verführt. Er ist ein Schriftsteller ohne Charakter, ohne Grundsätze, der sich in jede Mode zu schicken weiß, allen Geschmacksanforderungen zu entsprechen sucht. Nach der Einführung der Jambentragödie haschte er als schlauer Practicus auch nach diesem Lorbeer, und bewies dadurch den vollständigen Mangel an Selbstkritik und an jenem höheren ästhetischen Gewissen, das gerade die Stimmführer der Litteratur als etwas lebendig Wirkendes in sich trugen. Wie das Gefühl der ästhetischen, so fehlte ihm auch das der ethischen Würde des Dichters, und er schämte sich nicht, den niedrigen Leidenschaften des Publicums, dessen Schwächen er ganz genau kannte, in frivoler Weise zu schmeicheln und zu dienen. Iffland hatte diese Würde und er wußte sie auch in seiner reichen Production zu bethätigen. An Beweglichkeit hinter Kotzebue zurückstehend, hat er ein feineres Ohr für die Leiden und Freuden der Menschen, und wenn auch in engen Schranken, weiß er ihnen oft rührenden Ausdruck zu geben. Seine Menschen sind wahrer und tiefer als die Kotzebues. Die Stücke dieser beiden Dichter bildeten lange Zeit hindurch den Hauptbestandtheil des deutschen Repertoires. In ihnen spricht sich nicht nur der litterarische, sondern auch der schauspielerische Geschmack jener Zeit aus; sie verlangten vom Schauspieler nicht Größe der Auffassung, Würde der Darstellung, sondern wiesen ihn auf leichte Dialogführung, Einfachheit, Schnelligkeit, Natürlichkeit des Sprechens und des ganzen Gebarens hin. All diese Stücke von Iffland, Kotzebue, Schröder, Ziegler, Großmann, Hagemeister und wie die Verfasser sonst noch heißen mögen, kommen dem Bedürfniß des Schauspielers und des Publicums direct entgegen.

Goethe schätzte an Kotzebue das Talent, wenn auch nur in beschränktem Maße; denn er gestand später in Bezug auf ihn, daß „nicht leicht ein Ganzes weder als Kunst= noch Gemüthsproduct, weder als das was es aus= sprach, noch was es andeutete", ihn jemals anmuthen und sich mit seiner Natur vereinigen konnte. Und als Theaterleiter konnte er dieser Hauptstützen des Repertoires, dieser Lieblinge des Publicums nicht entrathen. Unter den 600 Stücken, die während Goethes Direction zur Aufführung kamen, erreichten Kotzebue und Iffland die höchste Zahl, ersterer mit 87, letzterer mit 31 Stücken.

Schiller als Dichter war weniger duldsam als der Theaterdirector Goethe. Ihm war diese Art Production im Ganzen ein Greuel, obwohl auch er an Kotzebue den Reichthum und die Leichtigkeit der Erfindung anerkannte. Er möchte auch gegen das Publicum viel radikaler vor= gehen als Goethe, der sich äußerlich mit ihm auf den Fuß weltmännischer diplomatischer Courtoisie stellte: ge= willt, ihm bis zu einem gewissen Grade sein Vergnügen zu lassen, lenkte er den bildsamen Theil nach seiner höheren Einsicht, um dort, wo die großen, ihm und Schiller am Herzen liegenden Bildungsinteressen gefördert werden sollten, die Masse rücksichtslos als eine Art Ver= suchsobject zu behandeln. Er verlangte auch vom Publi= cum, was er von seinen Schauspielern forderte: Viel= seitigkeit und rückhaltloses Vertrauen in die höhere Einsicht einer zielbewußten Theaterleitung.

In den ersten Jahren ließ Goethe vieles laufen wie

es eben lief; und das Repertoire dieser Jahre unter=
scheidet sich in nichts von dem anderer guter Theater
jener Zeit. Erst die Verbindung mit Schiller führte
eine tiefgehende Wandlung herbei. Der „Wallenstein"
eröffnet eine neue Periode der Weimarischen Bühne, wie
überhaupt des deutschen Theaters; jene Periode, die wir
hauptsächlich meinen, wenn wir von der klassischen Zeit
des deutschen Dramas sprechen. Schiller hatte wieder
festen Fuß auf dem Theater gefaßt, und um mit der
lebenden Bühne, die mehr als sonst etwas seinen über
die Grenze des Bühnenmöglichen hinausfliegenden Ideen
Maß und Ziel geben konnte, in unmittelbaren Verkehr
zu treten, siedelte er am 3. December 1799 von Jena nach
Weimar über. Nun thaten sich die beiden Gewaltigen zu=
sammen, um für das deutsche Theater etwas zu wirken,
und sei es auch nur zu ihrer eigensten Belehrung. Jetzt
hatte Goethe durch Schiller einen inneren, persönlichen
Antheil am Theater gewonnen; und was ihm bisher nicht
hatte gelingen wollen, der Bühne neben der politischen,
ökonomischen Form eine festgeschlossene ästhetische Form
zu geben, dazu sollte Schiller nun verhelfen. Diese
Hoffnung Goethes ist in Erfüllung gegangen: die ästheti=
sche Form, die Goethe selbst durch „Iphigenie", „Tasso"
geschaffen hatte, war für eine ausschließliche geistige Aristo=
kratie bestimmt; Schiller goß diese Form um, nachdem
er die flüssige ästhetische Masse mit neuen Elementen
versetzt hatte, und verschaffte ihr dadurch die zum Siege
nothwendige Popularität. Von jetzt ab gehen Bühne
und Litteratur eng nebeneinander her, die Geschichte der
einen ist zugleich die Geschichte der andern.

Zur Zeit da Schiller den „Wallenstein" vollendet hatte, bewegte sich bereits eine ganze Reihe dramatischer Gestalten in seinem Inneren, die lebhaft zur That zu werden strebten. Aber schneller als dies geschehen konnte, wollten Goethe und Schiller der Bühne das verschaffen, was ihr zunächst noth that: ein gediegenes, inhaltreiches Repertoire. Durch den „Wallenstein" wurde die bisher vernachlässigte, ja von den Bühnen fast verbannte rhythmische Declamation wieder in Aufnahme gebracht. Sollte aber diese Form eine dauernde Geltung gewinnen, so mußte für Stücke gesorgt werden, welche die durch die neuen Kunstprincipien fühlbar gewordene Lücke ausfüllten. Dies gewaltige Werk vollführt zu haben, ist Schillers unsterbliches Verdienst: nicht bloß durch seine Originaldramen, sondern auch durch dramaturgische Bearbeitung von Stücken nicht-deutscher Dichter hat er die Blüthe der dramatischen Kunst herbeigeführt. Die Auffrischung des Repertoires durch Bearbeitung älterer und fremder Bühnenstücke war eine Idee des rastlos thätigen Schiller, die Goethe in dem Aufsatz „Über das deutsche Theater" folgendermaßen darlegt: „Schiller hatte nicht lange in so reifen Jahren einer Reihe von theatralischen Vorstellungen beigewohnt, als sein thätiger, die Umstände erwägender Geist, ins Ganze arbeitend, den Gedanken faßte, daß man dasjenige, was man an eignen Werken gethan, wohl auch an fremden thun könne; und so entwarf er einen Plan, wie dem deutschen Theater, indem die lebenden Autoren für den Augenblick fortarbeiteten, auch dasjenige zu erhalten wäre, was früher geleistet worden. Der einnehmende Stoff, der anerkannte Gehalt

solcher Werke sollte einer Form angenähert werden, die
theils der Bühne überhaupt, theils dem Sinn und Geist
der Gegenwart gemäß wäre. Aus diesen Betrachtungen
entstand in ihm der Vorsatz, Ausruhestunden, die ihm
von eignen Arbeiten übrig blieben, in Gesellschaft über=
einbenkender Freunde planmäßig anzuwenden, daß vor=
handene bedeutende Stücke bearbeitet und ein Deutsches
Theater herausgegeben würde, sowohl für den Leser,
welcher bekannte Stücke von einer neuen Seite sollte
kennen lernen, als auch für die zahlreichen Bühnen
Deutschlands, die dadurch in den Stand gesetzt würden,
denen oft leichten Erzeugnissen des Tags einen festen
alterthümlichen Grund ohne große Anstrengung unter=
legen zu können." Mit den neugewonnenen Ideen vom
Drama wollte sich Schiller an eine Bearbeitung seiner
wild gährenden Jugendstücke machen, gewann aber bald
die richtige Überzeugung, daß er an ihnen in jenem
Sinne nichts ändern könne ohne den ursprünglichen, ein=
heitlichen Charakter des Ganzen zu zerstören. Nicht so
rücksichtsvoll war er bei der Bearbeitung des „Egmont";
und er hatte allerdings hier leichtere Hand, weil dieses
Stück, wie bereits erwähnt, den Übergang zu der neuen
Kunstrichtung bildet, und weil er ihm als ein Fremder
objectiver gegenüberstand. Bei der Lectüre Richards III.
begeisterte er sich zu dem Gedanken einer Theaterbearbei=
tung sämmtlicher Shakespearescher Historien, ein Vorsatz,
dessen Ausführung eine der interessantesten und lehr=
reichsten dramaturgischen Schöpfungen geworden wäre.
Schiller hatte auch die Absicht, Klopstocks „Hermanns=
schlacht" für die Bühne zu gewinnen, unterließ es aber,

da er sie als ein „kaltes, herzloses, ja fratzenhaftes Pro=
duct, ohne Anschauung für den Sinn, ohne Leben und
Wahrheit" erkannte. Er zog seinen „Don Carlos" straff
zusammen und lieferte eine stark reducirte Bearbeitung
des „Nathan". Goethes Aufforderung Folge leistend legte
er auch seine Hand an dessen „Iphigenie", welche erst
jetzt (1802) zum ersten Mal die öffentliche Bühne
Weimars betrat.

War aber bei den Werken deutscher Dichter dem Be=
arbeiter schon durch die Sprache eine gewisse Schranke
gesetzt, so durfte er sich bei Dichtungen fremder Zunge
freier bewegen und stand auch als Übersetzer dem Ori=
ginalwerke ganz anders gegenüber. So entstanden Schillers
Hauptschöpfungen auf diesem Gebiete: „Macbeth", „Tu=
randot", „Phädra". Die Untersuchung dieser Bearbei=
tungen ist höchst interessant und führt zu lehrreichen
Resultaten. Gewisse Grundnormen, die für Schiller maß=
gebend waren, sind leicht zu erkennen. Die Umarbeitungen
sind vor allem zu betrachten unter dem Gesichtspuncte:
der Übersetzer ist zugleich ein Dichter von stark aus=
geprägter Eigenart, der an das fremde Werk herantritt
mit dem kritischen Maßstab, wie er selbst, geleitet von
seiner dichterischen Individualität, es gemacht haben
würde. Er begnügt sich nicht bloß damit das Undrama=
tische oder Bühnenwidrige zu tilgen oder zu verändern,
sondern er stellt sich als Mitarbeiter neben den Original=
dichter, wenn er von dem Stoff, dem Charakter, der
Form, dem Inhalt andere künstlerische Begriffe hat. Als
echter Dramatiker liebte Schiller starke Accente und hatte
einen realistischen Zug nach Deutlichkeit und sinnlicher

Wahrnehmbarkeit, der am bezeichnendsten wohl in jenen Veränderungen sich kundgibt, die er in seiner Bearbeitung der „Iphigenie" vorzunehmen die Absicht hatte: er sah die Größe des Werks in seinem sittlichen Gehalt, während die sinnliche Kraft, das äußere Leben, die Bewegung, kurz alles was ihm für das Drama unumgänglich nothwendig erschien, hier fehlte. Der leidende Zustand des Orest dünkte ihn undramatisch, da die Ursache desselben bloß in Orests Gemüth vorhanden, für den Zuschauer aber nicht sinnlich wahrnehmbar sei; und er hatte deshalb die äschyleische Idee, die den Orest verfolgenden Furien, wahrscheinlich als Chor, auftreten zu lassen.

Auch Goethe betheiligte sich an der Ausweitung des Repertoires durch Übersetzung und Bearbeitung ausländischer Stücke. Es entsprach durchaus seiner dem antiken Ideal zugewandten Kunstanschauung, daß er dabei die streng klassizistische Form der Franzosen mehr begünstigte als die freiere, individuellere des großen Briten. Wie er nach dieser Richtung hin auch durch Wilhelm von Humboldt angeregt worden ist, haben wir bereits im vorigen Capitel ausgeführt. So entstanden seine Bearbeitungen zweier Stücke von Voltaire: des „Mahomet" (1799) und des „Tancred" (1801). Das Interesse für französische Cultur, das am Weimarischen Hofe herrschte, kam diesen Arbeiten von vornherein mit sympathischer Anerkennung entgegen. Ja, Carl August, ein eifriger Verehrer der französischen Dichtung, sprach die Hoffnung aus, daß Goethes Übersetzung des „Mahomet" in der Verbesserung des deutschen Geschmacks Epoche machen werde. Diese Hoffnung hat sich nicht erfüllt, und Goethe selbst, der bei diesen Übersetzungen nur das praktische Theaterinteresse im Auge hatte, wird sie wohl kaum gehegt haben.

Auch die Vergleichung von Goethes Bearbeitungen mit den Originaldichtungen ist höchst interessant, und besonders dann, wenn man die Art, wie Goethe bearbeitete, mit der Schillers vergleicht. Beide Dichter stehen auf dem Standpuncte, daß der Dramaturg das Recht und die Pflicht habe, das fremde Stück nicht bloß theatralisch der modernen Bühnenforderung anzupassen, sondern daß er es auch in ästhetisch-ethischer Hinsicht dem neuen Kunstideal anzunähern habe. Bei den französischen Dramen war dies leichter und einfacher, da sie in formaler Beziehung ohnehin die klassische Bühnentechnik repräsentiren. Shakespeare hingegen, in Bezug auf die innere Form, das eigentlich Poetische, den Deutschen näher stehend, verlangte in Hinsicht auf die von der modernen Bühnentechnik abweichende äußere Form ein tieferes Eingreifen durch das Messer des Bearbeiters. Schillers energische, im Ausdruck seiner Überzeugung rücksichtslose Art verleitete den Dichter viel weiter zu gehen als es der rücksichtsvollere, jeden in seiner Eigenart gerne gelten lassende Goethe im Stande war. Goethe ist in seinen Bearbeitungen pietätvoller gegen den französischen Dichter als dies Schiller gegen Racine war. Goethes knappe, symbolische, andeutende, aufs Nothwendige gerichtete Art konnte einem fremden Dichterwerke, in dem alles für den unmittelbaren Zweck des Dichters unumgänglich Nöthige zum Ausdruck kommt, nicht viel nehmen und nicht viel anheften. Die breitere,

pathetische, ausdrucksvollere Pinselführung Schillers da=
gegen begnügte sich nicht mit Andeutungen, sondern er
wollte alles was zur Handlung und zur Erreichung eines
theatralischen Effects gehörte, mit möglichster Deutlichkeit
und Ausführlichkeit vor das Auge des Zuschauers gestellt
wissen. Da wo es ihm nöthig erschien, zum Zwecke der
Verdeutlichung einzelner Situationen, der Vertiefung der
Charakteristik, der Erhöhung des Gefühlsausdrucks, der
Abschwächung stark tendenziöser Ausfälle hat auch Goethe
manches geändert und diesen Stücken, wie er sich aus=
drückt, etwas Belebendes angedichtet, um ihnen „mehr
Fülle als im Original zu geben"; so schon im „Mahomet",
wenn er auch hier nicht so weit ging als Schiller es
verlangt hatte, und noch mehr im „Tancred".

Diese Bearbeitungen waren nicht Selbstzweck, sondern
nur Mittel zu jenen Zwecken, die Goethe und Schiller
bei der Umgestaltung der deutschen Dicht= und Schau=
spielkunst im Auge hatten. Sie waren gleichsam Ver=
suchsgegenstände, an denen der Schauspieler seine Studien
machen sollte. Und eifrig suchte Goethe aus allen Littera=
turen für seine Zwecke Passendes herbeizubringen. Daß
er dabei auch auf die reine Antike zurückging, nimmt bei
seiner Vorliebe für dieselbe nicht Wunder. Bereits mit
seinem Festspiel „Paläophron und Neoterpe" (1800) hatte
er den Versuch gewagt, die antiken Maskenspiele auch
auf der modernen Bühne wieder aufleben zu lassen.
Im nächsten Jahre folgten die Adelphi des Terenz, in
Einsiedels Bearbeitung, und so wurde, wie Goethe
sich in den „Tag= und Jahresheften" ausdrückt, „eine
neue Folge theatralischer Eigenheiten eingeleitet, die eine

Zeit lang gelten, Mannichfaltigkeit in die Vorstellungen bringen und zur Ausbildung gewisser Fertigkeiten Anlaß geben sollten". Lessing hatte in der Hamburgischen Dramaturgie der Maske einen Werth für den Schauspieler zugesprochen, weil durch sie den Ausbrüchen seiner Person ein hemmendes Maß auferlegt werde, und dieselben weniger wahrgenommen werden könnten. A. W. Schlegel schreibt über eine Aufführung der „Brüder" in Weimar in seinen Vorlesungen über dramatische Kunst und Litteratur: „Ich habe einer Vorstellung der „Brüder" des Terenz, ganz im attischen Kostüm, in Weimar beigewohnt, die unter Goethes Leitung einen wahrhaft attischen Abend gewährte. Man bediente sich dabei partialer, an das wirkliche Gesicht geschickt angefügter Masken; ich fand nicht, daß sie ungeachtet der Kleinheit des Theaters der Lebendigkeit Abbruch thäten. Besonders war die Maske den Späßen des verschmitzten Sclaven günstig: er wurde durch seine barocke Physiognomie wie durch seine Tracht gleich zu einer eignen Menschenart gestempelt, wie es die Sclaven ja der Abstammung nach zum Theil wirklich waren, und durfte daher auch anders sprechen, sich anders geberden, als die übrigen." So konnte wohl der gelehrte, in der antiken Litteratur bewanderte Schlegel sprechen, und mit ihm diejenigen, die vermöge ihrer Bildung ein historisches Urtheil über die Bedeutung der Maskenspiele sich bilden konnten. Was aber sollte das arme Publicum thun, das solchen antiquarischen Ausgrabungen völlig rathlos gegenüberstand? Darnach wurde allerdings nicht gefragt. Was es nicht kannte, das sollte es eben kennen lernen; und im übrigen kam es bei all diesen Experimenten

Goethe sowohl als Schiller auf das Urtheil, auf die
Zufriedenheit des Publicums viel weniger an, als auf
den Gewinn, den sie selbst aus solchen Versuchen für
die Erweiterung ihrer Kunstbegriffe ziehen mußten. Und
so folgen auf dieser Bahn noch des Terenz Eunuchus,
übersetzt und bearbeitet von Einsiedel unter dem Titel
„Die Mohrin" (1803) — einige Zeilen dazu von Goethe
sind im 11. Bande der Weimarischen Ausgabe zum ersten
Mal veröffentlicht worden — desselben Dichters Andria,
unter dem Titel „Die Fremde aus Andros" übersetzt von
Niemeyer (1803). Außerdem versuchte sich Einsiedel auch
an Plautinischen Comödien: 1806 wurde aufgeführt „Die
Gefangenen" (Captivi), 1807 „Das Gespenst" (Mostellaria).
Alle diese Stücke erlebten nur wenige Vorstellungen. Was
aber Goethe eigentlich mit diesen Vorführungen bezweckt
hat, das spricht er in dem Festspiel „Was wir bringen"
aus (1802), worin er, in poetischer Umschreibung, seine
Kunstprincipien, besonders die auf theatralische Kunst be=
züglichen, eröffnet. Die Stelle ist zu wichtig und merk=
würdig, als daß sie hier fehlen dürfte. Merkur sagt hier,
die Bedeutung der tragischen Maske erklärend:

Dieses (Kunstgebilde) läßt vom Höheren und Schönen
Den allgemeinen ernsten Abglanz ahnen.
Persönlichkeit der wohlbekannten Künstler
Ist aufgehoben; schnell erscheinet eine Schaar
Von fremden Männern, wie dem Dichter nur beliebt,
Zu mannigfaltigem Ergetzen Eurem Blick.
Daran gewöhnt Euch, bitten wir, nur erst im Scherz;
Denn bald wird selbst das hohe Heldenspiel,
Der alten Kunst und Würde völlig eingedenk,
Von uns Kothurn und Maske willig leihen.

Das was dem deutschen Theater von jeher gefehlt hat und auch heute noch fehlt, ist ein gutes nationales Lustspiel. Die Possen Kotzebues haben den durch Lessings „Minna von Barnhelm" begründeten Stamm nicht vermehrt, denn sie waren nur vorübergehende Erscheinungen auf der deutschen Bühne. Sie haben den Lachlustigen einige Zeit Spaß gemacht, um nach und nach, mit ganz wenigen Ausnahmen, zu verschwinden. Und so war es auch mit allem was an Lustspielen neben Kotzebue auftauchte, aber an Witz und ausgelassener Stimmung weit hinter ihm stand. Auch hier versuchten Goethe und Schiller helfend einzugreifen und zwar auf dieselbe Weise, wie Goethe der Malerei seine neuen Kunstideen zuzuführen suchte: durch eine Preisausschreibung. Daß die Deutschen in der Gattung des Charakterlustspiels nichts zu erreichen vermöchten, setzten Goethe und Schiller voraus; denn die typische Manier Molières habe sich überlebt und für die individualistische Charaktercomödie in der Art der Engländer fehle es in Deutschland an Originalen. So blieb also nichts anderes übrig als das Intriguenstück; und auf das beste dieser Gattung wurde ein Preis von 30 Ducaten ausgesetzt (1800). Dreizehn Stücke concurrirten um diesen Preis, darunter eines von Rochlitz, eines von Tieck, eines von Clemens Brentano. Keinem aber konnte der Preis zuerkannt werden; die meisten waren sogar nach Schillers Urtheil ganz unter der Kritik. „So steht es", schreibt er an Körner, „jetzt um die dramatische Kunst in Deutschland." Die öffentliche Mittheilung des traurigen Resultats verzögerte sich, wohl auch in Folge des Eingehens der „Propyläen", worin die eingesandten Stücke recensirt werden sollten. Und so schreibt A. W. Schlegel in einem ungedruckten Brief (Berlin 16. März 1802) an Goethe: „Die verzögerte Entscheidung über das aufgegebene Intriguen-Lustspiel läßt mich vermuthen, daß seit dem Herbst noch verschiedenes, was Aufmerksamkeit verdient, eingelaufen ist, was auch für uns ersprießlich werden könnte, denn der Mangel an Lustspielen ist bis zum Heißhunger gestiegen, wie sich's in der Aufnahme jedes aus dem Französischen entlehnten, nur muntren und leichten Stückes offenbart." Die eingeschickten Arbeiten blieben also in Weimar liegen und wurden den Verfassern erst auf ihren Wunsch hin zurückgesandt. In folgendem Brief an Goethe bittet Brentano um die Rücksendung seines „Ponce de Leon".

„Marburg den 8. September 1802.

Wenn ich gleich von dem geringen Werthe der dramatischen Arbeit, die ich mir die Freiheit nahm bei Gelegenheit der Preisaufgabe in den Propyläen voriges Jahr einzusenden, jetzt mehr als damals überzeugt bin, so halte ich es doch für eine Entsagung, die dem geringeren Talente, dessen einzige Tugend das Streben sein kann, nicht erlaubt ist, wenn ich Sie nicht um mein Manuscript bitten dürfte, sollte ich wirklich die schmerzliche Erfahrung machen müssen, daß keine Kritik des Meisters auch eine Kritik ist. Die Arbeit, die ich überschickt habe, heißt Ponce von Leon, als ich sie nach Weimar schickte, rührte mich die Hoffnung sehr, etwas über mein Talent zu hören, das meinem Arbeiten in dieser ängstlichen kritischen

Zeit Muth oder Ende machen sollte, ich habe nachher oft mit kindischer Bangigkeit die Blätter durchsucht, in denen ich hoffen konnte, eine Nachricht über das Schicksal der Kritiken zu erhalten, das war umsonst, und das mancherlei Gerede, das ich vernahm, wie keine Kritiken erfolgen würden, da alle Arbeiten zu sehr unter der Kritik stünden, hat mich ganz niedergeschlagen. Die letzte Freude, die mir nun mein armer Ponce manchen kann, will ich mir nun nicht nehmen lassen, es ist die, ihn aus Ihren Händen zurückzuerhalten, und der Gedanke, eine eigne Arbeit zu besitzen, der Sie vielleicht einige Blicke geschenkt haben. Aber ich fühle hier, daß selbst die Hoffnung eine Reliquie ist, indem ich Sie um die Zurücksendung des Manuskriptes bitte, wenn wirklich keine Kritiken erfolgen dürften.

Clemens Brentano.
Bei Professor v. Savigny in Marburg."

Während die Anregung für das Lustspiel ohne Erfolg blieb und zu einer nur flüchtigen Berührung des Klassizismus mit der jungen Romantik führte, erfuhr das antikisirende Drama gerade aus den Kreisen der Romantiker einen wenn auch nicht nachhaltigen, so doch höchst beachtenswerthen Zuwachs. Zwar hat später gerade die Romantik gegen die antikisirende Richtung scharfe Opposition gemacht und ihr das Ideal christlichen Deutschthums gegenübergestellt. Aber die beiden Schlegels, denen der reiche subjective Quell der schöpferischen Phantasie fehlte, und die sich aus ihrer tiefen Kenntniß des klassischen Alterthums den Geist der Antike in kritischer Weise

angeeignet hatten, stellten sich auf den Goethe=Schillerischen
Standpunct, nur mit dem Unterschiede, daß Friedrich
Schlegel, in seiner romantischen Gesinnung consequenter
als sein Bruder, die beiden Weltanschauungen miteinander
zu versöhnen und zu verbinden sucht. So dichtete August
Wilhelm, auf den Schultern des Euripides stehend und
Goethes „Iphigenie" nacheifernd, seinen „Ion", Friedrich
auf Grund einer alten spanischen Romanze und vom
Geiste Calderons beeinflußt seinen „Alarcos". Bei dem
Mangel an Originalstücken, die den Bühnentendenzen
Goethes entsprachen, griff dieser mit Eifer nach den beiden
Stücken und brachte sie kurz hintereinander zur Auf=
führung: ersteres am 2. Januar, letzteres am 29. Mai
1802. Mit dem „Alarcos" wollte Friedrich Schlegel,
nach seinen eigenen Worten, nichts geringeres leisten als
eine „Tragödie, im antiken Sinne des Wortes, vorzüg=
lich nach dem Ideale des Aeschylus, aber in romantischem
Stoff und Costüm." Es wurde aber eine Tragödie mit
einer bestimmten künstlerischen Tendenz, nach abstracten Be=
griffen zurechtgemacht, ohne den Pulsschlag der belebenden
Phantasie, leere Form ohne jeden diese Form ausfüllen=
den Gehalt. Schiller, der sich mit dem „Ion" noch halb=
wegs abfand, verurtheilte den „Alarcos" mit aller Schärfe.
Er nennt ihn ein „seltsames Amalgam des Antiken und
Neuestmodernen". Die Intention des Stückes wäre zu
loben, wenn die Manier in der Ausführung nicht so
widerwärtig wäre. Diesen frostigen, dem Inhalt und der
Form nach fremdartigen und abstoßenden Producten gegen=
über verhielt sich auch das Publicum kalt und ablehnend.
Aber auf der beschrittenen Bahn mit selbstbewußter

Consequenz verharrend, ließ Goethe sich von dem allseitigen Widerspruch nicht beeinflußen. Er wird gegen die ästhetischen Schwächen der beiden Stücke nicht blind gewesen sein; ihm aber war es von großer Wichtigkeit, daß hier ein lehrreicher Stoff für Einübung und Befestigung der neuen Schauspielregeln gegeben war. Schiller schreibt am 8. Mai 1802 über den „Alarcos" an Goethe: „Meine Meinung ist, die Vorstellung des Stücks so vornehm und ernst als möglich ist zu halten, und alles was wir von dem Anstand des französischen Trauerspiels dabei brauchen können, anzuwenden. Können wir es nur so weit bringen, daß dem Publicum imponirt wird, daß etwas höheres und strengeres anklingt, so wird es zwar unzufrieden bleiben, aber doch nicht wissen wie es daran ist. Einen Schritt zum Ziele werden wir durch diese Vorstellung nicht thun oder ich müßte mich ganz betrügen." Darauf Goethe die bezeichnenden Worte (9. Mai): „Über den Alarcos bin ich völlig Ihrer Meinung; allein mich dünkt wir müssen alles wagen, weil am Gelingen oder nicht Gelingen nach außen gar nichts liegt. Was wir dabei gewinnen scheint mir hauptsächlich das zu sein, daß wir diese äußerst obligaten Sylbenmaße sprechen lassen und sprechen hören." Schiller prophezeite den Durchfall des „Alarcos" und ahnte einen Triumph der Gegenpartei, die von Kotzebue dirigirt wurde. Diese Ahnung hatte ihn nicht getäuscht. Gegen die Aufführung des „Jon" schrieb Böttiger einen satirischen Aufsatz für das Journal des Luxus und der Moden. Goethe erklärte, seine Stelle sofort niederzulegen, wenn der schon begonnene Druck dieses Aufsatzes vollendet werde, und er bestimmte, daß ihm die Theaternotizen für diese Zeitschrift fortan im Manuscript vorgelegt werden müßten. Bekannt ist, wie Goethe, als während der Aufführung des „Alarcos" ein Theil des Publicums zu lachen sich erlaubte, sich erhob und durch ein lautes: „Man lache nicht!" die starke Opposition bändigte. Daß die zu den Romantikern in Beziehung stehenden Kreise Jenas, Caroline Schlegel und Schelling besonders, anders urtheilten als das Weimarische Publicum, läßt sich denken. Während Caroline Herder, in Übereinstimmung mit ihrem Gatten, den „Jon" ein schamloses, freches und sittenverderbendes Stück nennt, ergeht sich Schelling in Lobpreisung der inneren Vortrefflichkeit des Stückes, von dem er eine neue glänzende Zukunft des Dramas voraussieht.

Die Schlegels selbst hatten alle Ursache, Goethe für das was er für sie gethan, zu danken. So schreibt A. W. Schlegel an ihn (Berlin 19. Januar 1802): „Empfangen Sie meinen wärmsten Dank für die liebevolle Pflege, die Sie meinem ersten dramatischen Versuch geschenkt haben. Der Bericht, den mir meine Jenaischen Freunde von der so vollkommen gelungenen und auf dem deutschen Theater wenigstens beispiellos harmonischen Darstellung ertheilen, hat mich entzückt; der Beifall, den das Stück beim dortigen Publicum davongetragen haben mag, ist gewiß größtentheils Ihr Werk." Am 16. März theilt er Goethe mit, daß „Jon" nächstens in Berlin aufgeführt werden solle.*) „Eine solche Harmonie der Darstellung wie auf Ihrem Theater darf ich hier freilich

---

*) Die Aufführung fand am 15. Mai statt.

nicht erwarten, doch von den Hauptpersonen außerordent=
lich viel Gutes." Vor der Aufführung des „Alarcos"
schreibt er an Goethe (8. April): „Es ist mir sehr er=
freulich, daß Sie den Versuch der theatralischen Wirkung
mit diesem gewiß gründlich gearbeiteten Werk anstellen
wollen. Wenn er bei dem jetzigen Zustand unseres
Theaters irgend gelingen kann, so ist es auf dem Weima=
rischen. Nur die Rolle der Solisa würde von Mad.
Unzelmann unübertrefflich gegeben werden, und Fleck,
den wir jetzt oft sehr vermissen, wäre besonders wie er
in früheren Zeiten war, einzig zur Darstellung des
Alarcos selbst berufen gewesen." Friedrich Schlegel (an
Goethe, Paris 26. September) bedankt sich sehr für die
gütige Aufnahme, die er in Weimar gefunden hat, und
spricht sich sehr erfreut über die Aufführung seines
„Alarcos" aus. „Die vortreffliche Anordnung des
Ganzen, die gute Declamation der Verse, Costüm, Deco=
ration und glückliche Action mußten bei der Darstellung
des „Alarcos" auf Ihrem Theater einen Totaleindruck
in mir erzeugen, der mir unvergeßlich sein wird, und
von dem ich nur wünschen kann, daß ihn noch andere
außer mir gleichfalls erfahren haben."

Die Dramen der beiden Schlegels waren nur flüchtige
Erscheinungen auf der deutschen Bühne. Ihre mühsame
Aneignungs= und Nachahmungskunst konnte nicht das
leisten, was dem Theater fehlte und was ihm erst die
gewaltige Energie, die schöpferische Gestaltungskraft, der
hohe sittliche und ästhetische Ernst Schillers geschenkt
haben. Jahr für Jahr trat Schiller mit einem neuen
Erzeugniß hervor, und mit jedem Stück eroberte er der

dramatischen und schauspielerischen Kunst eine neue Provinz. Goethe schwieg. Nachdem er die „natürliche Tochter" vollendet hatte (1803), schuf er in den nächsten Jahren, außer der still vorwärtsschreitenden Arbeit am ersten Theil des „Faust", für die Bühne nichts Neues und Großes. Er überließ Schiller das Feld, und zerstreute zeitweilig seine Thätigkeit auf den verschiedensten, vom Theater ganz abliegenden Gebieten. So klagte Schiller, dessen Geist energisch auf die Bühne und das Drama concentrirt war, im Februar 1803 (an Humboldt) über Goethes beschauliches Hinschlendern. „Wenn Goethe noch einen Glauben an die Möglichkeit von etwas Gutem und eine Consequenz in seinem Thun hätte, so könnte hier in Weimar noch manches realisirt werden, in der Kunst überhaupt und besonders im Dramatischen. Es entstünde noch etwas, und die unselige Stockung würde sich geben. Allein kann ich nichts machen; oft treibt es mich, mich in der Welt nach einem andern Wohnort und Wirkungskreis umzusehen; wenn es nur irgendwo leidlich wäre, ich ginge fort." Und mit Schillers Tod war für Goethe das Hauptband, das ihn noch an die Wirren des Theaters gefesselt hatte, entschwunden. Er widmet auch fernerhin dem Institute viele Mühe und Sorgfalt, aber den langsamen Rückgang kann seine zeitweise zu frischerer Thätigkeit sich aufraffende Energie nicht bemänteln. Daß dieser künstlerische Rückgang nicht so merkbar ist, rührt einzig von der festen künstlerischen Organisation her, die dem Theater durch die gemeinsame Wirksamkeit Goethes und Schillers geworden war. Und an dem was Schiller an künstlerischen Anregungen dem

Weimarischen Theater geschenkt hatte, konnte es noch lange zehren.

1808 erschien der vollendete erste „Fauſt", und ihm folgte — welcher Abſtand! — als nächſtes dramatiſches Original 1812 „Die Wette". Über die Zwiſchenzeit gibt ein intereſſanter Brief an Kirms, der wichtigſte von allen in den Acten erhaltenen, einige Auskunft.

Das Nationaltheater in Mannheim hatte ſich an Goethe gewendet wegen der Theaterbearbeitung des „Götz von Berlichingen". Außerdem hatte Iffland am 3. Juni 1810 an Kirms geſchrieben, er habe als er 1798 in Weimar war, von Goethe ſelbſt gehört, daß er die Fortſetzung der Zauberflöte für 100 Dukaten verkaufen wolle und fragt an, ob ein Durchblick derſelben möglich wäre, „wie das Perſonal liegt, wie es in Betreff der Muſik, der vollſtimmigen Sachen, die man jetzt ſo ſehr fordert, in Anſehung der Quartette, Duette ꝛc., der Decorationen ſich verhält. Vielleicht hat der Dichter die Muſik nicht beſonders im Auge gehabt, ſondern einen anderen Zweck: dann würde es darauf ankommen, ob er für dieſen Zweck der Sache eine Wendung würde verleihen wollen." Die Direction wolle dann die Oper ankaufen und vom Capellmeiſter Anſelm Weber componiren laſſen. „Er iſt es werth, ein Werk dieſes großen Mannes in Muſik zu ſetzen." Weber hatte auch gefragt, ob Goethe wohl eine Umgeſtaltung ſeines Fauſt zur Oper geſtatten würde. „Es ſcheint mir, man dürfe dieſen Antrag nicht wohl an ihn wagen; ſo bin ich auf den erſten Gegenſtand, die Zauberflöte gekommen." (Ungedruckt, Goethe- und Schiller-Archiv.) Kirms übermittelte Goethen dieſen Brief und erhielt folgende Antwort:

„Ew. Wohlgebornen
haben mir durch die ertheilten guten Nachrichten viel Vergnügen gemacht. Wenn Herr Capellmeister Müller so fortfährt, so wird er sich und uns, dem Hofe, dem Publicum und der Kunst viel Vortheil und Vergnügen bringen. Ich wünsche uns allen Glück dazu, und freue mich auch deßhalb auf meine Rückkehr.

Der Gebrauch der Wasser hat mir auch dießmal wieder großen Nutzen gebracht, und mich sogleich von den krampfhaften Übeln befreyt, an denen ich in Jena noch sehr, ohne mich viel zu beklagen, gelitten habe. Möge doch unser guter Fürst bald in Töplitz anlangen, und dort die erwünschte Hülfe finden.

Die Gegenwart der Kaiserin hat uns alle in Bewegung erhalten, ob sie gleich niemanden genierte und höchst angenehm und freundlich war. Jetzt ist es so voll hier, das kein Quartier mehr zu finden ist, und jeder zufrieden seyn kann, der fest sitzt.

Den Manheimern würden Ew. Wohlgebornen gefällig antworten, daß ihnen der neue Götz von Berlichingen, welcher sobald nicht gedruckt erscheinen werde, zu Diensten stehe, wenn sie mir das Einkommen der dritten Repräsentation desselben nach der Art, wie die Benefize den Schauspielern gegeben werden, zugeständen. Nur allein, wenn dieses eingeführt wird, kann man sich entschließen fürs Theater zu arbeiten, sonst ist es nicht der Mühe werth, daß man eine Feder anrührt, oder auch nur eine Abschrift machen läßt.

Des Herrn Jflands Anfragen beantworten sich

sämmtlich durch das Fragment des zweyten Theils
der Zauberflöte, das in meinen Werken, und zwar in
deren siebentem Band abgedruckt ist. Das Personal der
ersten Zauberflöte mit geringer Vermehrung sollte hin=
reichen, auch diese Fortsetzung zu geben. Wie ich die
Situationen, Decorationen und dergl. ähnlich zu er=
halten und doch zu steigern dachte, sieht man gleich=
falls daraus, so wie die Absicht blos für musicalischen
und theatralischen Effect zu arbeiten. Der Plan, so
wie noch ein Theil der Ausarbeitung, liegt unter meinen
Papieren. Ob ich aber, da ich so viel andere Dinge
vorhabe, mich wieder zu theatralischen Arbeiten, wobey
weder Freude noch Genuß, noch Vortheil zu erwarten
ist, wenden möchte, glaub' ich schwerlich. Mehrere
Pläne und Halbausarbeitungen bedeutender Stücke liegen
da, und werden wohl immer liegen, wie die zwey letzten
Theile der natürlichen Tochter, und eine Tragödie aus
der Zeit Carls des Großen. Sollte das Berliner Theater
den obgemeldeten Vorschlag, die dritte Repräsentation
zum Benefiz des Autors zu geben, eingehen, so könnte
man eher seine Maßregeln darnach nehmen und einen
Theil seiner Zeit auf dramatische Arbeiten verwenden.
Abgerissen kann man dergleichen nicht unternehmen.
Ich ziehe jetzt den Roman allem andern vor, weil
einen dabey alles begünstigt, was beym Theater dem
Autor nur zum Nachtheil gereicht. Könnte man die
unternommenen Arbeiten nach und nach vom Stapel
lassen, so würde der durch einen sehr hohen und be=
deutenden Theaterkenner mir aufgetragene Brutus wohl
auch mit flott werden; dagegen ich jetzt befürchten muß,

daß alle diese Dinge bey mir, wie bisher, stocken und nicht zum Ende gelangen.

Überlegen Sie doch, ob das Stückchen von Contessa sogleich ausgetheilt und etwa in Lauchstädt einstudirt werden könne. Dieser Autor verdient, daß man ihm gefällig sey, und wahrscheinlich ist ihm daran gelegen, daß es bald auf unserm Theater erscheine.

Und nun wünsche ich recht wohl zu leben, in Hoffnung mich bald wieder mit Ihnen persönlich über unsere Angelegenheiten zu unterhalten. Herrn Rath Kruse viele Empfehlungen.

Karlsbad
den 27. Juny 1810. Goethe."

Zur Erläuterung dieses Briefes ist schon oben S. XV gesagt, daß der „sehr hohe und bedeutende Theaterkenner" kein geringerer war als Napoleon. Dieser hatte sich in Weimar, nach dem Fürstencongresse in Erfurt (October 1808) Goethe gegenüber als ein scharfer ästhetischer Kritiker erwiesen, indem er, anknüpfend an die französische Aufführung von Voltaire's „Mort de César" im Weimarischen Theater (am 6. October), seine Ansichten über das Drama darlegte. „Das Trauerspiel sollte die Lehrschule der Könige und der Völker sein, das ist das Höchste was der Dichter erreichen kann. Sie z. B. sollten den Tod Cäsars auf eine vollwürdige Weise, großartiger als Voltaire, schreiben. Das könnte die schönste Aufgabe Ihres Lebens werden. Man müßte der Welt zeigen, wie Cäsar sie beglückt haben würde, wie alles ganz anders geworden wäre, wenn man ihm Zeit gelassen hätte, seine hochsinnigen Pläne auszuführen." Er war kein Verehrer Voltaires und dessen Cäsar war ihm zu republikanisch. „Étrange pièce ce César! Pièce républicaine! J'espère que cela ne fera aucun effet ici!" äußerte er nach der Vorstellung zu Herzogin Luise.

Der weitumfassende Geist Goethes kannte keine Grenzen und Trennungslinien innerhalb der menschlichen Cultur=bestrebungen. Von jeder Nation nahm er dankbar das in sich auf, was sie ihm an werthvollen, aus ihrer Eigenart entsprungenen Schöpfungen des Geistes darbot. Und so ist auch das Repertoire des Weimarischen Theaters ein Abbild dieser weltbürgerlichen Gesinnung. England, Frankreich, Italien, Spanien, Dänemark, das alte Griechen=land und Rom sind hier mit einer großen Zahl von Stücken vertreten. Die wichtigsten ausländischen Werke, die auf dieser Bühne erschienen, sind die von Shakespeare und Calderon.

Goethes Verhältniß zu Shakespeare war aus der un=getheilten, ganz hingebenden Begeisterung seiner Jugend allmälig in ruhigere Bahnen übergegangen. Den Aus=druck dieser Wandlung sehen wir im „Wilhelm Meister". Goethe unterscheidet jetzt zwischen dem Dichter überhaupt und dem dramatischen, besser gesagt theatralischen Dichter. Dem ersteren blieb er Zeitlebens mit ganzer Seele zugethan; gegen den letzteren hatte er allerlei auf dem Herzen. Die freie, ungebundene, phantastisch=sprunghafte, im Raum·und in der Zeit willkürlich sich ergehende Form Shakespeares stand im Gegensatz zu seiner antiken Kunstauffassung, die immer mehr auf das Nothwendige, auf das Symbolische, auf das Plastische der Handlung und Charactere, auf weise Beschränkung in der Mannichfaltigkeit der Erscheinungen hinzielte. Ihm sowohl wie Schiller widerstrebten die starken Contraste, der schroffe Wechsel von Stimmungen, das Kaleidoskopische in Shakespeares Wiedergabe des Weltbildes. Wilhelm Meister wird von dem in der ersten taumelnden Begeisterung gefaßten Plane, den „Hamlet" ganz und unzerstückt auf die Bühne zu bringen, durch die praktische Bühneneinsicht Serlos abgebracht, und er macht sich daran, das Drama zu concentriren, das heißt das Nothwendige herauszuheben und alles, was nach seiner Meinung die Einheitlichkeit der Handlung zersplitterte, wegzulassen oder kurz anzudeuten. Diese Einsicht behielt Goethe auch als praktischer Bühnenleiter und bekämpfte das von den Romantikern, in erster Linie von Tieck ausgehende Vorurtheil, Shakespeare müsse mit Haut und Haaren, womöglich sogar auf einem zur Unvollkommenheit der englischen Bretterbühne zurückgeschraubten, der modernen Anschauung widerstrebenden Gerüst aufgeführt werden. Diesen Gedanken hat er in dem Aufsatz „Shakespeare und kein Ende" Ausdruck gegeben. Shakespeares ganze Verfahrungsart, sagt er hier, finde an der eigentlichen Bühne etwas Widerstrebendes; sein großes Talent sei das eines Epitomators, und insofern jeder Dichter ein Epitomator der Natur sei, müsse sein Verdienst anerkannt werden; „nur leugnen wir dabei, und zwar zu seinen Ehren, daß die Bühne ein würdiger Raum für sein Genie gewesen." Und er lobt die Bühnenbearbeitungen Schröders, der als Epitomator des Epitomators das über die Bühnenmöglichkeit hinauswachsende Weltbild bloß auf das Wirksame einengte, und alles wegwarf, sogar Nothwendiges, wenn es ihm die

Wirkung auf seine Nation, auf seine Zeit zu stören schien.
Und gerade die Enge der eigenen Bühne, die Beschränkt=
heit der ihm zu Gebote stehenden Mittel mußten Goethe
in dieser Anschauung bestärken. Freilich die Schärfe, mit
der er sie in jenem Aufsatz ausgesprochen hat, gehört erst
seinem späteren Alter an. Als 1803 mit großen Mühen
der „Julius Cäsar" aufgeführt wurde, äußerte Goethe
Bedenken gegen ein allzu tiefes Eingreifen in den Or=
ganismus des Stückes. Er fand innerlich alles zweck=
mäßig, nichts entbehrlich und doch möchte er, zur theatra=
lischen Zweckmäßigkeit, hier und da durch Geben und
Nehmen nachhelfen. Aber sein ästhetisches Gewissen warnte
ihn, und die Bewunderung des Dichters, der sein Werk
so wohlbedacht gefügt habe, daß es beim geringsten Rütteln
und Schieben einzustürzen drohe, hielt den Dramaturgen
im Zaume. Deshalb beschränkte sich Goethes Bearbeitung
nur auf einige scenische Vereinfachungen und auf Zu=
dichtung einiger Verse in die Rolle des Poeten, die, wie
die ganze Bearbeitung, verloren gegangen sind. Goethe
scheint auch die Absicht gehabt zu haben, zu diesem Stück
einen Epilog zu dichten. In seinem Nachlaß fand sich
ein Blatt mit folgender eigenhändiger Aufzeichnung:

   Epilog zu Shäkespeares Julius Cäsar
       J.
  Er sah ihn wieder*)
  Und zu Philippi hat er ihn gesehn

  Ganz anders verfuhr er, und zwar genau im Sinne der
in dem Shakespeare=Aufsatz ausgesprochenen Maximen, bei

---

 *) Diese Zeile ist gestrichen.

seiner Bearbeitung von „Romeo und Julie", die er im December 1811 begann und vollendete, wobei ihm Niemer behülflich war. Er hatte auch die Absicht, die dabei befolgten Grundsätze öffentlich auszusprechen, „woraus sich denn vielleicht auch ergeben wird, warum diese Redaction, deren Vorstellung keineswegs schwierig ist, jedoch kunstmäßig und genau behandelt werden muß, auf dem deutschen Theater nicht gegriffen." Diese Absicht ist leider nicht ausgeführt worden.

Die auf Schlegels Übersetzung beruhende Bearbeitung, die erst nach Goethes Tode (1841) veröffentlicht worden ist, liegt jetzt in einem genaueren Druck im 9. Bande der Weimarischen Ausgabe vor. In einem (ungedruckten) Briefe an Cotta vom 21. Februar 1812 schreibt Goethe: „Diesen Winter habe ich mich mehr als ich wünschte und dachte, mit dem Theater beschäftigt, und eine Redaction von Shakespeares Romeo und Julie vorgenommen. Sie hat mir viel Zeit gekostet; die Aufführung am 30. Januar aber ist auch bestens geglückt. Der einzige Gewinn ist, daß wir ein Stück auf dem Repertoire mehr haben, welches jährlich einige Mal wiederholt werden kann, und dieß ist jetzt für ein deutsches Theater schon ein Großes, da alles täglich ephemerer zu werden scheint. Für den Druck ist das Stück nicht geeignet; auch möchte ich denen abgöttischen Übersetzern und Conservatoren Shakespeares nicht gerne einen Gegenstand hingeben, an dem sie ihren Dünkel auslassen können." Und an Caroline von Wolzogen schreibt er (28. Februar 1812): „Die Maxime, der ich folgte, war, das Interessante zu concentriren und in Harmonie zu bringen, da Shakespeare nach seinem Genie, seiner Zeit und seinem Publicum viele disharmonische Allotria zusammenstellen durfte ja mußte, um den damals herrschenden Theatergenius zu versöhnen." Goethe hat hier besonders die zwei komischen Figuren Mercutio und die Amme sowie die niederen Figuren im Auge, durch deren possenhafte Intermezzi die folgerechte Einheitlichkeit des Kunstwerks nach seiner Meinung gestört wird. Und hierin liegt ein wichtiger Unterschied zwischen dem idealistischen Klassizismus der Weimarischen Dichtung und dem nordisch-romantischen Realismus Shakespeares. Der erstere duldet nicht die Einmischung der grotesken Komik, überhaupt des Gemeinen und Niedrigen in die Tragik, und besonders die Contrastirung jener beiden Weltauffassungen in ihren stärksten Ausdrücken, wie es gerade bei Shakespeare der Fall ist. Die klassische Ästhetik verlangt die Reinhaltung und strenge Sonderung der komischen und tragischen Gattung. Aus diesem Princip hatte Schiller in seiner Macbeth-Bearbeitung dem Original Gewalt angethan und dem Pförtner statt der groben, unflätigen Späße ein frommes Morgenlied in den Mund gelegt. Die geniale Einleitung, in welcher das raufende Dienergesindel den Streit der Herren exponirt, hat Goethe durch einen schalen Singspielchor der Capuletschen Diener ersetzt, die das Haus zum Maskenfest ausschmücken. Die humoristischen Dienerscenen des ersten Actes sind, da das Stück mit dem Maskenfest beginnt, weggefallen, ebenso die burlesken Musikantenspäße vor dem Begräbniß der Julia. Der köstliche Aufzug der Amme (II, 4) sowie die daran sich schließende Lustspielscene fiel demselben Princip

zum Opfer. Die Rolle der Amme ist auf das Noth=
wendigste zusammengezogen; die Kupplerin ist geblieben,
aber von ihrer behaglichen Albernheit und Geschwätzigkeit
ist ihr ein gutes Theil genommen. Noch mehr ist das
Bild Mercutios in dieser Bearbeitung beeinträchtigt. Er
hat viel von seinem kecken, spöttischen Witz, von seinem
liebenswürdigen Leichtsinn verloren, und aus einem
genialen Phantasiemenschen ist er zu einem Spaßmacher,
einem dickwanstigen Fresser und Raufer herabgesunken; ja
Goethe sah in ihm eine Art Falstaff. Die herrliche Er=
zählung von der Fee Mab, worin sich die humoristische
Weltanschauung Mercutios phantasievoll kundgibt, wurde
ohne Erbarmen gestrichen. Goethe kam es hauptsächlich
an auf das Liebespaar und sein tragisches Geschick;
auf den Streit der feindlichen Häuser nur in so weit,
als derselbe die Ursache des Untergangs der beiden
Liebenden ist. In dem Moment wo sich das Geschick
derselben erfüllt hat, ist für ihn als Dramaturgen das
Stück zu Ende, er läßt die Auflösung der angeschlage=
nen Dissonanzen, die Aussöhnung der streitenden Fa=
milien, die Ahnung einer glücklicheren Zukunft fallen,
und wir werden entlassen mit dem nichts weniger als
tröstlichen Trost, daß menschliches Beginnen eitel sei.
Dem Bestreben, die Haupthandlung von jedem sich zu
stark vordrängenden Nebeninteresse zu befreien, sind manche
eigenartige, echt Shakespearische Schönheiten geopfert wor=
den. Andrerseits mußte Goethe zur Ergänzung und Aus=
füllung der dadurch entstandenen Lücken vieles hinzu=
dichten, worunter sich die schöne Erzählung des Pagen
vom Begräbniß der Julia befindet. Eine eingehendere

Darlegung der dramaturgischen Thätigkeit Goethes an diesem Stück kann hier leider nicht gegeben werden. „Diese Arbeit war ein großes Studium für mich", schreibt Goethe an Reinhard (13. Februar 1812), „und ich habe wohl niemals dem Shakespeare tiefer in sein Talent hineingeblickt, aber er, wie alles Letzte, bleibt denn doch unergründlich."

Daß zu dieser Bearbeitung Goethes Schüler Pius Alexander Wolff die Anregung gegeben hat, deutet auch Genast an. Genaueres darüber ergeben mehrere interessante Briefe Wolffs. Dieser stand, besonders seit dem Leipziger Gastspiel der Weimarischen Truppe (1807) mit dem Leipziger Justizrath Dr. Heinrich Blümner, einem eifrigen Freunde und Kenner des Theaters in lebhaftem Briefverkehr. Wolff schreibt an ihn aus Weimar am 5. December 1811: „So viel von dem äußeren Treiben unseres wunderlichen Weimars, das immer wunderlicher zu werden anfängt. Was mich aber näher und auf manche Weise unangenehm berührte und mir das Gemüth beunruhigt, ist, daß ich nach und nach zum Entschluß gekommen bin und ihn schon ziemlich fest gefaßt habe, die hiesige Bühne zu verlassen. Goethes Stolz und Übermuth wird täglich fühlbarer und unerträglicher, und ich bin auf eine Weise von ihm gekränkt und beleidigt, daß ich nicht einsehe, wie es anders kommen könnte als daß wir Weimar Lebewohl sagen; ein Schritt ist auch schon dazu gethan, ich habe unsere Entlassung verlangt ..... Lange ging es ohnehin nicht mehr und folglich ist es besser, sich in einer Zeit zu verändern, wo man noch Jugend und Lust voraus hat. Wer weiß auch wie lange es mit dem Weimar noch so ruhig abgeht, und der junge Hof scheint sich ganz für die Oper zu bestimmen." Und am 26. December an denselben: „Goethe hat einigermaßen sein Unrecht, glaub ich, eingesehen, so etwas gesteht man freilich nicht ein, aber da die Folgen, wie er es wieder an mir gut machen will, so großen und herrlichen Vortheil für die Kunst bringen, kann ich es wohl vor mir selbst verantworten, etwas mehr als billig ist, geduldet zu haben. Er hat nämlich die ganz aufgegebene Idee mit Romeo und Julie wieder ergriffen, und um sich uns gefällig zu zeigen, das Stück selbst bearbeitet, und es ist so herrlich, so vortrefflich geworden, daß ich ihm nichts an die Seite zu setzen weiß. Seit drei Wochen arbeitet er ununterbrochen daran, und es ist beinahe ein ganz neues Stück geworden. Ich schreibe eben den ersten Act ins Reine, und er arbeitet noch an der letzten Hälfte des fünften. Ich kann Ihnen nicht sagen, wie ungemein viel Freude uns diese Rollen machen*) und mit welcher Lust und Begierde wir uns damit beschäftigen. Dabei hat Goethe auf eine äußerst zarte Art mir es zu insinuiren gewußt, daß er es mir zu Liebe thut und wir sind uns auf manche Weise näher gekommen als je."

Die Beantwortung der Frage, was Calderons Erscheinung für die Weimarische Bühne bedeutet, müßte in einer ausführlichen Geschichte derselben gegeben werden. Hier sollen nur noch einige interessante Briefstellen beigebracht werden, welche die erste Annäherung Goethes an

---

*) Wolff spielte den Romeo, seine Frau die Julie. Die erste Aufführung fand statt am 1. Febr. 1812.

Calderon beleuchten sollen. A. W. Schlegel übersandte Goethe seine Übersetzung von Calderons La devocion de la cruz (Andacht zum Kreuz) mit folgendem Schreiben (Berlin 11. Sept. 1802):

„Die beykommende Übersetzung, die so treu als möglich ist, mit Beibehaltung der ursprünglichen Formen, so weit es die verschiedne Natur der Sprachen gestattet, sende ich Ihnen, theils in der Hoffnung, daß die Lectüre Sie interessiren wird, theils um sie Ihnen für Ihr Theater anzubieten, falls Sie davon Gebrauch machen wollen und können. Sie werden es sich vielleicht nicht mehr erinnern, daß ich Sie vor mehr als zwei Jahren einmal fragte: ob Sie wohl Wunder auf das Theater zu bringen wagten? Worauf Sie erwiderten: Wunder hätten an sich nichts bedenkliches, wenn sie nur sonst theatralisch eingerichtet wären. Ich zielte damals auf eben dieß Stück, das ich aber nur flüchtig gelesen hatte und nicht gehörig verstand, so daß ich den Gedanken zu einer freieren Bearbeitung fassen konnte. Seitdem habe ich wohl eingesehen, daß die ganze Ausführung bis in die Feinheiten der Form mit der bestimmtesten Nothwendigkeit dasteht, und kann ebenso wenig daran denken etwas von Calderon zu bearbeiten als von Shakespeare.

Über das Stück füge ich nichts weiter hinzu, um Ihrem Urtheile nicht vorzugreifen. Nur will ich bemerken, daß Sie den Dichter keinesweges vollständig daraus kennen lernen, nicht einmal seine eigentümlichste Seite. Ich habe den Calderon seit etwa einem Jahre viel studirt, jedoch lange noch nicht genug, um ihn ganz

zu kennen und zu verstehen. Auf Ostern werde ich
anfangen, ein Spanisches Theater herauszugeben, worin
ich aber die Stücke des Calderon von denen der übrigen
spanischen Dichter absondern werde.

Wenn Sie es unternehmen können, ein Stück, worin
der Katholicismus so ernstlich genommen und doch wieder
mit dem keckſten Scherze durchwebt ist, vor Ihr Pu=
blicum zu bringen, so bitte ich Sie von meiner Hand=
schrift eine Abschrift nehmen zu lassen und sie mir
wieder zurückzuschicken; lassen Sie es nicht aufführen,
so haben Sie wohl die Güte, es nach gemachtem Ge=
brauche wieder hieher zu senden oder Tieck zu geben."

Derselbe an Goethe, Berlin 7. Mai 1803:

„Sie haben sich mit so vieler Wärme der Erschei=
nung meines „Jon" auf dem Theater angenommen,
daß er Ihnen ganz besonders angehört, und daß ich
bei seiner Erscheinung im Druck nichts angelegent=
licheres habe als Ihnen meinen Dank dafür zu wieder=
holen und den Wunsch hinzuzufügen, daß ich Ihr
Interesse bald einmal wieder auf ähnliche Weise möchte
in Anspruch nehmen können.

Bei der Arbeit am Spanischen Theater, die ich
ebenso eifrig fortzusetzen denke als die am Shakespeare
bisher, war es mir eine große Aufmunterung, daß das
erste von mir gewählte Stück (Andacht zum Kreuz)
Ihnen einen so großen Eindruck gemacht, wie ich von
Professor Schelling erfuhr. Ich bin begierig Ihr Ur=
theil über die beiden andern (Über allen Zauber Liebe;
Die Schärpe und die Blume) zu erfahren. Was dieser

Band enthält, ist nur ein kleiner Vorschmack von den
Reichthümern dieses Dichters, und wenn ich meinem
Urtheile trauen darf, so haben andre seiner Compositionen einen noch weit größeren Charakter. Ich durfte
meine Wahl bei dem ersten Bande aber nicht bloß
durch die Vortrefflichkeit bestimmen lassen, sondern
mußte auf Mannichfaltigkeit, auf Faßlichkeit für Deutsche
und des Dichters noch ungewohnte Leser, endlich bei
der wenigen Zeit, die mir übrig blieb, auf die verhältnißmäßig geringere Schwierigkeit beim Übersetzen
Rücksicht nehmen.

Da die spanischen Stücke überhaupt und die des
Calderon insbesondere so durchaus theatralisch gedacht
sind, so halten Sie vielleicht einen guten Erfolg auf
Ihrer Bühne im allgemeinen nicht für unmöglich. Ich
bitte Sie, mir Ihre Meinung hierüber wissen zu lassen:
wenn Sie etwas der Art zu unternehmen geneigt wären,
so könnte ich beim zweiten Bande bei der Wahl mit
darauf Rücksicht nehmen, solche Stücke zu treffen, bei
welchen keine speziellen Hindernisse und Störungen auf
unserer Bühne vor einem heutigen, deutschen und protestantischen Publicum eintreten."

Darauf Goethe an Schlegel (Concept, undatirt, wohl
nach dem 16. Juni 1803):

„Für den Abdruck des Jon, eines Stücks für das
ich mich gleich von Anfange so sehr interessirt und das
mir durch Sorgfalt bei der Aufführung und durch
manche Abenteuer gleichsam zu eigen geworden, danke
ich Ihnen recht sehr.

Ingleichen für die Übersetzung aus dem Spanischen. Ich freue mich der Hoffnung die Sie uns gaben, diesen außerordentlichen Mann noch weiter kennen zu lernen. Stünde nur nicht gar zu viel entgegen, so brächte ich die Anbetung zum Kreuz aufs Theater.

Das mittlere Stück läßt sich vielleicht am ersten produciren, das letztere liegt auch zu sehr außerhalb des Fassungskreises deutscher Zuhörer. Wenn Sie irgend unter des Dichters übrigen Werken etwas fänden, das sich unserer Denkweise annäherte und wollten es vor allen Dingen übersetzen, so würde ich es gern gleich im October vornehmen und den Winter damit einweihen."

"Der standhafte Prinz" war das erste Stück Calderons, das über die Weimarische Bühne ging. Wolff, als frommer, gläubiger Katholik von dem religiös-mystischen Gehalt dieser Dichtung ergriffen, wußte Goethe, der in ihr das Höchste sah, was eine symbolisirende Poesie zu leisten vermochte, zur Aufführung zu bewegen. Nach eingehenden, auf vollendete Recitation hinzielenden Proben unter Goethes Leitung war sie am 30. Januar 1811 mit großem Erfolg zu Stande gekommen. Wolff schrieb am 26. Febr. 1810 an Blümner: "Nun mache ich auch einen Versuch mit dem standhaften Prinzen von Calderon nach Schlegel; ich habe das Stück eben in der Arbeit, Goethe ist sehr dafür eingenommen und mit einigen Abkürzungen, glaube ich, können wir es hier, wo wir alles wagen, auch damit wagen. Ich habe mich schon früher sehr damit abgegeben und hinein gedacht, und ist die Mühe umsonst, dem Publicum etwas Herrliches aufzudrängen, so habe ich doch Freude daran, während ich mich damit abgebe. Ich werde den standhaften Prinzen übernehmen und meine Frau die Phönir. Die schöne Stelle im 4. Act mit dem König, wo Fernando die Majestät in den Thieren, Pflanzen, Mineralien ꝛc. offenbart, war immer eine die ich am liebsten declamirte." Über die Aufführung berichtete Goethe an den Göttinger Professor Sartorius (ungedruckt, Weimar 4. Febr. 1811):

„Nach meiner Rückkehr [aus Carlsbad, im Herbst 1810] haben wir eine italienische Oper: Achilles von Paer, mit großem Beifall zu Stande gebracht. Brizzi von München sang die Hauptrolle und die unsrigen begleiteten ihn musterhaft.

Doch haben wir in diesen Tagen noch einen größeren theatralischen Triumph erworben, indem wir den stand= haften Prinzen von Calderon nach Schlegels Übersetzung mit allgemeiner Theilnahme aufgeführt. Jedermann machte uns das Compliment daß es über alle Er= wartung gerathen, und seinen Unglauben verhehlte niemand, den er an dem Glück unseres Unternehmens gehegt hatte.

Beym Theater kommt freilich alles auf eine frische unmittelbare Wirkung an. Man will nicht gern reflec= tiren, denken, zugeben; sondern man will empfangen und genießen; daher ja auch oft geringere Stücke eine günstigere Aufnahme erleben als die bessern; und zwar mit Recht. Dießmal aber haben wir ein Stück, was vor nahe 200 Jahren, unter ganz anderem Himmels= striche, für ein ganz anders gebildetes Volk, geschrieben ward, so frisch wieder gegeben, als wenn es eben aus der Pfanne käme. Die Theilnahme aller Klassen war dieselbe, und ich freue mich darüber gar höchlich, weil meine Mühe und Sorge, die ich auf die Wiederbelebung eines Werks, das ich für höchst vortrefflich halte, seit ein paar Jahren gewendet habe, nunmehr reichlich belohnt sehe."

Und Wilhelm Schlegel dankt Goethe für die Aufführung in folgenden Worten (Genf 15. März 1811):

„Ich darf es Ihnen wohl nicht erst ausdrücklich versichern, daß mir die Aufführung des „Standhaften Prinzen" mit so ausgezeichnetem Beifall eine sehr lebhafte Freude gemacht hat. Sie allein retten unsere Bühne aus ihrer Gemeinheit. Diese Darstellung ist in der That ein in den Jahrbüchern des Theaters einziges Ereigniß; ich glaube nicht, daß jemals zuvor ein heroisches Stück von Calderon oder irgend einem spanischen Dichter diesseits der Pyrenäen in seiner eigenthümlichen Gestalt und mit allen seinen Farben aufgeführt worden. Das einzige was mir dabei leid thut, ist, daß ich nicht selbst habe Zeuge von der Bewunderung sein können, die meinem geliebten Calderon, dessen erster Missionar in Deutschland ich denn doch war, zu Theil wurde, und daß ich auch für die Zukunft keine wahrscheinliche Aussicht dazu weiß."

In einem Brief Goethes an Friedrich Schlegel (April 1812) heißt es:

„Etwas über unser Theater sagen oder sagen zu lassen, würde sehr schwer fallen. Wir gehen immer auf die alte Weise fort, die Sie aus vorigen Zeiten selbst kennen, wir sagen niemals voraus, was wir thun wollen und dann merken wir auf, wie das Publicum dasjenige empfängt was wir geben; gelingt's, so gehen wir einen Schritt weiter. Für den „Standhaften Prinz" war vieler Enthusiasmus rege geworden, nun sind wir mit einem anderen Stück des Calderon „Das Leben ein Traum" hervorgetreten, welches gleichfalls vielen Beyfall erhalten, ja sogar einen kleinen Streit erregt hat, welches von beyden Stücken das vorzüglichste sey? Romeo und Julie von Shakespeare habe ich concentrirt und alles, was nicht zur Haupthandlung gehört entfernt. Auch dieses Stück hat eine gute Aufnahme gefunden."

Es erübrigt noch einen kurzen Blick auf einen wichtigen Theil des Repertoires zu werfen, nämlich auf die Oper. Goethes Neigung zur musikalischen Poesie erfuhr in Italien eine starke Umwälzung und lenkte in die Bahn des komischen Singspiels. Dem Rhythmischen seiner Natur wurde hier auf das angenehmste entsprochen. Er übernahm aus Bellomos Repertoire eine Reihe der damals allgemein beliebten Dittersdorfischen Opern, deren Humor und leichte Behaglichkeit auch ihn höchst sympathisch berührte. Italienische und französische Opern von Païsiello, Cimarosa, Guglielmi und anderen kamen zur Aufführung mit untergelegten neuen Texten von Einsiedel und Vulpius. Eine eigene Sängergilde wie heute gab es damals nicht, das Personal mußte im gesungenen und recitirten Schauspiel zu Hause sein. Das Weimarische Orchester ließ im

Anfang sehr viel zu wünschen übrig. Noch 1812 äußerte Carl Maria von Weber, daß es sich seiner schwachen Besetzung wegen besonders zur Begleitung der Spieloper eigne. Ein Ereigniß war, nachdem bereits „Die Entführung aus dem Serail" vorangegangen war, die erste Aufführung des „Don Juan" (30. Januar 1792). Am 16. Januar 1794 folgte „Die Zauberflöte". Beide Opern gehörten hinfort zu den Hauptstützen des Repertoires, in Weimar sowohl als auswärts. Im Allgemeinen war wohl der Geschmack des Publicums der Oper gegenüber wechselnd, und auswärts hatten die Weimaraner im großen Ganzen mit der Oper weniger Glück als mit dem Schauspiel. Daher sind Äußerungen wie die: „Der Geschmack an Opern fällt mit jedem Tage hier und der an Stücken steigt eben so sehr" (Vohs an Kirms aus Lauchstädt 5. Juli 1796) oder „Das heutige Stück (Jfflands Jäger) gibt wieder einen Beweis, daß die Stücke ungleich besser gefallen als die Opern" (Schall an Kirms, Lauchstädt 24. Juli 1797) wohl mehr auf Schuld des mäßigen Repertoires und der mangelhaften Wiedergabe zu setzen.

Goethe sowohl als Schiller stellten die reine Opernform in kunsttheoretischer Beziehung sehr hoch. Jener war nicht abgeneigt, sie für die günstigste aller dramatischen Formen zu erklären; dieser hoffte, daß aus ihr wie aus den Chören des alten Bacchusfestes das Trauerspiel in einer edleren Gestalt sich entwickeln werde. Denn in ihr fehlt jene servile Naturnachahmung, die dem Idealisten Schiller die Hauptmasse der zeitgenössischen Dramatik ungenießbar machte. „Die Oper stimmt durch die Macht der Musik und durch eine freiere harmonische

Reizung der Sinnlichkeit das Gemüth zu einer schönen Empfängniß; hier ist wirklich auch im Pathos selbst ein feineres Spiel, weil die Musik es begleitet, und das Wunderbare, welches hier einmal geduldet wird, müßte nothwendig gegen den Stoff gleichgültiger machen" (Schiller an Goethe 29. Dec. 1797). Also das Element der reinen, über dem Stoff stehenden Form, das in keinem deutschen Componisten bis dahin so lebendig gewesen war, wie gerade in Mozart, war es, das die beiden Dichter zur Oper hinzog. Goethe hatte diesen theoretischen Gedanken bereits praktisch ausgelebt, Schiller rang eben damals mit seiner Verwirklichung, ohne aber über den Begriff des Dramas noch ganz im Reinen zu sein.

Gerade die reine Mozartsche Opernform verlangte eine vollendete Gesangskunst. Zu diesem Puncte war es bei den meisten singenden Mitgliedern der Weimarischen Gesellschaft, die mit wenigen Ausnahmen mehr Natur- als Kunstsänger waren, ebenso mißlich bestellt wie in Hinsicht auf kunstmäßiges Sprechen bei den Schauspielern. Nirgends war die Gesangskunst auf einer solchen Höhe wie in Italien, und so beschloß der Herzog, der manche gute Idee fürs Theater hatte, 1806 die Anstellung eines italienischen Gesangsmeisters auf drei Monate. Carl August schreibt, wohl um die Mitte des Juni 1806, an Kirms:

„Ich habe die tage daher vergeßen Ihnen folgendes zu sagen: schon lange hatte ich lusten einen Ital. Singmeister auf etl. Monathe im Jahre zu engagiren um unsern jungen leuten am theater Sing- u. music

stunden geben zu laßen, damit diese versonen doch
nur einigermaaßen die ihnen von der Natur verliehnen
stimmen künstlich gebrauchen lernten. Ich hatte den
Hauptm. v. Bose darüber gesprochen u. geschrieben,
und was von leztern deßwegen eingelaufen ist, lege ich
hier bey. Die Monathe Septbr. Oct. Nov. mögten die
schickl. seyn wo so ein Mann in Dreßden Uhrlaub
bekommen könnte. Der theater Casse solte die Sache
nichts kosten. Ich wünschte aber doch Göthens u.
Ihre Meinung über meine Idee zu wissen. Laßen
Sie die von Göthen einholen, der d. 28. von Jena
abreiset. Ich könnte, im falle daß die Sache auß=
geführt werden solte, im Juli mit Bosen in Dreßden
mich bereden.

C. A."

Darauf Goethe an Kirms:

„Jena d. 27 Junius 1806.

Ew. Wohlgebornen
erhalten hierbey ein Blättchen, worauf ich meine un=
maßgeblichen Gedanken wegen des Singmeisters eröffnet
habe. Die Kürze der Zeit, die er bey uns zubringen
soll, und die Sinnesweise der Theaterpersonen läßt
von dieser Anstalt wenig Fruchtbares hoffen. Doch
würde sie auf alle Fälle nicht ohne Nutzen seyn und
leitete vielleicht für die Zukunft etwas anderes ein.
Da uns dadurch keine neue Ausgabe zuwächst, so
wollen wir abwarten, was etwa weiter beschlossen
wird und was bey Serenissimi Anwesenheit in Dresden
arrangirt werden kann.

Übrigens danke ich Ihnen, daß Sie sich in unsern Angelegenheiten männlich halten und verwenden, und hoffe auf ein glückliches und frohes Wiedersehn.

G."

Das beiliegende Blättchen mit den „unmaßgeblichen Gedanken" lautet also:

„Jena den 27. Junius 1806.

Ew. Wohlgeborn
ist bekannt, wie ich schon lange gewünscht habe, daß Jemand unter unsern Musikern wäre, der sich mit unsern jungen Sängern beschäftigte und ihre Waldvögleinstimmen etwas kunstmäßiger zurichtete. Der Gedanke also einen Singmeister herbeyzurufen, trifft mit meiner Überzeugung recht gut überein. Da Serenissimus die Gnade haben wollen, die deßfalls nöthigen Unkosten zu bestreiten, so könnten wir es ohne weitres mit allem Danke annehmen. Nur gebe ich zweyerley zu bedenken, erstlich ob in drey Monathen, die ein solcher Gast=Lehrmeister bey uns zubringen könnte, hinreichendes Gute zu bewirken wäre; woran ich fast zweifle: denn von der Musik besonders vom Singen kann man sagen, die Kunst ist lang. Zweytens wissen Sie, wie ungern die Theaterpersonen Unterricht annehmen. Meist hält sich Jeder auf jeder Stufe hinreichend gebildet. Wir haben es bey dem Fall mit dem Tanzmeister gesehen. Niemand will an seinem Unterricht theilnehmen, und man kann sich unmöglich mit den Leuten überwerfen um ihnen wohl zu thun. Wie geht es mir nicht selbst! Was muß ich nicht

für allerley Künste brauchen, und doch zuletzt einmal
auffahren, wenn sie nach meiner Einsicht und Über=
zeugung sprechen und agiren sollen! Und doch hat
die ganze Gesellschaft Zutrauen und Liebe zu mir.
Etwas Unbildsames liegt überhaupt im Menschen, be=
sonders aber scheint es in dieser Classe sehr einheimisch
zu seyn.

G."

Im Personal war man mit diesem Project sehr zu=
frieden und erhoffte davon einen entschiedenen Aufschwung
der Oper. Wohl nur durch die unselige Kriegsnoth und
die Unsicherheit der Zukunft ist die Berufung des Ita=
lieners unterblieben.

Dagegen bekam das Studium des Italienischen und
das Interesse an der italienischen Oper 1810 einen An=
stoß durch das Gastspiel des seiner Zeit berühmten Bari=
tonisten Antonio Brizzi, Kammersängers aus München.
Goethe hatte ihn im Herbst dieses Jahres auf Schloß
Eisenberg in Böhmen beim Fürsten Lobkowitz kennen
gelernt und gleich mit ihm ein Gastspiel verabredet;
trotz den damit verknüpften Auslagen befürwortete er es
sehr, weil er von demselben fürs Theater mancherei Nutzen
erwartete. Brizzi bestimmte für dieses Gastspiel den
„Achill" von Paer in italienischer Sprache; der Auf=
führung in italienischer Sprache ging in Weimar ein
sehr eindringliches Studium voran. Brizzi sang zum
ersten Male am 28. November und erregte allgemeines
Entzücken. Er hatte keine große aber eine außerordentlich
geschulte Stimme, eine elegante vornehme Erscheinung

und war ein temperamentvoller, fürs erste Mal blenden=
der Schauspieler. Namentlich die Herzen des schönen
Geschlechts hatte er sich nach der ersten Vorstellung im
Sturme erobert. In Briefen von Wolff an Blümner
sind interessante Urtheile über ihn aufbewahrt. Wolff
war geradezu von dem Italiener bezaubert. Er findet
kein passendes Wort, um diesen himmlischen Gesang, den
lieblichen, unübertrefflichen, ja überhaupt unerreichbaren
Vortrag zu rühmen. Kurz vorher (24.— 27. September)
hatte Iffland zum dritten Male die Weimaraner durch
seine Kunst entzückt, darunter auch als König Lear.
Wolff, ein begeisterter Verehrer Ifflands, setzt im ersten
Rausche den Italiener als Schauspieler über den Deut=
schen, er ist auch von seiner Liebenswürdigkeit, seiner
interessanten, ja pikanten Persönlichkeit ganz eingenommen.
„Was für ein ungeheures Studium steckte in seinem
Achill, aber durchaus alles im großen, edlen, hohen
Stil der Tragödie. Er hat die schönen runden Be=
wegungen der Franzosen, den Ausdruck und die Wahr=
heit der Deutschen und die unvergleichliche Mimik der
Italiener, die sich nicht so leicht auf einem andern Ge=
sichte mit solcher Stärke zeigt. Besonders die Ironie
gelang ihm auf eine Weise, wie es ganz unmöglich ist,
sie nachzuahmen. Ich habe diese Darstellungen so genau
studirt, so viel darüber nachgedacht, denn die Rolle des
Achills ist ein herrliches Feld für den Schauspieler; er
erscheint beinahe in allen Affecten und die Musik sowohl
als das Gedicht selbst sind vortrefflich. Denken Sie sich
Ifflands Spiel, z. B. wie im Lear ꝛc. gegen Brizzi, wie
eine und dieselbe Tragödie, aber jene in Prosa, diese in

Perſen. Iffland iſt durchaus weitläufiger und wahrer, Brizzi edler und im höheren Stil. Jenes ergreift mehr, packt das Herz und iſt vielleicht bleibender. Dieſes macht den Eindruck, den man bei der Anſchauung einer großen Statue bekommt." Neben Brizzi waren von dem Weima=riſchen Perſonal beſonders die Jagemann als Briſeis und der Baſſiſt Stromeyer als Agamemnon hervorgetreten. „Jene ſteht ihm (Brizzi) im Vortrag des Geſangs am nächſten, dieſer iſt und bleibt ein Ochſe mitſammt ſeiner ſchönen Stimme. Brizzi ſagte: „Wenn ich dem Rindvieh ſeine Stimme hätte, wollte ich die Welt be=zaubern."

Brizzi gaſtirte vom 11. November bis 14. December 1811 ein zweites Mal, wobei ihn Wolff noch in einer anderen Rolle, als Polineſo in „Ginevra" von Meyer ſah. Der Erfolg dieſes Gaſtſpiels war ein viel geringerer, und auch Wolffs Enthuſiasmus wurde ſehr abgekühlt, als er wahrnahm, daß Brizzi als Schauſpieler immer derſelbe ſei. „Seine Erſcheinung wird immer angenehm ſein, weil er ein intereſſanter, liebenswürdiger Menſch iſt, aber ſein Spiel iſt eine beſchränkte zierliche Manier, aus der er nie herausgehen kann. Man ſollte nie einen Schauſpieler nach einer Rolle beurtheilen; ſo angenehm den Zuſchauer eine gefällige Manier auch das erſte Mal berühren kann, ſo widerlich wird ſie ihm in der Folge werden, wenn ſie beſtändig wiederkehrt. Er hat auch im Allgemeinen nur als Achill gefallen. Übrigens iſt Brizzi ein ungemein feiner und intriganter Kopf, weshalb er auch bei Hofe großes Glück machte, wenigſtens für den Augenblick; ſollte aber die Zeit, die alles aufklärt, auch sein Benehmen bei der Jagemann und die entgegengesetzte Falschheit bei der Großfürstin aufdecken, dürften wir ihn wohl zum letzten Mal hier gesehen haben. Er hat hiebei nur seinen diesmaligen Vortheil berücksichtigt und auch bezweckt. Übrigens ist Brizzi so voll Muthwille und koketter Ränke, daß es ihm gelang, viele unserer Damen zu bezaubern, aber auch zum Besten zu haben." (Wolff an Blümner 5. December 1811.) Noch absprechender schreibt Genast an Blümner (15. December 1811): „Seine Stimme ist sehr in Abnahme, er trägt fast gar nicht mehr, sondern verbrämt alles mit Schnörkeleien. Wenn er ein Deutscher wäre, so hieße es, der Kerl ist abscheulich." Erst im März 1816 kam Brizzi, diesmal mit seiner Tochter, wieder nach Weimar, wo beide zusammen dreimal in italienischen Opern auftraten. Brizzis erstes Gastspiel hatte in Carl August den Gedanken erweckt, der italienisch gesungenen Oper auch weiterhin eine besondere Pflege angedeihen zu lassen. Goethe schreibt darüber an Kirms:

„Durchlaucht der Herzog haben, in Betracht daß es wohlgethan seyn möchte, die Italienischen Übungen bey der Oper fortzusetzen, zu befehlen geruht, daß man einstweilen Don Juan italienisch einstudiren solle.

Der Herr Capellmeister besitzt die Partitur, in welcher noch manche, vom Componisten später gearbeitete Partien enthalten sind, wodurch also das Stück aufs neue interessant scheinen möchte.

Ich bringe die Sache hier zur Sprache, damit man das Weitere überlege. Da diese Aufführung auf den deutschen Don Juan weiter keinen Einfluß hat; so könnte bey derselben auch eine neue Austheilung zum Theil stattfinden. Don Juan könnte Herrn Stromeyer, Leporello Herrn Unzelmann überlassen werden, ingleichen würde es ein Vortheil seyn, Demoiselle Häsler durch die leichte Rolle der Zerline wieder in den Gang zu bringen.

Für Durchlaucht des Erbprinzen Geburtstag sind wir ohnehin wegen eines Stücks in Verlegenheit, und könnte diese Oper alsdann gar wohl für ein Festspiel gelten.

Weimar den 31. December 1810.

G."

Wegen der Besetzung gab es bald Schwierigkeiten. Unzelmann, der in der deutschen Bearbeitung den Don Juan gegeben hatte, weigerte sich den Leporello zu übernehmen, weil ihn sein Contract zu dieser Rolle nicht verpflichte. Goethe überläßt Kirms die Einrenkung dieser Angelegenheit, spricht aber sehr deutlich seine Meinung in folgendem Briefe an Kirms aus:

„Die Aufführung des Don Juan in italiänischer Sprache, sehe ich, wie schon öfters erwähnt, nicht als eine Commissions=Sache an, und möchte daher nicht gern die auszutheilenden Rollen unterschreiben. Es würde daher sehr gut seyn, wenn Ew. Wohlgeboren diejenigen Personen, die noch nicht davon unterrichtet sind, oder einige ombrage schöpfen könnten, mündlich begrüßten und belehrten. Ich glaube nicht, daß irgend jemand sich bey dieser Gelegenheit unfreundlich bezeigt.

Was Sie mir von Unzelmann schreiben, ist wohl nur vorübergehend. Geben Sie dem jungen Mann zu bedenken, was er uns, und Durchlaucht dem Herzog persönlich schuldig geworden; wie unendlich oft er unser bey Gelegenheiten bedurfte, wo er sehr übel daran gewesen wäre, wenn wir uns auf den Contract berufen hätten. Es ist hier von einer Artigkeit die Rede, die er dem Hof und besonders dem Fürsten erzeigt, und er sollte Gott danken, daß ihm eine Gelegenheit wird, seine Dankbarkeit an den Tag zu legen.

Ew. Wohlgebornen werden das schon machen. Sollte jedoch meine Intervention noch nöthig seyn, so haben Sie die Güte mir es anzuzeigen und ich will das Erforderliche wohl schriftlich zu vernehmen geben.

Jena
den 10. Januar G."
1811.

Die Vorstellung des „Don Juan" in italienischer Sprache kam zu Stande, allerdings erst am 4. September 1813, und eröffnete die Wintersaison in Weimar, nachdem am 30. Januar dieses Jahres, am Geburtstag der Herzogin, in der „Agnese" von Paer mit der Aufführung von Opern in italienischer Sprache ein Anfang gemacht worden war. Das Einstudiren des italienischen „Don Juan" hatte die Sommermonate, während des Gastspiels in Halle, in Anspruch genommen; der Eigensinn der allmächtigen Verbündeten Stromeyer und Jagemann hatte, nach Genasts Bericht, nicht weniger als 60 Klavierproben erforderlich gemacht. Stromeyer sang die Hauptpartie ausgezeichnet, spielte aber um so schlechter; die Jagemann dagegen, welche, als Tochter eines ausgezeichneten Kenners der italienischen Sprache und Litteratur, dieses Jdiom vollkommen beherrschte, schuf als Donna Anna gesanglich und schauspielerisch eine gleich ausgezeichnete Leistung. Die Vorstellung wurde am 11. und 15. September und am 3. November dieses Jahres wiederholt; am 20. September 1815 wurde wieder der deutsche „Don Juan" ins Repertoire aufgenommen.

Folgender Erlaß Goethes an die Commission möge hier seine Stelle finden:

„Einer Großherzogl. Theater Commission ist gewiß noch erinnerlich, daß, eh unser Theater auf dem hohen Grade der Bildung stand wie gegenwärtig, Schauspieler sich manchmal erdreisteten über aufzuführende oder aufgeführte Stücke mißbilligend zu sprechen und dadurch die wohlgesinnten Glieder der Gesellschaft, ja das Publicum irre zu machen. Durch dienstsame Bemerkung ward endlich dieses Übel völlig getilgt, so daß mir wenigstens keine Spur mehr davon vorgekommen ist.

Nun aber scheint sich diese Roheit im Orchester einzufinden, indem ich, von vielen Seiten, hören muß, daß Glieder der Capelle im höchsten Grad der Unverschämtheit gegen „Des Epimenides Erwachen" und dessen Musik leidenschaftlich auftreten, so daß man nicht weiß, ob man über Gemeinheit oder Dünkel sich mehr verwundern solle. Läßt man ein solches Verfahren ungeahndet, so hängt es in der Zukunft von solchen sinn-

losen Menschen ab, ein mit so vielem Bedacht, Sorg=
falt, Mühe und Kosten zu Stande gebrachtes Werk zu
verschreyen und dessen Wiederholung zu verhindern.

Die Sache betrifft mich so nah, daß ich Groß=
herzogl. Commission die Maßregeln deshalb völlig über=
lassen muß, nur das erkläre ich, daß keine auf meinen
Text neucomponirte Oper hier am Orte jemals auf=
geführt werden kann, damit mir dieser schöne und
wichtige Theil unserer theatralischen Darstellungen
nicht noch mehr Verdruß errege, als bisher schon ge=
schehen ist.

Großherzogl. Commission, wie obgedacht, die des=
halb nöthigen Verfügungen nach Überzeugung, auch
ohne meine Concurrenz, zu geneigter Ausfertigung über=
lassend

Weimar, den 18. Febr.
1816. Goethe"

IV.

Auswärtige Gastspiele.

> Das ganze finanzielle Geheimniß, wodurch wir
> bisher unser Institut erhielten, war, daß wir
> Sommers auswärts mehr einnahmen als wir
> brauchten, und damit den hiesigen Herbst, wohl
> auch einen Theil des Winters übertrugen.
>
> Goethe an Voigt, 5. Sept. 1813.

Der Hauptzweck, der mit den auswärtigen Gastspielen angestrebt wurde, war ein finanzieller: die zur Erhaltung des Theaters nicht genügenden Einnahmen in Weimar wurden in Lauchstädt, Erfurt, Rudolstadt, später in Leipzig und Halle vervollständigt. In den drei erstgenannten Orten waren künstlerische Rücksichten nicht maßgebend. Zwar die Hallenser Studenten, die eifrig nach Lauchstädt pilgerten, machten den Regisseuren mancherlei zu schaffen; aber hauptsächlich waren dabei unkünstlerische, persönliche Wechselbeziehungen im Spiel. Sie trieben es oft bunt genug in ihrer Roheit; dann mußten die „Rothröcke" herbeigerufen werden zur Herstellung der Ordnung. In anderen Fällen gehörte jedoch politische Klugheit dazu, um ihre über das Ziel hinausschießenden Wünsche einzudämmen. Ein solcher Fall ereignete sich 1806. Leipzig, eine altberühmte, ergiebige Theaterstadt, wurde auch von den wenigen Mimen, die damals schon regelmäßig ihre Gastspieltournéen machten, heimgesucht, was, wenn es zur

Zeit der Anwesenheit der Weimaraner in Lauchstädt geschah, für die dortige Kasse immer einen starken Ausfall bedeutete. Besonders waren es Iffland und Friedrike Unzelmann, die in Leipzig immer einen auf Lauchstädt stark hinüberwirkenden Erfolg hatten. So auch 1806. Die Hallenser Studenten sprachen sehr energisch den Wunsch aus, daß die Unzelmann auch in Lauchstädt gastiren möge. Der Regisseur Becker schreibt an Kirms (23. Juni 1806): „Es ist ja eine wahre Schande, wie die Berliner herum reisen und brandschatzen. Wenn die Unzelmann in Leipzig mit 12 Rollen fertig ist, kommt Iffland und spielt auch 12 Rollen, das thut uns schon, was doch von Leipzigern kommen könnte, Schaden." Er wünscht, daß das verlangte Gastspiel der Unzelmann in Lauchstädt auf jede Weise verhindert werden möge. Goethe schreibt darüber an Kirms und fügt geheime Verhaltungsmaßregeln für die Regisseure bei; und so gelingt es den Studenten diesmal nicht, ihren Willen durchzusetzen.

„Wie Ew. Wohlgebornen selbst einsehen und sagen, so läßt sich in dieser Sache nichts Durchgreifendes rathen noch anordnen. Ich habe aber doch in beykommendem Blatt etwas aufgesetzt das den Wöchnern bey ihrem Betragen zu einiger Leitung dienen kann. Ich habe es in der dritten Person abgefaßt und nicht unterschrieben. Doch ist ihnen durchaus nochmals zu empfehlen, daß sie es Niemanden sehen lassen.

Weiter weiß ich nichts zu sagen, als daß es mir die Zeit über ganz leidlich gegangen ist, und daß ich meiner Abreise Sonntag früh mit guter Hoffnung entgegensehe. Sonnabends mit dem Bothen könnten Sie mir noch allenfalls etwas schicken.

Der ich von Herzen recht wohl zu leben wünsche
Jena den 25. Junius 1806. G."

„In der Angelegenheit worüber nachgefragt wird, ist es schwer einen bestimmten Rath zu geben. Alles kommt auf die Umstände und auf den Augenblick an, wobey der Klugheit der Herren Wöchner die Hauptsache überlassen bleibt.

Anfangs könnten sie allenfalls erklären, daß sie beym Abschiede von Fürstl. Commission ausdrücklichen Auftrag erhalten, das Spielen von Gastrollen durchaus abzulehnen, weil in diesem Jahr die Gesellschaft vollständig und das Repertorium complet sey; welches voriges Jahr nicht der Fall gewesen. Dießmal könne die Gesellschaft aus und durch sich selbst das Publicum contentiren. Sie seyen ja selbst in Lauchstädt Gäste und wünschten sich nicht aus ihren Rollen durch andre Gäste verdrängen zu lassen. In einer Stadt wo man eine Gesellschaft das ganze Jahr, oder wenigstens den größten Theil über, sähe, sey es ganz was anderes, indem man alsdann zur Abwechselung allenfalls eine Gastrolle gestatte. Doch lehne man auch in Weimar sie gewöhnlich ab u. s. w.

Sollten aber dergleichen Vorstellungen nichts fruchten, und das aufgeregte Publicum mit einigem Ungestüm die Erscheinung der Madame Unzelmann verlangen, so können die Herren Wöchner ihre Rolle fortspielen und mit Höflichkeit sagen, daß man freylich an eine An=

kunft der Madame Unzelmann nicht denken können, und sie deshalb unter den vorkommenden Umständen wohl die Verantwortung auf sich nehmen müßten; so seyen sie doch nicht im Stande ein höheres Honorar als 20 Thaler für die Vorstellung zu bewilligen. Eine Benefizvorstellung werde niemals wieder zugestanden werden.

Dabey können jene Anfangs angeführten Argumente immer wiederhohlt werden. Man kann sich auf den completten Zustand der Gesellschaft und das wohl= versehene Repertorium immer wieder berufen.

Gegenwärtiges Blatt wird secretirt und kommt nicht aus den Händen der Herren Wöchner, um so mehr als sie die Abwesenheit des Herrn Geheimerath von Goethe, als ein Hauptargument ihrer Weigerung, zu brauchen haben."

Über die Gastspiele in Erfurt und Rudolstadt ist nichts bemerkenswerthes zu berichten. Dagegen liegen interessante Actenstücke vor, welche über den Plan Goethes, auch die Universitätsstadt Jena mit seinen Schauspielern heimzusuchen (1796), Auskunft geben. Der Herzog stellte frei, die Gutachten des academischen Senats und der an der Erhaltung der Universität betheiligten Regierung von Gotha einzuholen. Der dortige Minister von Franken= berg glaubte, daß von der Einrichtung eines Theaters auf einige Wochen keine nachtheiligen Wirkungen zu be= fürchten seien; vielmehr könnte dadurch die studirende Jugend von der Theilnahme an den Kriegsereignissen abgelenkt werden. Nur müßte man in der Wahl der

Stücke vorsichtig sein, und dürfte alljährlich nicht mehr
als 2—3 Wochen spielen. Auch der academische Senat
war dem Project geneigt. Aber da die Antheilnahme
des Publicums eine geringe war, und der finanzielle
Zweck voraussichtlich nicht erreicht werden konnte, so zog
sich Goethe in sehr diplomatischer Weise zurück. Die
Verhandlungen Goethes mit dem Prorector Professor
Griesbach ergeben sich aus den beiderseitigen Briefen.

„Ew. Hochwürden

ist nicht unbekannt, daß öfters, sowohl von hiesigen
academischen Lehrern, als andern angesehenen Ein=
wohnern gewünscht worden: daß die Weimarische Schau=
spielergesellschaft, von Zeit zu Zeit, hier einige Vor=
stellungen geben könnte; man ist daher auf den Ge=
danken gekommen: ob selbige nach ihrem Abgange von
Rudolstadt, wo sie sich gegenwärtig befindet, nicht
etwa, den September hindurch, alhier spielen, und
dadurch die Einleitung machen könnte sich auch des
Winters manchmal hier sehen zu lassen?

Ob nun gleich gegenwärtig die neue Einrichtung
des Locals, in einer so kurzen Zeit, große Hindernisse
für diesmal in den Weg legen möchte, so hat man
doch nicht verfehlen wollen eine Idee, welche Serenissimus
selbst nicht ungünstig aufgenommen, einmal zur Sprache
zu bringen, um zu vernehmen: ob etwa der Ausführung
derselben einiges Bedenken von Seiten der Academie
entgegen gestellt, oder ein und andere Cautel, worauf
in diesem Falle zu reflectiren, mitgetheilt werden
wollte. Ich nehme mir daher die Freyheit Ew. Hoch=

würden, durch gegenwärtiges, um die Gefälligkeit zu ersuchen, die Sache bey dem acabemischen Senat zum Vortrag zu bringen und mir von den Resultaten der darüber gepflogenen Berathungen, baldigst, einige Nachricht zu ertheilen; damit ich bald möglichst die nöthigen Anstalten treffen, und auch dadurch meine Bereitwilligkeit dem hiesigen Publico nützlich und gefällig zu seyn an den Tag legen könne. Der ich die Ehre habe mich mit besonderer Hochachtung zu unterzeichnen.

Jena den 24. Aug. 96. Goethe."

„Hochwohlgebohrner
Hochzuverehrender Herr Geheimer Rath!

Der Inhalt der verehrlichen Zuschrift, mit welcher Ew. Hochwohlgeb. in der Theater Angelegenheit mich beehrt haben, ist heute von mir dem acabemischen Senate vorgetragen worden, und das Resultat der über diesen interessanten Gegenstand gepflogenen Deliberation war folgendes:

Man hält einstimmig es für nützlich und wünschenswerth, daß die Weimarische Schauspieler Gesellschaft im Winter von Zeit zu Zeit eine Vorstellung hier gebe. Es würde auf diese Weise nicht nur vieles Geld und sehr viele Zeit, welche die Studirenden bisher bey ihren so häufigen Wanderungen nach dem Weimarischen Schauspielhause verschwendeten, erspart, und mancher Krankheit, welche die jungen Leute bey ihren nächtlichen Rückreisen im Winter öfters holeten, vorgebeugt werden, sondern es ließe sich wohl auch hoffen, daß selbst die Wirksamkeit des Theaters zu mehrerer

Bildung der Menschen sichtbarer seyn würde, wenn der Besuch desselben nicht unter Umständen geschehen müßte, welche gar leicht wieder verderben, was das Schauspiel etwa gut gemacht hatte. Sollen aber diese Zwecke erreicht, und nicht übel ärger gemacht, oder zu scheinbaren Vorwürfen, welche Auswärtige und besonders die Eltern der Studirenden der Academie machen könnten, Anlaß gegeben werden, so scheint eine solche Einrichtung bey den hier von Zeit zu Zeit zu gebenden Vorstellungen nöthig zu seyn, daß die Studirenden nicht leicht gereizt werden können, das Weimarische Schauspielhaus zugleich neben dem hiesigen zu besuchen. Dies würde, wie man glaubt, verhütet werden, wenn die Vorstellungen in gewissen fest bestimmten Zwischenräumen, nicht zu selten, sondern unmaaßgeblich etwa alle 14 Tage, und, wo irgend möglich, am Sonnabende, als dem in jeder Rücksicht wünschenswerthesten Tage gegeben, auch die für das hiesige Publicum anziehendsten Stücke, mitunter auch Singspiele, ausgewählt würden.

Gegen einen länger dauernden, aneinander hängenden Aufenthalt der Schauspieler Gesellschaft in Jena, ließen sich zwar mancherley Bedenklichkeiten aufstellen, welche theils aus den hiesigen Verhältnissen, theils aus den leicht möglichen Mißdeutungen der Auswärtigen, an deren guter Meynung der Academie sehr viel gelegen seyn muß, hergenommen werden könnten. Da man aber wohl einsieht, daß die in jeder Rücksicht sich empfehlende Idee von einzelnen etwa alle 14 Tage zu gebenden Vorstellungen schwerlich zu realisiren seyn dürfte, wenn nicht die Vorbereitung dazu einmal durch einen etwas längern Aufenthalt der Truppe gemacht wird, und aus Ew. Hochwohlgeb. Äußerungen sich schließen läßt, daß dieser Aufenthalt nicht über 4 bis 5 Wochen dauern und gegen den Anfang der Ferien fallen werde, so glaubt man, unter diesen Umständen über die vorgedachten Bedenklichkeiten hinweggehen zu können, wünscht und hofft jedoch, daß künftig nicht leicht ein länger dauernder, aneinander hängender Aufenthalt der Truppe statt finden werde.

Um die hiesige gelehrte Betriebsamkeit nicht zu stören, dürfte das Schauspiel wohl nicht zu früh anfangen. Zu Verhütung der Unordnungen würde sehr dienlich seyn, jedesmal Wache im Hause zu haben, den Pedellen den freyen Eintritt zu gestatten, und unter den anzubietenden Erfrischungen keine Art geistiger Getränke zu dulden. Nicht wenig wird schon in dieser Hinsicht durch eine, so viel es die Umstände erlauben, gut in die Augen fallende und imponirende Einrichtung des Hauses gewonnen seyn.

Einen besondern Platz für sämtliche Honoratioren und ihre Familien hält man für wahres Bedürfniß, um mancherley Collisionen und Inconvenienzen desto sicherer auszuweichen, und auch, damit die hiesigen Lehrer bis zum wirklichen Anfang des Schauspiels ihren Geschäften obliegen, und dann doch allemal einen anständigen Platz noch zu bekommen versichert seyn können. Um jedoch das Odiöse, welches der Schein einer gänzlichen Absonderung haben könnte, zu vermeiden, möchte, nach dem Dafürhalten des academischen

Senats, am räthlichsten seyn, eine Art von Logen einzurichten, zu welchen zwar keinem rechtlichen Menschen der Zutritt verwehrt wäre, in welchen aber alle für Abonnenten bestimmte Plätze numerirt, und zum Abonnement nur hier angesessene Personen zugelassen würden. So könnte Niemand über Ausschließung klagen, und die Honoratioren mit ihren Familien wären doch ihrer Plätze und einer ihnen angenehmen Nachbarschaft jedesmal gewiß, indem für Nicht=Abonnenten nur solche Nummer=Plätze übrig blieben, welche noch von keinem Abonnenten in Beschlag genommen wären.

Die Einlaß=Preise möchten wohl nicht allzuniedrig anzusetzen seyn. Besonders könnten die Plätze in den Logen für Nicht=Abonnenten und auf der Galerie etwas hoch tarirt werden.

Sollten diese unzielsetzlichen Vorschläge und Wünsche ausführbar seyn, so hält es der academische Senat für ganz unbedenklich, daß ein Versuch gemacht werde, und verspricht sich den besten Erfolg. Dankbar erkennt er das neue Verdienst an, welches Ew. Hochwohlgeb. um das hiesige Publicum durch Beförderung dieser Sache sich erwerben wollen.

Indem ich des Auftrags mich entledige, das Vorstehende Ew. Hochwohlgeb. zu hinterbringen, ergreife ich die erwünschte Gelegenheit, die Versicherung beyzufügen, daß ich mit der ausgezeichnetsten Verehrung stets beharre

    Ew. Hochwohlgebohren
Jena   ganz ergebenster Diener
den 27. August
1796.   Griesbach."

Goethe an Kirms:

„Die Theatersache ist gestern im Senat vorgekommen, man hat sich, wie ich höre, sehr artig dabey benommen: indessen sind doch so mancherley Wünsche dabey geäußert worden, welche mehr zur Hinderniß als zur Erleichterung gereichen möchten. Ich sende die schriftliche Erklärung sobald ich sie erhalte. Ich glaube noch immer daß wir für dießmal davon abstrahiren müssen; da wir aber einmal so weit gegangen sind, so hielt ich dafür, man setzte gewisse Puncte auf, über welche der Besitzer des Ballhauses zu befragen und zu hören seyn möchte, wenn es auch nur zur Demonstration unserer Thätigkeit dienen sollte, und uns Anlaß gäbe die Unmöglichkeit der Ausführung für den Augenblick zu zeigen. Die nothwendigen Veränderungen, die man mit dem Hause vornehmen muß und das Verhältniß vom Erbpacht geben ja wohl den Anlaß an die Hand. Denn wir müssen doch wohl etwa in 14 Tagen dem Prorector etwas von der Unthulichkeit der Sache für den Moment eröffnen. Ich wünsche recht wohl zu leben.

Jena den 28ten August 1796.

G."

Goethe an Kirms:

„Der Ballhauswirth und Besitzer hat sich heute früh bey mir eingestellt, und hat wegen des, in dem leeren Raume seines Gebäudes, aufzurichtenden Theaters, nachfolgendes vorgetragen:

1) Er wolle zugeben, daß man in seinem Hause ein Theater errichte;

2) daß aber, wenn das Haus zu diesem Entzwecke nicht mehr gebraucht würde, die verwendeten Materialien ihm verbleiben sollten;

3) daß er allein bey Vorstellungen Getränke und Eßwaren zu verkaufen habe;

4) daß er jährlich 80 Thaler Miethe erhalte.

Ich habe ihm auf diese absurden Forderungen gar nichts geantwortet sondern ihn simpliciter entlassen.

Die Sache überhaupt ist noch viel zu unreif als daß man nur irgend darinne einen weitern Schritt thun könnte. Ich werde mir die Acten über die Vererbung dieses Hauses von Fürstl. Kammer ausbitten; schicken Sie mir sobald als möglich Riß und Anschlag unseres Baumeisters, ich will alsdann einen Plan zu weiterer Überlegung entwerfen.

Jena den 8. Sept. 1796.

G."

Goethe an Kirms:

„Beyliegend folgen die Rudolstädter Papiere, gleichfalls die Austheilung der „Wilden" bey welcher ich mich, weil ich mich des Stücks nicht erinnere, zwischen Weyrauch und Gatto nichts zu entscheiden weiß; es ist mir alles recht was Sie und der Concertmeister darüber bestimmen.

Ehe ich nicht weiß wen der Concertmeister zu den Rollen der Hexen von den Schauspielern ausliest kann ich das übrige Stück nicht vertheilen; ich wünsche daher vor allen Dingen hierüber Nachricht.

Aus unserem hiesigen Theaterbaue wird bey den

großen Ansprüchen und bey der wenigen ernsthaften
Theilnehmung des hiesigen Publicums wohl nichts
werden. Ich schlug eine Subscription vor, wodurch
man gegen eine gewisse Anzahlung das Recht auf ge=
wisse bestimmte Plätze erwerben sollte, ohne jedoch von
dem Entregelde befreyt zu seyn; allein man glaubte
nicht, über zwölf Personen zu einer solchen Subscription
zusammen zu bringen.

Haben Sie die Güte mir in diesen Tagen den
Baumeister herüber zu schicken, daß ich mich mit ihm
wegen dieser und anderer Angelegenheiten besprechen
könne.

Ich schicke das Buch von Macbeth zurück, Herr
Vulpius muß es auf alle Fälle noch erst durchsehen
und mir Vorschläge thun, wie einige Personen zu=
sammenzuziehen wären, doch die Veränderungen selbst
noch nicht machen. Ich kann gegenwärtiges Stück
weder durchlesen noch durchdenken; ich habe zwar nichts
dagegen daß es gespielt werde, allein es wird Ihnen
so viel und mehr Mühe als eine neue Oper machen.
Leben Sie indessen recht wohl ich hoffe bald nach
Weimar zurück zu kehren.

Jena den 13. Sept. 1796.

G.

Der gegenwärtige Besitzer des Ballhauses hat
900 rh. wie solches die Cammeracten ausweisen, dafür
bezahlt."

Es kam die schwere Zeit von 1806. Wer dachte im Kampfe um das Leben und die nothwendigen Güter desselben an die Erhaltung eines im Augenblicke nutzlosen Schmuckes? Trotz der Noth und trotz der Armuth des Landes gelang es dem ausgezeichneten Weimarischen Minister Christian Gottlob Voigt das Theater am Leben zu erhalten, "als einen öffentlichen Schatz, als ein Gemeingut der Stadt". Vor dem Einmarsch der siegreichen französischen Truppen in Weimar wurde dem Theaterpersonal der Betrag von sechs Wochengagen ausgezahlt, der für den schlimmsten Fall als eine Abfertigung gelten sollte. Zwölf Wochen wurden die Vorstellungen mit größtem Verlust für die Kasse ausgesetzt. Am 6. November schreibt der Regisseur Becker an Blümner: "Unser Theater soll beysammen bleiben, die Direction hat aufs neue die Mitglieder ermahnen lassen, standhaft beysammen zu bleiben und auszuharren. Man will der regierenden Herzogin, welche so viel fürs Land gethan und mit uns alles Elend ertragen, diese Unterhaltung nicht entziehen. Allein ich sehe vor jetzt noch keine Möglichkeit, wenn nicht ein außerordentlicher Zuschuß erfolgt, die Gesellschaft zu erhalten, weil man aufs Publicum nicht rechnen kann, welches arm geworden. Indeß studiren wir eine neue Oper „Faniska" und ein neues Stück „Die Erben" ein, erwarten so die großen Begebenheiten, welche sich bald entwickeln müssen und wovon denn auch unsere Existenz abhängen wird." Es wurde aber bald besser; und am 26. December konnten die Vorstellungen wieder aufgenommen werden. Am 3. Februar 1807 schreibt Becker wieder an Blümner: „Unser Theater blüht wieder auf.

Wir haben jetzt Einnahmen, wie wir sie vor dem
14. October nicht hatten."

Die traurigen Umstände des Octobers und Novembers
1806 hatten auch die Theaterkasse erschöpft, und so lag
die Idee nahe, wieder auswärts Hilfe zu suchen. Schon
im October wandte man sich an den Rath der Stadt
Leipzig mit der Anfrage, ob Gastspiele der Weimarischen
Gesellschaft daselbst stattfinden könnten. Allein der
Dessauische Theaterdirector Bossan war den Weimaranern
bereits zuvorgekommen, und so wurde dieses Gastspiel,
als der Magistrat das Theater zur Ostermesse 1807
zur Verfügung stellte, bis dahin verschoben. Von Wei=
marischer Seite hatte man sich ausbedungen, daß zur
Badezeit im Monate Juli die Gesellschaft nach Lauchstädt
gehen dürfe, um zur Messe wieder nach Leipzig zurück=
zukehren.

Dieses Leipziger Gesammtgastspiel ist für die Geschichte
des Weimarischen Theaters von größter Bedeutung. Das
Lauchstädter Publicum war ein beständig wechselndes und
ebenso wenig wie das von Erfurt oder Rudolstadt ästhe=
tisch geschult. Auch war es ja bei diesem Publicum nicht
auf ästhetische Anregung, auf Bildung des Geschmackes
abgesehen. In Leipzig aber trat die Weimarische Truppe
zum ersten Male aus dem kleinen Rahmen der Weimar=
ischen Bühne auf einen größeren, schwerer auszufüllenden,
ungewohnten Boden und vor eine theatralisch geschulte
Schaar von Kennern. Leipzig war auch eine Pflanz=
stätte des Realismus gewesen, der hier besonders in Jo=
hann Friedrich Reinecke einen genialen Vertreter im
Geiste Schröders gehabt hatte. In derselben Richtung

wirkte seit 1789 hier Spitz. Der Kampf um die versificirte Tragödie wurde auch in Leipzig besonders durch Schillers Tragödien eingeleitet, aber auch hier gelang es ihnen nicht, den Naturalismus zu vertreiben und eine höhere Art der Darstellung, die Kunst der Recitation zum allgemeinen Siege zu führen. Goethe hatte bei seinen öfteren Besuchen Leipzigs Gelegenheit die dortigen Schauspieler kennen zu lernen. Im Mai 1800 sah er dort die Secondasche Gesellschaft und schrieb am 3. Mai darüber in sein Tagebuch: „Bey dem Leipziger Theater völliger Mangel von Kunst und Anstand, der Naturalism und ein loses, unüberdachtes Betragen im Ganzen wie im Einzelnen. Eine Wiener Dame sagte sehr treffend, sie thäten doch auch nicht im geringsten, als wenn Zuschauer gegenwärtig wären. So ist es auch mit dem Sprechen, es ist auch nicht eine Spur zu sehen von Absicht, verstanden zu werden; was eben der Zuhörer nicht hört, das hört er nicht, des Rückenwendens, nach dem Grunde Sprechens ist kein Ende, und demohngeachtet muß man sagen, daß sie von Zeit zu Zeit mehr als billig ist manierirt sind, denn gerade aus der sogenannten Natürlichkeit ist bey bedeutenden Stellen keine andere Zuflucht als die Manier." In den folgenden Jahren war es auch nicht viel besser geworden, und so lernten die Leipziger durch die Weimarische Truppe jetzt zum ersten Male einen neuen, höheren, auf Harmonie des Ganzen gegründeten Theaterstil kennen.

Vor allem kam es Goethe darauf an, die leitenden litterarischen Persönlichkeiten Leipzigs für seine Schauspieler zu interesiren, damit es diesen in den neuen Ver-

hältnissen an einem persönlichen Rückhalt, an Rath und
Belehrung guter Freunde nicht fehle. Er wandte sich
deshalb an Friedrich Rochlitz, einen vielseitig gebildeten,
urtheilsfähigen Schriftsteller, der auf verschiedenen litte=
rarischen Gebieten thätig war und der besonders als
Musikkenner und =Schriftsteller sich einen Namen erworben
hatte. Ihm empfahl Goethe seine Schauspieler, die Rochlitz
von einem Besuche in Weimar (1801) und wohl auch
von Lauchstädt her theilweise persönlich kannte, und bat
ihn um offene Mittheilung seiner Beobachtungen. Rochlitz
antwortete mit folgendem (undatirten) Brief, der das
gespannte Interesse, mit dem ganz Leipzig dem angemel=
deten Gastspiel entgegensah, bekundet.

„Hochwohlgebohrner,
Hochzuverehrender Herr geheimer Rath!

Ewr. Excellenz kann ich für Ihr gütiges Andenken
und Vertrauen nur mit wenig Worten danken, da ich
eben an kranken Augen leide, und manches hinzufügen
möchte, was ich keiner fremden Feder anbefehlen will.

Ihre Schauspieler=Gesellschaft findet hier zuverläßig
eine so günstige, ja huldigende Aufnahme, wie sie sich
nur immer selbst wünschen mag. Sie wird gar nichts
zu thun brauchen, als das nicht zu verscherzen, was
sie erwartet. Große Versprechungen, die man sich von
ihr macht, mögen einiges Nachtheilige mit sich führen;
Personen von so vielem Talent, so sicherer Bildung,
und von Ehre, wissen sie aber gewiß, sind sie im voraus
davon unterrichtet, weit mehr zu ihrem Vortheile zu
wenden. Und keiner Gesellschaft würde dies leichter

seyn, als eben der Ihrigen, indem sie eingerichtet ist,
so vieles Vortreffliche zu geben, das zugleich neu —
wenigstens auf unsrer Bühne neu, oder hier nach einer
verhaßten, feststehenden Manier gemodelt worden ist,
von welcher sich die Darstellungsweise der Erwarteten
gänzlich unterscheidet.

Nun scheint mir aber für eine Gesellschaft, welche
an einen fremden Ort zuerst kömmt, mit großen Er=
wartungen begrüßt wird, und nicht gar lange ver=
weilen kann, nichts entscheidender, als was sie in den
ersten drey bis vier Vorstellungen giebt, und wie sie
es giebt. Darüber bin ich so frey meine Meinung
herzusetzen; das Übrige wird sich besser an Ort und
Stelle besprechen lassen.

Zweyerlei Rücksichten möchten bey den ersten Vor=
stellungen vornämlich zu nehmen seyn: daß zwar gute,
hervorstechende, imponirende Stücke gewählt werden,
doch die auch die Schwächern im Publicum, die nichts,
als Achtung, Aufmerksamkeit und guten Willen mit=
bringen können, fassen und genießen können — mögen
sie nun, diese Stücke, hier noch neu seyn oder es durch
die Darstellungsweise erst werden; sodann: daß sich
darin die bedeutendsten Mitglieder am vortheilhaftesten
zeigen, und ganz besonders nicht in gewisse Eigenheiten
verfallen können, die nicht zu loben, aber leicht von
Schauspielern, die immer an einem Orte spielen, an=
zunehmen sind, und woran diese Heimath sich leicht
gewöhnt, der fremde Ort aber nur sehr behutsam und
allmählich gewöhnet werden muß. (Ich rechne dahin,
daß z. B. Hr. Graff sich oft überpoltert oder strotzend

wird, Hr. Haide manches Besondere hat, für das
ich keinen Namen weiß pp)

So sehr sich nun hier alles ganz vorzüglich nach
Ihren großen Werken sehnt: so würde ich doch nicht
rathen, damit in den ersten Tagen aufzutreten, weil
hier, so weit ich die Vorstellungen der Gesellschaft kenne
und das hiesige Publicum ebenfalls, das Eine oder
das Andere vom Obigen aus der Acht blieb. Unter
den Vorstellungen, die ich gesehen habe, vereinigen jene
beyden Rücksichten und sind auch übrigens der Gesell=
schaft ganz besonders vortheilhaft: die, des Tell, der
Maria Stuart, einiger Terenzischen Maskenstücke
— Wallensteins Lager, die kleinen, neuen, ver=
sifizirten Lustspiele, von Ihnen und Andern, die hier
sehr beliebt und sehr schlecht gesehen worden sind, und
die Opern, worin vornämlich Dem. Jagemann, zu=
gleich im Spiel und Gesang, sich vortheilhaft zeigt.
Durch dergleichen Vorstellungen würden ganz gewiß
zugleich Kenner, Liebhaber, und auch die gemischte
Menge befriedigt; man lernte sich gegenseitig an einander
gewöhnen, würde für das zunächst Erwünschte noch
gespannter, sogleich auch empfänglicher — kurz, Dichter,
Schauspieler und Publicum gewönnen. Wollten Sie
selbst der Gesellschaft noch ein Übriges als Wohlthat
erweisen, so gäben Sie einem der besten Mitglieder —
und wären es wenig Zeilen, als Prolog; welche Zeilen
jedoch, als von Ihnen, auch anzukündigen wären. Doch
vielleicht mißbrauche ich hier die mir zugestandene
Erlaubniß, zum Besten der Gesellschaft zu rathen.
Auch mahnen mich meine Augen, abzubrechen. Gewiß

werde ich alles thun, was ich vermag, den Aufenthalt der Gesellschaft angenehm zu machen, und sie dahin zu bringen, daß sie unsern Wunsch, sie alljährlich hier zu sehen, theilt.

Meine eigenen kleinen Lustspiele wünsche ich vor der Hand unbeachtet zu lassen; sie sind, allenfalls das erste abgerechnet, keine Theaterstücke, sondern mehr gesellschaftliche Unterhaltungen, als wozu sie auch ursprünglich bestimmt waren.

Herr Chevalier Osborn soll mir, wie alles, was von Ihnen kömmt, höchst willkommen seyn. Sollte ich bey seiner Ankunft noch nicht ausgehen können, so werde ich für einen anständigen Stellvertreter Sorge tragen.

Mit aufrichtigster Verehrung empfehle ich mich Ihrem fernern Wohlwollen, als

Ew. Excellenz
unterthäniger Diener
Friedrich Rochlitz."

Und aus derselben Zeit dürfte ein Brief von Rochlitz an Kirms sein, von dem sich nur die zweite Hälfte erhalten hat:

„...... auf Vermögensumstände sie von sonstigem beträchtlichern Aufwande zurückhält, so treibt es sie desto eher zu diesem wohlfeilern Vergnügen pp. Kurz, meiner Überzeugung nach würden Sie sich hier, auch in ökonomischer Hinsicht, sehr gut befinden — vorausgesetzt, Sie bekommen wirklich die Messe, die, wenn auch schwächer, als sonst, doch immer nicht unbeträchtlich ist; und — Sie erlauben mir das hinzuzusetzen — die Gesellschaft nimmt sich etwas mehr zusammen, als einige Jahre in Lauchstädt geschehen ist, wo zwar einzelne treffliche, aber auch nicht wenig ganz geringe Vorstellungen gegeben worden sind. Besonders ist hier, im Vergleich mit Weimar, viel Bildung für Musik, so daß man, um öfters Opern geben zu wollen, mehr Geist, Liebe, Eifer und Genauigkeit darauf verwenden müßte, als ich in Lauchstädt gefunden habe.

Aber noch ein Hauptpunkt: Hrn. Bossans Kasse befindet sich hier zu wohl, als daß er nicht alles versuchen sollte, hier bleiben zu können! Von Seiten des Magistrats und anderer, denen ein Wort zustehet, wird ihm dies nicht vergönnet werden: aber über die Messe ist nun einmal leider Seconda privilegirt. Darum eben wird man mit ihm unterhandeln müssen, und bald. Der Sommer allein aber (ohne Messe) würde schwerlich mehr eintragen, als kosten.

Alles dies schreibe ich Ihnen ohne Rückhalt in bester Meynung, ersuche Sie aber, es nicht, als von mir gesagt, auskommen zu lassen; denn ich schätze wirklich einige Mitglieder der B.schen Gesellschaft, und meine Musikliebe verdankt ihnen manche genügende Unterhaltung: sie aber, die bessern dieser Gesellschaft, blieben sehr gern hier, um Gelegenheit zu haben, sich weiter zu bilden, woran es ihnen, bey ihrem besten Willen und großen Fleiß (wenn auch ohne ausgezeichnete Talente) hier nicht fehlt.

Durch Göthes und Schillers Werke würde Ihre Gesellschaft vorzüglich Glück machen; die ersten hat man, den Clavigo ausgenommen, gar nicht, die letzten, nur in einzelnen Rollen gut, aber nie als schöne, zusammenstimmende, in allen Theilen festgehaltene Ganze, aufführen sehen.

Genug für diesmal! Kömmt die Sache zu Stande und man will mich dann weiter hören, so stehe ich mit Freuden zu Dienste. —

Wenn Sie mir einmal wieder schreiben, so sagen Sie mir doch ein Wort von Hrn. geh. R. v. Goethe. Mag er mich auch vergessen haben; es ist mir Bedürfnis, zuweilen etwas über ihn zu hören.

Unverändert

Ihr

Friedr. Rochlitz.

Außer Rochlitz kam noch der Dichter und Kritiker August Mahlmann, Herausgeber der "Zeitung für die elegante Welt", und ganz besonders Heinrich Blümner in Betracht.

Blümner, von Haus aus Jurist und als solcher zu hohen Ämtern und Würden sowohl der Stadt Leipzig als des sächsischen Staatswesens emporgestiegen, hatte sich von seiner Studentenzeit her eines eifrigen Studiums der altklassischen Philologie und der Philosophie beflissen. Er hatte sich 1788 in seiner Vaterstadt Leipzig mit einer Dissertation über den "König Oedipus" des Sophokles habilitirt und hielt in den folgenden Jahren Vorlesungen aus verschiedenen Gebieten der altklassischen Dichtung und Dichtungslehre. Er machte den von Weimar ausgehenden Bildungsaufschwung innerlich vollständig mit und ver=

einigte mit tief gehender klassischer Bildung den modernen
ästhetischen Geschmack. Auf dieser doppelten Grundlage
beruht seine Schrift „Über die Idee des Schicksals in
den Tragödien des Aeschylos" (Leipzig 1814). Im An=
schluß an die damals wuchernde Schicksalsdramatik —
1813 war ein Hauptwerk dieser Richtung, „Die Schuld"
von dem mit Blümner befreundeten Adolf Müllner er=
schienen — behandelt er den wahren antiken Schicksals=
begriff, soweit er in Aeschylus lebte, und weist bei Unter=
suchung dieses ästhetischen Grundproblems nach, daß die
moderne Dramatik diesen Begriff unrein wiedergegeben
habe, indem sie die christliche Vorstellungsart mit der
Schicksalsidee verquickte. Das Buch hat also einen ganz
actuellen Werth und ist ein nicht zu übersehender Bei=
trag zur Geschichte des Schicksalsdramas. Kein Geringerer
als Goethe selbst hat dies anerkannt und, da es ihm zu
seinen Überlegungen über den Schicksalsbegriff in Hin=
sicht auf Shakespeare gerade zurecht gekommen war, offen
ausgesprochen. Blümner war auch ein feiner Beurtheiler
der lebenden Bühne und der Schauspielkunst, und lieferte
in seiner Müllner gewidmeten „Geschichte des Theaters
in Leipzig. Von dessen ersten Spuren bis auf die neueste
Zeit" (Leipzig 1818) einen werthvollen Beitrag zur
deutschen Theatergeschichte. 1817 wurde er zur Inspec=
tion des hauptsächlich durch sein Zuthun gegründeten
Leipziger Stadttheaters berufen. Mit Weimar war er
auch als Theaterschriftsteller in Berührung getreten, durch
Bearbeitung mehrerer französischer Lustspiele, die in
Weimar wiederholt und mit Beifall aufgeführt worden
waren. Sie erschienen 1808 gesammelt als „Familien=

theater nach neuen französischen Lieblingsstücken". Persönlich aber hatte er die Hauptkräfte des Weimarischen Theaters bei wiederholtem Aufenthalt in Lauchstädt kennen gelernt und hier besonders mit Becker, Genast und Wolff intime Beziehungen angeknüpft, die auch aus der Entfernung durch eine sehr lebhafte, freundschaftliche Correspondenz gepflegt wurden. Viele Briefe der genannten Schauspieler sind aus Blümners Nachlaß erhalten und gegenwärtig im Besitze des Goethe= und Schiller=Archivs. Aus allen spricht eine große Verehrung und Werthschätzung sowohl der persönlichen als der hervorragenden geistigen Eigenschaften Blümners. Er brachte den Weimarischen Bestrebungen lebhaftes Interesse entgegen, das sich in Lauchstädt gerne in anregenden Gesprächen mit den Schauspielern äußerte. Blümner war zu Anfang des Leipziger Gastspiels zum großen Bedauern der Weimarischen Künstler in Dresden; wie er aber nach seiner Rückkehr mit denselben verkehrt hat, lehrt ein Brief Wolffs an ihn aus Weimar vom 21. October: „Wäre auch das Herz minder ungestüm nach Ihnen zu verlangen, so müßten wir doch den Verlust des Kunstverwandten fühlen, der durch eigne Bildung und freundliche Aufmunterung auf uns so angenehm zu wirken wußte; denn wie hart der Unterschied zwischen arroganter Behauptung und freundlicher Mittheilung und Auswechslung seiner Begriffe ist, haben wir hier gegen Leipzig zu empfinden Gelegenheit genug." Wolff spricht dann sogar den auch später öfters geäußerten Wunsch aus, in Leipzig zu leben und mit dem Leipziger Theater wieder in Verbindung zu treten.

Goethe befolgte Rochlitzens Rath und gab seiner Gesell-

schaft einen einleitenden Prolog mit (gesprochen von Frau
Wolff), in welchem einfach und bescheiden, in jener klaren,
fast prosaischen Redeform, die allen Theaterreden Goethes
eigen ist, der gute Wille der Einzelnen der Gunst des
Publicums empfohlen wird.

  Keiner ist von uns, der sich vollendet,
  Der sein Talent für abgeschlossen hielte;
  Ja, keiner ist, der nicht mit jedem Tage
  Die Kunst mehr zu gewinnen, sich zu bilden,
  Was unsre Zeit und was ihr Geist verlangt,
  Sich klarer zu vergegenwärt'gen strebte.
  Drum schenkt uns freien Beifall, wo's gelingt,
  Und fördert unser Streben durch Belehrung!

Mit diesem Prolog und dem anstatt der zuerst
angesetzten „Maria Stuart" gegebenen „Don Carlos" be=
gannen die Vorstellungen am 24. Mai. Der erste Auf=
enthalt, 25 Abende umfassend, dauerte bis zum 5. Juli, der
zweite, 18 Abende enthaltend, vom 4. bis zum 31. August.
Über die Vorbereitungen, Proben und Aufführungen
geben die Briefe der Wöchner an Kirms Bericht. Genast
schreibt am 24. Mai: „Rochlitz, Mahlmann, Gehler
waren bei der Probe von Don Carlos und haben sich
auf verschiedene Plätze vertheilt, um zu hören, ob jeder
vernehmlich spricht. Alle Logen sind seit 8 Tagen ver=
kauft, und wenn noch 100, sage hundert zu haben wären,
so könnte man sie vermiethen. Alles freut sich, ganz
Leipzig spricht nur von uns; wenn nur die Freude nicht
in den Brunnen fällt." Sie fiel nicht in den Brunnen.
Obwohl der Reiz der Neuheit viel zu dem Erfolge im
Anfang beitrug, so blieben doch das Interesse und die

ausgesprochene Gunst des Publicums bis zum Schluſſe beſtändig und trotz der großen Sommerhitze war das Haus faſt jeden Abend gefüllt. Die Einnahmen er= reichten an einigen Abenden eine Höhe, wie nie zuvor, ſelbſt bei Gaſtſpielen Ifflands nicht. Nach dem erſten Abend meldet Genaſt (am 25. Mai) an Kirms: „Unſer Loos iſt geworfen, die Bataille ſo groß gewonnen, daß alles geſchlagen iſt. Ich glaube, daß Sie nie einen ſolchen Beifall gehört haben und dabei eine Ruhe, die außerordentlich war. Graff (Philipp) und Deny (Alba) haben nicht ganz gefallen, am meiſten Oels (Carlos) und Wolff (Poſa). Oels wäre herausgerufen worden, wenn man nicht geglaubt hätte, man thäte Wolff wehe. Die Einnahme betrug 250 Rthlr. 10 Gr. Auf morgen ſind alle Logen vermiethet, es behalten ſelbe das geſtrige Perſonale und die Menge Abgewieſenen erhalten wieder keine Logen." Die Reihe der Opernaufführungen wurde eröffnet am 26. mit Paers „Camilla", worin die Jage= mann und Stromeyer außerordentlich gefielen. Auch über den Erfolg der nächſten Vorſtellungen können die Wöchner nur das Günſtigſte nach Weimar melden. Am 1. Juni ſchreibt Genaſt an Kirms: „Mlle Jagemann wird hier mit großem Jubel erwartet*) alles freut ſich ihrer Ankunft, Camilla iſt ſchon hundertfältig ver= langt . . . . . Mit Stromeyer iſt man außerordentlich zufrieden und verſichert, ſo was nicht gehört zu haben, Dirzka gefällt, die ganze Geſellſchaft freut ſich über die

---

*) Sie war gleich nach Aufführung der Camilla am 26. nach Weimar zurückgekehrt und trat erſt am 7. Juni, in derſelben Oper, wieder auf.

außerordentliche gute Aufnahme. Die Wolff ist nicht wohl, die Becker hat über 8 Tage das Zimmer hüten müssen...., Malcolmi liegt am Kreuzweh darnieder, wir müssen uns also ziemlich drücken.... Ohngeachtet Strobe hier durchkömmt, so freut sich doch alles auf Morhardt, weil sie sagen, es wird eine vollendete Oper, wie ein vollendetes Schauspiel. Es bringt Ihnen wirklich viel Ehre, Sie haben hier in Leipzig fast größeren Antheil an der Güte der Gesellschaft wie Goethe, man ist hier vortrefflich instruirt." Die Übertreibung in der Selbstbeurtheilung der Gesellschaft ist ebenso durchsichtig, wie die fade Schmeichelei zum Schlusse abgeschmackt. In einem nächsten Briefe (7. Juni) klagt Genast über Repertoire-Schwierigkeiten durch Krankheiten besonders der Damen; daß ferner alle Last auf ihm liege, während sein College Becker den großen Herrn spiele. Becker dagegen rühmt in einem Briefe vom selben Tage, daß die Anfangs vorhandene Unordnung in Leipzig durch ihn erst geregelt worden sei, daß er bei Proben und Vorstellungen durch seine Energie alles ins richtige Gleis gebracht habe... „Ich stehe freilich immer in solchen Fällen allein, denn mein College drückt sich, wo es auf Machtsprüche oder etwas zu entscheiden ankommt, besonders bei den Schauspielern, da läßt er fünfe grade sein. Ich möchte aber sehen, wo das hinaus gehen sollte und was da für Vorstellungen zum Vorschein kommen sollten, wenn man nicht durchaus mit Strenge auf rasches eingreifendes Spiel und richtige Declamation sehen wollte. Man hat freilich große Augen gemacht, daß ich hier manche Scene 5, 6 Mal habe probiren lassen.... Aber der Erfolg hat es bewiesen, daß es gelohnt hat, und unser größtes Lob ist unser Ensemble . . . Manch Individuum müßte man aus seiner Schläfrigkeit herausreißen, in Weimar ging es ja mitunter manchmal zum Tollwerden. . . . . Unsere Vorstellungen haben sehr gefallen, es ist nicht zu viel gesagt, daß wir das Publicum entzückt haben und die Dresdner*) sind übel dran, wenn sie herkommen. Das Weimarische Theater hat hier seinen überspannten Ruf im Auslande über alle Erwartung gerechtfertigt . . . . . Die Casse befindet sich ganz leidlich. Wir werden im Durchschnitt jede Vorstellung 200 Rthlr. rechnen können; da wird nun zwar nichts gewonnen werden, aber Schaden werden wir nicht haben, und das ist in unserer jetzigen Lage und Zeit immer viel." Am 21. schreibt Genast an Kirms: „Der Leipziger Magistrat und das ganze Publicum wünscht sehnlich, wenn die Gesellschaft den Winter hier spielen könnte. Ich sagte ihnen, daß dieses ohnmöglich wäre, indem der Hof das Theater nicht missen könnte; indessen machte ich ihnen die weit aussehende Hoffnung, daß wir vielleicht die Monate Februar, März bis Mitte April kommen könnten, vielleicht! Und dieses Vielleicht entzückte sie außerordentlich. . . . Nun ich stehe in den 9—10 Wochen für wenigstens 10000 Rthlr. Einnahme. . . . . Wir haben in den 2 Lustspielen**) so gefallen, daß nur Eine Stimme

---

*) Die Gesellschaft der königl. Sächs. privilegirten deutschen Schauspieler unter Seconda's Direction spielte vom 30. März bis 10. Mai und vom 6.—20. Sept. in Leipzig.

**) Wahrscheinlich: Rochlitz, Es ist die Rechte nicht (aufgeführt am 14. Juni) und Kotzebue, Die beiden Klingsberge (aufgeführt am 19. Juni).

ist, wir ließen die Dresdner weit zurück. Wir haben einen Brief erhalten, worin man alles auseinandersetzt, worin man sagt, daß selbst unsre Freunde, selbst Iffland, versichert hätten, wenn wir alles leisteteten, so blieben wir doch in den leichten Stücken zurück; mit Scham müßte man daher gestehen, wie sehr man sich geirrt und wie angenehm man enttäuscht wurde." Und am 26.: „Daß unsere Einnahmen statt schlechter zu werden, besser werden, haben wir also nicht dem Reize der Neuheit, sondern wirklich dem Gefallen an unseren Darstellungen zu danken. Sonntag (21.) war die Einnahme auf „Fanchon" 352 Rthlr., eine Einnahme, die außer Weißens Ge= dächtnißfeier*), wo keine Freibillets gegolten, nicht er= hört worden ist; selbst wie Iffland hier war, ist es nie über 305 Rthlr. gestiegen, und im Winter war die stärkste Einnahme 310 Rthlr." Am 1. Juli: „Gestern ist der Vogel abgeschossen. Götz von Berlichingen hat bei vielem Beifall, wo Graff am Ende herausgerufen worden, eine Einnahme von 357 Rthr. gebracht." Bei der letzten Vorstellung vor der Abfahrt nach Lauchstädt („Je toller, je besser", Singspiel von Mehul) sang Mad. Becker ein von Rochlitz gemachtes Versehen an das Publicum und die andern sangen es hernach im Chor.

Einen Überblick gibt noch ein Brief Beckers an Blümner nach Dresden (31. Mai): „Sie werden gehört haben, daß unsere Gesellschaft im Ganzen sehr gefällt. Es ist nur Eine Stimme im Publicum darüber. „Don Carlos" ist mit allgemeinem Beifall aufgenommen worden.

---

*) 11. März 1805 (Blümner Geschichte des Theaters in Leipzig S. 339 f.).

An Herrn Graff hat dieses und jenes was auszusetzen gehabt, wenn er heftig geworden ist. Doch in den ruhigen Scenen hat man ihn für einen denkenden Künstler erklärt." Ebenso hätten auch einige andere nicht ganz befriedigt, aber nichts verdorben. Großer Erfolg der Camilla, die Jagemann wurde gerufen. Erfolg der „Mitschuldigen", wobei Becker die Erfahrung gemacht habe, das Leipziger Publicum sei eines der besten mit, welches er kenne, und das Urtheil der Secondaschen Gesellschaft, man dürfe in Leipzig nicht mit Stücken kommen, die höher seien als Iffland und Kotzebue, sei ganz ungegründet. „Freitag (29. Mai) wurde dies durch die Aufführung der „Iphigenie" von Goethe noch mehr bestätigt, welches Stück außerordentlich gefallen. Die Iphigenie (Mad. Wolff) wurde herausgerufen. Es ist nur Eine Stimme für unsere Gesellschaft, daß sie außerordentlich wäre und die Secondaische tief, tief unter uns stände.... Mit dem Komischen bin ich hier auch durch*), und man ist mehr mit mir zufrieden als ich es verdiene..... Gewinn wird die Direction nicht haben, denn die Unkosten und Entschädigungskosten sind zu groß; indessen ist es immer ein großer Gewinn, daß nichts zugesetzt wird, und können wir uns sehr gratuliren.... Opitz**) soll gesagt haben, es wäre sehr gut, daß wir herkämen, nun würde man erst sehen, was Leipzig an der Secondaischen Gesellschaft hätte; das scheint aber nicht einzutreffen, denn die Leip-

---

*) Er hatte bis dahin den Wirth in den „Mitschuldigen", Wachtmeister in „Wallensteins Lager" und den Diener Syrus in den Terenzischen „Brüdern" gespielt.

**) Der hervorragendste Leipziger Schauspieler nach Reinecke.

ziger erheben uns zu hoch), höher als wir es verdienen, über die Secondaische Gesellschaft. Es ist zwar im Anfang und da reizt alles Neue; aber sie werden doch zu solchen Stücken greifen müssen in der Folge, wenn sie ferner gefallen wollen, und das wird mehreren sauer angehen...... Meine kleine Frau wurde herausgerufen. Es scheint jetzt Mode zu werden, welches aber auch nicht gut ist, wenn es zu sehr einreißt; doch ist es immer besser als zu viel Kälte, die schlägt den Künstler nieder." Am 13. Juni schreibt er an denselben seine Verwunderung über die Stille im Hause, was unerhört sein und in Leipzig noch nie stattgefunden haben soll. „Man sieht, daß das Publicum auch hierinne sich bessert, wenn man nämlich die jungen Studenten mit zu einem gebildeten Publicum zählen will, welches sonst etwas roh war.... welches aber mit den ersten paar Vorstellungen sich verloren hat." Und er kann sich nicht genug thun in der Aufführung von Stimmen des Entzückens aus dem Publicum.

Die starke innere Wirkung, die von den Darstellungen der Weimaraner ausging, sprechen die ausführlichen Berichte aus, die Rochlitz auf Goethes Wunsch an diesen sandte. Rochlitz wußte sehr genau, worauf es gerade der Direction dieses Theaters hauptsächlich ankam; und er beobachtet mit genauem und feinfühligem Kennerauge sowohl das Ganze wie die einzelnen Theile. Aus diesen Berichten geht hervor, daß den gewaltigsten Eindruck die Werke Goethes machten und daß die Ausführung derselben künstlerisch alles andere überragte. Von Goethes Stücken wurden alle Bedeutenden gegeben, von der „Laune des Verliebten" an bis zu seinem letzten Drama „Die natürliche Tochter". Einen durchschlagenden Erfolg hatte „Iphigenie" sowohl durch die Einzelleistung der Frau Wolff als durch das vortreffliche Ensemble. „Stella" machte einen so tiefen Eindruck, daß das Publicum „schweigend und leise, wie blöde und scheu" aus dem Hause sich entfernte. „Götz" wurde mit einem Enthusiasmus aufgenommen, der sich sogar bis zu kleinen Störungen verirrte. „Tasso", der, nach heimlicher Einstudirung durch Goethes Theaterschule, gegen den Willen des Dichters, erst in diesem Jahre ins Repertoire aufgenommen worden war, wirkte gleichfalls mit tief ergreifender Gewalt. „Egmont" bezauberte sowohl durch die vortreffliche Darstellung jeder einzelnen Rolle als auch durch das ausgezeichnete Zusammenspiel in den Solo- und den Volksscenen. Und die Vorstellung der „Natürlichen Tochter", worin Goethes Schüler hauptsächlich ihre große Kunst der Declamation zeigen konnten, imponirte durch den Fleiß, der auf das Studium verwendet war, und hielt namentlich im ersten, vierten und fünften Aufzug die Menge im Bann.

Dagegen machten Schillers Tragödien (Don Carlos, Maria Stuart und Jungfrau von Orleans) in Leipzig nicht jene Wirkung wie die Goethes. Die letzteren wirkten als etwas ganz Neues, während die ersteren wiederholt in Leipzig, theilweise vortrefflich, mit Friederike Unzelmann als Gast, gegeben worden waren. Das stärkere äußere dramatische Leben in Schillers Tragödien, das größere Gewicht, das hier in der Handlung liegt, kam in der abgestimmten, mehr aufs Rednerische hinzielenden Darstellung der Weimaraner wahrscheinlich weniger heraus als in den realistischen der vorausgegangenen Leipziger Truppen. Auch die Oper wurde troß der ausgezeichneten Leistungen der Jagemann und Stromeyers für geringerwerthig befunden. Die Mängel im musikalischen Ensemble und im Festhalten des höheren Opernstils fielen dem musikalischen Rochliß unvortheilhaft auf. Das Lustspiel und Conversationsstück befriedigten dermaßen, daß darin Weimar die Palme über Dresden zuerkannt wurde.

Goethe wurde durch die treuen und mit warmer, aufrichtiger Begeisterung geschriebenen Kritiken Rochlißens sehr angenehm berührt. Er las sie öfters durch. „Sie dienen mir", schreibt er an ihn, „zum Leitfaden in dem täglichen Theaterlabyrinth, das einer der wunderlichsten Irrgärten ist, die ein Zauberer nur erfinden konnte. Denn nicht genug, daß er schon sehr wunderlich bepflanzt ist, so wechseln auch noch Bäume und Stauden von Zeit zu Zeit ihre Pläße, so daß man sich niemals ein Merkzeichen machen kann, wie man zu gehen hat."

Rochliß war ein unbedingter Verehrer Goethes und erblickte in diesen Darbietungen Emanationen des Goethischen Geistes. Und Mahlmann, der Kritiker in der „Zeitung für die elegante Welt", spricht in demselben Sinne wie Rochliß höchst rühmend von der Weimarischen Gesellschaft, ihren Kunstleistungen und den diesen zu Grunde liegenden Kunstmaximen.

Leipzig hatte in materieller Hinsicht den Erwartungen der Theaterleitung nicht ganz entsprochen, weßhalb der Wunsch der Leipziger nach einer Erneuerung des Gastspiels nicht erfüllt wurde. Auch Lauchstädt ging zurück

und brachte namentlich seit Aufhebung der Universität in Halle (1806) nicht mehr die großen Einnahmen der früheren Jahre. Die Hallenser hatten von Anfang an ein Hauptcontigent der Zuschauer in Lauchstädt gestellt. „Die Hallenser lassen sich vor unser Theater todtschlagen und wollen keinem andern Theater, selbst dem Berliner, Iffland und Fleck ausgenommen, den Vorzug geben. Sollten wir diesen Ruf, welcher sich von Jahr zu Jahr vergrößert, und der abgehende Student den ankommenden um so reizender vormahlt, [bewahren] und kommendes Jahr noch ein größeres, besseres Haus kriegen, so können wir die Zeit über an die 3000 Thaler einnehmen." (Becker an Kirms aus Lauchstädt 26. Juni 1797.) Halle machte durch seine Salzquellen Lauchstädt als Badeort starke Concurrenz und die rührige Leitung der Badeanstalten in Halle machte daher wiederholt den Versuch die Weimaraner von Lauchstädt ab nach Halle zu lenken. Mehrere Jahre hindurch war das Drängen der Hallenser ohne Erfolg, da man den Lauchstädter Contract nicht brechen wollte. 1811 aber faßte die Commission den Beschluß, Halle und Lauchstädt zu vereinigen, und zwar in der Weise, daß während der Hauptbadezeit an den bedeutendsten Tagen in Lauchstädt, daneben einmal wöchentlich in Halle gespielt werden sollte. Opern wurden nur in Lauchstädt gegeben, da man hoffte, zu diesen Vorstellungen aus Halle zahlreiche Zuhörer hinüber zu bekommen. Die Verhandlungen wurden von Weimarischer Seite durch den Schauspieler Haide geführt, der mit maßgebenden Kreisen in Halle Fühlung hatte. Am 4. August sollte in Lauch=
städt abgebrochen, und am 6. in Halle eine fortlaufende

Reihe von Vorstellungen eröffnet werden. Dieses setzt
Kirms den Mitgliedern in einem Rundschreiben (12. Juni
1811) auseinander. Maßgebend war in erster Linie
der finanzielle Standpunct. „Da die Gagen nach und
nach erhöhet, die Einnahmen neuerlich aber vermindert
worden sind, den andern Herzoglichen Kassen auch bei
dem größeren Aufwand, den die Zeitumstände herbei=
führen, nicht zugemuthet werden kann, dem Theater noch
größere Zuschüsse zu machen, ... so war nach man=
cherlei Ansichten es nothwendig, in diesem Jahre mit
Halle einen Versuch zu machen." Dann heißt es weiter:
„Es sind nunmehr 20 Jahre verflossen, seitdem das hiesige
Hoftheater bestehet, und es würde gleich mehreren nicht
mehr sein, wenn nicht dabei mit schicklicher Sparsamkeit
und mit Aufsuchung erforderlicher Hülfsmittel, auch mit
steter Beharrlichkeit bei eintretendem Unglück und bei öfterer
Widerstrebung von innen und von außen auf der einen
Seite gehandelt, von Seiten der Mitglieder des hiesigen
Theaters aber so rühmlich für die Kunst und die Ehre ge=
arbeitet worden wäre." Zum Schlusse wird auch der
materiellen Seite gedacht: es sei ehrenvoll für das Wei=
marische Theater bei dieser Gelegenheit sein anerkanntes
Verdienst in einer bedeutenden Stadt wie Halle, vor einem
kunstkennenden Publicum, welches der Sitz einer Academie*)
dahin versammelt habe, noch mehr zu begründen. Bisher
hatte sich die Direction noch nie bemüßigt gefunden, ihre
Schritte vor den Mitgliedern zu rechtfertigen und zu be=
gründen. Die Gesellschaft war aber in den letzten Jahren
nicht nur beliebter, sie war auch berühmter geworden.

---

*) Dieselbe war unterdessen restituirt worden.

Man fand in dem fortwährenden Herumziehen eine Entwürdigung des Künstlerstandes. Dies und die von Kirms als Schild für die Direction vorgehaltenen „theuereren Zeitumstände" bewirkten eine Unzufriedenheit unter den Mitgliedern, die in folgendem Briefe Wolffs an Kirms deutlich zum Ausdruck kommt.

„Ew. Wohlgebohrn!

Wir haben die umgehende Schrift gelesen, aber die gethanen Vorschläge keineswegs annehmbar gefunden, seien Sie überzeugt, daß wir recht gern bei allen Vorfällen hülfreiche Hand leisten, so lange es mit meinen Begriffen von Ehre und ohne Voraussetzung eines Nachtheils unserer Gesundheit oder ökonomischen Verhältnißen zusammenstimmt. Ich kann nicht läugnen, daß mich die Eigenmächtigkeit schon etwas beleidigt hat, ein Arrangement mit Halle zu treffen und es öffentlich in den Zeitungen bekannt zu machen, ohne daß wir unsere Zustimmung dabei gegeben, denn eine Künstler Gesellschaft ist ja kein Regiment Soldaten, das man von einem Ort zum andern marschieren läßt wo es eben der Vortheil erheischt. So wie aber die Sachen einmal stehen, können wir nur dann nach Halle während des Aufenthalts in Lauchstädt fahren, wenn uns die Auslagen die wir dabei haben vergütet werden, wir fahren nach keiner Vorstellung von dort zurück, wohnen im Gasthof wo wir nicht theuer, aber so wie wir gewohnt sind, zehren werden, auch lasse ich meine Frau nie ohne mich hinüber fahren, und keines von uns ohne Bedienung.

Wenn wir von Lauchstädt fortgehen und uns längere Zeit in Halle aufhalten, muß uns das Logie vergütet werden. — Sie werden bei ruhiger Überlegung finden, daß mein Verlangen keineswegs unbillig ist, auch nehme ich weiter an den Einwendungen der übrigen Herren und Damen vom Theater keinen Theil, welches ich Ihnen hiermit bekannt mache, damit Sie nicht etwa denken, wir hätten die Unzufriedenheit der Gesellschaft erregt.

Schließlich bitte ich Sie dieß alles bestimmt auszumachen, und uns die Versicherung darüber zu geben, indem ich mich in Nichts aufs Ungewiße einlassen werde, und um uns allen Ärger und Verdruß zu ersparen, auswärts alles abweisen werde, was ich nicht hier vorher Ihnen bestimmt zugesagt habe.

Ich habe die Ehre mit wahrer Hochachtung zu verharren

Ew. Wohlgebohrn

Weimar d. 13. Juni 1811. ergebenster

Wolff."

Alle Mitglieder, mit Ausnahme des Wolffschen Ehepaars, beruhigten sich jedoch sehr schnell und erließen am 17. ein Promemoria an die Theatercommission, worin sie sich bedankten für die Mittheilung der Gründe, welche die Commission bewogen habe, sie nach Halle zu schicken. „Jeder Einzelne will dieser Maßregel nach bestem Willen und mit der thätigsten Verwendung zu entsprechen bemüht sein, um auch an diesem neuen Orte die dem

Ganzen bisher zu Theil gewordene Achtung zu erhalten
und die günstige Meinung der Gesellschaft neuerdings
verdienen und begründen zu helfen." Und gar als ihr
Verlangen nach einer gleichmäßigen wöchentlichen Zulage
für Halle (wie es seinerzeit in Leipzig gewesen war) er=
füllt wurde, da waren schnell alle Falten auf den launen=
haften Künstlerstirnen geglättet. Nur Wolff und seine Frau
grollten. Kirms hatte in scharfem Tone ihn auf seine con=
tractliche Pflicht verwiesen und ihn aufgefordert, seine Ehre
und die gute Meinung, die Serenissimus und die Com=
mission von ihm hätten, nicht zu compromittiren. Dar=
auf Wolff: „Seien Sie überzeugt, daß ich meine Hand=
lungen bloß nach meinen Grundsätzen leite und daß mich
dabei weder die gute Meinung von Serenissimus noch
von sonst einem Dritten bestimmen können. Außerdem
weiß ich, wie der Herzog über diese Reise nach Halle
denkt und sich geäußert hat und daß es mir bei ihm
nicht nachtheilig sein dürfte, wenn ich es ganz ablehnte."
So konnte nur einer sprechen, der sich des fürstlichen
Wohlwollens so sicher fühlte wie Wolff — und der
so sehr von Weimar wegstrebte wie Wolff. Die in
ihm geschürte Mißstimmung kam noch in diesem Jahre
heftig zum Ausbruch. Da aber Schauspielerlaunen und
Schauspielerunzufriedenheit vielfach aus gekränkter Eitel=
keit entspringen, so ist scheinbares Entgegenkommen
das beste, ja einzige Heilmittel gegen diese Krankheit.
Auf diese Art wurde auch Wolff durch Goethe vorläufig
curirt.

An sechsundzwanzig Abenden (vom 6. August bis
9. September) wurden die Vorstellungen in der alten zum

Theater umgebauten Universitätskirche gegeben. Manche zartfühlende Seele, aber auch das Volk in seinem naiven Gefühl nahm an dieser Umwandlung der ehrwürdigen Andachtsstätte, in der einst Schleiermacher als academischer Prediger die Universitätsjugend hingerissen hatte, Anstoß. Trotzdem war der künstlerische wie finanzielle Erfolg ein großer. Nach der fünften Vorstellung richtete die Badedirection an die Theaterleitung das Ersuchen „um Aufführung mehrerer ausgesuchten Stücke von gerechtfertigtem Rufe". „Wie mächtig selbst der gemeine Theil des hiesigen Publicums von der höheren dramatischen Kunst angezogen wird, das hat Ihnen der „Egmont"*) gezeigt." Außer Egmont wurden von Goethe nur noch „Die Mitschuldigen", „Götz" und „Jery und Bätely" mit Reichardts Musik gegeben. Dagegen war Schiller vertreten durch „Wilhelm Tell", „Die Räuber", wobei die Studenten das Räuberlied mitsangen, „Wallensteins Lager", „Die Jungfrau von Orleans" und „Kabale und Liebe". „Egmont" und „Hamlet" (in Schlegels Übersetzung) machten namentlich durch das Spiel Wolffs und seiner Frau gewaltige Wirkung. Eine wesentliche Neuerung gegenüber dem Leipziger Repertoire war auch Calderon, der am 30. Januar dieses Jahres mit dem „Standhaften Prinzen" auf dem Weimarischen Theater sich festgesetzt hatte.

Die Hallenser waren mit den Leistungen der Weimarischen Gesellschaft außerordentlich zufrieden und überschütteten sie mit Beweisen ihres Wohlwollens und ihrer

---

*) Mit „Egmont" war die Reihe der Vorstellungen eröffnet worden.

Dankbarkeit. Die Badeleitung erließ ein Dankschreiben an die Theatercommission, worin es heißt: „Hoffentlich wird man dem hiesigen Publicum die Gerechtigkeit widerfahren lassen, daß es allen Mitgliedern der Gesellschaft mit derjenigen Achtung und Aufmerksamkeit entgegengekommen ist, die sie in jeder Rücksicht verdienen. Möge nur der Sinn für die Kunst, der sich in allen Klassen unserer Mitbürger gezeigt hat, durch ein wiederholtes Anschauen und Empfinden immer mehr veredelt werden, und dadurch der Geist, den Deutschlands größter Dichter Ihren Künstlern einhauchte, sich auch bei uns wohlthätig verbreiten." Zu diesem Zwecke bittet die Badeleitung, daß die Gesellschaft mehrere Jahre nach Halle wiederkehre. Zugleich legt sie der Theatercommission einen Contract vor, der für Halle sechs Jahre, für Weimar aber nur zwei Sommer bindend sein sollte. Der Contract wurde vom Herzog genehmigt, und die Gesellschaft spielte die drei folgenden Sommer hindurch in Halle. In Folge des Befreiungskampfes war die Regierung Jeromes gestürzt worden. Die neue preußische Regierung hatte für das Jahr 1814 ihre Zustimmung zu dem Gastspiel zugesagt, und die Badecommission frägt daher in Weimar an, ob die Truppe auch in diesem Jahre kommen werde. „Halle hat zwar durch die kriegerischen Verhältnisse viel gelitten, wir sind aber dennoch überzeugt, daß die Einnahme der Gesellschaft für dieses Jahr bedeutend werden wird, weil viele Fremde des Kunstgenusses wegen sich einfinden wollen; auch ist die Universität wieder retablirt und die nun eingetretene Ruhe läßt so manchen Hallenser an dem Genuß theilnehmen, der im vorigen

Jahre der kriegerischen Umstände wegen, daran verhindert wurde." Dem Wunsche der Hallenser, daß nur in Halle, nicht auch in Lauchstädt gespielt werde, damit der Fremdenzufluß nicht von Halle abgelenkt werde, konnte aus geschäftlichen Gründen nicht entsprochen werden. Goethe schreibt daher an die Commission:

„Meinen hochgeehrtesten Herrn Mitcommissarien bin ich vollkommen beistimmig, daß man festhalte auch in Lauchstädt Vorstellungen zu geben. Herr Haide wird sich um uns ein Verdienst erwerben, wenn er veranlaßt, daß hierüber keine Contestationen weiter entstehen, weil wir nicht nachgeben können. Was wir für Halle thun, ist sehr viel; aber die kleine Seitenwirkung auf Lauchstädt haben wir das größte Recht, ja sogar Schuldigkeit uns vorzubehalten, da es höchst unklug wäre, das dort stehende, mit großen Kosten erbaute, noch nicht bezahlte Haus unnöthiger, ja frevelhafter Weise zu derelinquiren.

Mich bestens empfehlend
Berka den 13. Mai 1814. Goethe."

Das preußische Militärgouvernement befreite die Gesellschaft von der Lösung eines Gewerbescheins und von den Abgaben an die Staatskassen; dafür mußte eine Wohlthätigkeitsvorstellung für die im letzten Kriege invalide gewordenen Soldaten und für die Wittwen und Waisen der Gefallenen gegeben werden. Das Gastspiel in Halle 1814, innerhalb dessen auch wieder einige Vorstellungen in dem seit 1811 nicht mehr besuchten Lauchstädt stattfanden, war die letzte zusammenhängende auswärtige Unternehmung der Weimarischen Theaterleitung.

In Halle wie auch in Lauchstädt hoffte man 1815 auf Anwesenheit der Weimaraner. Als aber von beiden Orten in Weimar die gewöhnliche Anfrage geschah, setzte Kirms in einem ausführlichen Pro voto auseinander, daß bereits das vorjährige Gastspiel keinen Gewinn eingetragen habe, und daß in diesem Jahre die Hoffnungen noch geringer seien.

„Der nächste Sommer gibt uns eine traurige Aussicht zu einem Sommeraufenthalt der Gesellschaft. Die Studenten und einige Professoren sind von Halle als Freiwillige in den Krieg gegangen, von den Bürgern, die von den Studenten leben, waren bei dem ersten Aufruf 600 zu den Freiwilligen bereits getreten.

Wenn die Studenten weg sind, so verliert das Theater deren Opfer nicht allein, sondern Professores und die Bürger, die von diesen Leuten leben, können dem Theater nichts steuern; die umliegenden Eltern haben ihren Söhnen Geld mit ins Feld geben müssen, und schicken nach was sie entbehren können, und der Wohlstand überhaupt ist durch die geringen Getreidepreise und durch Einquartirungen so wie durch Kriegskosten-Beiträge dahin.

Die Gesellschaft allein nach Lauchstädt gehen zu lassen ist nicht zu rathen; auch streitet es gegen unsern Contract. Dazu kommt: die Hallenser besuchen aus den angezeigten Ursachen dort das Theater noch weniger als zu Halle, um Lauchstädt aber herum fehlen gleichfalls der Wohlstand, das Militär, die jungen Leute, und der Besuch dauert jetzt kaum 5 Wochen lang."

Goethe stellte die Entscheidung seinen Mitcommissarien anheim.

„Da ich nächste Woche nach Wisbaden abzureisen gedenke und in diesen letzten unruhigen Tagen, eine so wichtige Angelegenheit, als die Bestimmung des Sommeraufenthalts unsrer Gesellschaft, ohnmöglich übersehen und beurtheilen kann; so finde mich genöthigt meinen werthen Herren Mitkommissarien diese Sache, so wie die übrigen, mit dem völligsten Zutrauen einer einsichtigen und glücklichen Leitung, anheim zu geben und zugleich meinen verbindlichsten Dank für die bisherige sorgfältige Theilnahme mich gehorsamst und angelegentlichst empfehlend hinzuzufügen.

W. d. 10. May
1815. Goethe."

Nach beiden Seiten antwortete Kirms ausweichend: die Oper allein zu schicken sei zu theuer, das Schauspiel allein zu senden, sei gleichfalls unmöglich, da ein Theil der Schauspieler krank, andere beurlaubt seien. Die Hallenser wären nun allerdings mit kleinen Stücken, dargestellt von den noch übrig gebliebenen Resten der Truppe, zufrieden gewesen, müssen aber unumwunden gestehen, daß für dieses Jahr keine Aussicht auf ein lukratives Geschäft vorhanden sei. Das Gastspiel unterblieb. Von diesem Jahre ab stand es fest, daß auswärts nicht mehr gespielt werden solle. Für 1816 winkte Kirms bereits im December 1815 nach Halle ab. Die Hallenser

waren nämlich einer gleich im Anfang gestellten contract=
lichen Verpflichtung, die fehlenden Decorationen für ihr
Theater selbst zu beschaffen, noch immer nicht nachge=
kommen. Die Decorationen mußten daher nach Halle
immer mitgenommen werden und litten dabei großen
Schaden. Die neuen Decorationen, gemalt von dem seit
1815 in Weimar lebenden Beuther, wollte man diesem
Schicksal nicht wieder Preis geben. Ein hieher gehöriges
Gutachten Goethes lautet:

„Der größte Verlust welchen das Weimarische
Theater bey den bisherigen Sommerreisen erlitten,
war der der Prospeckte, sie sind auf dem Hin= und
Herwege dergestalt verdorben worden daß nunmehr
ganz neue, mit Unkosten und Unstatten angeschafft
werden müßen. Da sie nun, von einem vorzüglichen
Künstler auf die geschmackvollste Art verfertigt worden;
so kann man sie dem abermaligen Zufalle nicht aus=
setzen."

V.
Conflict und Ausgang.

> Daß ich noch in meinem Alter eine solche
> Tragikomödie spielen und darin die Hauptperson
> abgeben sollte, hätte ich mir zeitlebens nicht
> träumen lassen.
> Goethe bei Falk „Goethe aus näherm
> persönlichen Umgang dargestellt".

Zwischen dem Leipziger und dem ersten Hallischen Gastspiel liegt eine wichtige Epoche der inneren Geschichte des Theaters. Die Opposition gegen Goethe, geführt von Caroline Jagemann, griff immer weiter um sich und untergrub den festen Boden der Organisation. Schiller hatte sich einmal geäußert, daß mit dem kurzen Imperativ, dem einzigen Mittel zu durchgreifender Wirkung auf die Schauspieler, nicht in allen Fällen etwas auszurichten sei. Ein solcher Fall, wo mit dem kurzen Imperativ nichts zu erreichen war, ereignete sich im Jahre 1808. Er wurde provocirt durch Caroline Jagemann und wäre beinahe der Grabstein auf Goethes jahrelanger, aufopfernder, uneigennütziger Thätigkeit geworden.

Am 5. November 1808 sollte die zweite Aufführung der Oper „Sargino oder der Zögling der Liebe" von Paer stattfinden. Der Tenorist Morhard hatte am 3. ein ärztliches Attest eingereicht, daß er durch eine Heiserkeit am Singen gehindert sei. Die eigenwillige Jagemann wollte aber um jeden Preis das Zustandekommen der Vorstellung — sie soll sogar geäußert haben: „Wenn der Hund nicht singen kann, so soll er bellen, und er muß singen" — und wendete sich an den Herzog. Dieser bestrafte den Sänger, mit Übergehung der ihm unmittelbar vorgesetzten Direction, mit Hausarrest bis zum Ende der Woche und ließ in schroffer, kränkender Weise Goethe den Befehl zukommen, den geflissentlich Ungehorsamen bei Beginn der nächsten Woche zu entlassen, ohne weitere Gage als die für diese folgende Woche, und dafür zu sorgen, daß er innerhalb der nächsten vierzehn Tage die Grenzen des Herzogthums überschritten habe. Goethe wußte diesen harten Befehl zu mildern; der Sänger blieb bis 1. Januar 1809 in Weimar, an welchem Tage er mit Empfehlungen des ihm gewogenen Dichters an Reinhard in sein neues Engagement nach Kassel abging.

Goethe wußte sehr genau, von wo her der Wind wehe. Er war tief gekränkt über die brüske, verletzende Art des Herzogs und bat diesen am 10. November inständigst, ihn von einem Geschäft zu entbinden, das seinen sonst so wünschenswerthen und dankenswerthen Zustand zur Hölle mache. Die Krise dauerte bis zum Ende des Jahres. Die Verhandlungen wurden sehr lebhaft mündlich und schriftlich geführt, aber nicht unmittelbar, sondern durch Vermittlung Meyers, Riemers, und hauptsächlich Voigts. Goethe wollte um keinen Preis seine bisherige Souveränität in der Leitung des Theaters aufgeben, und der Herzog wollte gerade diese Souveränität nicht weiter existiren lassen, sondern mit Goethe nur zu thun haben, wenn er sich „in ein vernünftiges, natürliches

und den hergebrachten Dienstgewohnheiten anpassendes
Arrangement fügen" wolle. Der Conflict mußte bei=
gelegt werden, um so mehr, da er auch auswärts pein=
liches Aufsehen erregte und bereits einige Tagesblätter
für Goethe Partei ergriffen hatten. Der Herzog entwarf
eine neue Constitution für die Hoftheater=Commission,
Goethe sollte sich entscheiden, ob er auf dieselbe sich ver=
pflichten wolle. Er that es nicht, da in derselben der
Commission sowie dem leitenden Chef die Competenzen,
die ihnen bisher zugestanden hatten, genommen und theils
in die Hände des Herzogs gelegt, theils den Wöchnern
zuerkannt wurden. Goethe, darauf bedacht, daß die Würde
und Stellung des Intendanten, im Inneren sowohl wie
nach außen, nicht herabgesetzt und verletzt werde, konnte
es nicht dulden, daß in künstlerischen wie in geschäft=
lichen Angelegenheiten die freie Hand der Theaterleitung
beschränkt und das Wohl des Ganzen dem laienhaften
Willen eines Einzelnen, und sei es auch der Höchste,
geopfert werde. Goethe schrieb am 7. November 1808
an seine Frau:

„Alles geht auf die gewohnte Weise, d. h. zwischen
dem Guten kommt einmal was Abgeschmacktes und
gelegentlich was sehr Abgeschmacktes vor. Da muß
man denn nun suchen, es wieder ins Gleiche zu
bringen und nicht aufs äußerste zu gerathen. So
sind z. B. beim Theater Dinge vorgekommen, die viel
gelinder abgegangen wären, wenn du dagewesen wärest.
Doch hoffe ich die Sache noch so zu halten, daß der
Riß wieder zu heilen ist. In die Länge gehts freilich

nicht; doch will ich, so lange ich noch einen Zug thun
kann, mich nicht ungeschickter Weise gefangen geben."

Der wunde Punct, an dem das Weimarische Theater
krankte, war die Oper, in welcher die allmächtige Jage=
mann, unterstützt von ihren getreuen Gefolgsmännern
Stromeyer und dem Wöchner Becker, unbekümmert um
die höheren Intentionen Goethes und der Commission,
ihrem Willen stets Geltung zu verschaffen wußte. Goethe
schrieb über diese störenden Theaterhändel an seinen da=
mals in Heidelberg studirenden Sohn (5. December):
„Es geht mit dieser Krise, wie mit Krisen in einem
Körper, der sich mit allerley heimlichen Mängeln hin=
schleppt, die vielleicht gar selbst einander die Wage halten,
und eine Art von kranker Gesundheit ausmachen; wird
dann aber auch zufällig hier einmal das Gleichgewicht
aufgehoben, dann geht es bunt her und es wird schwer
den völligen Untergang zu verhüten. Noch habe ich nicht
alle Hoffnung aufgegeben, und wenigstens die Sache theils
für mich, theils mit Wohlgesinnten genugsam durch=
gedacht, um eine Radikalkur dem Patienten vorschlagen
zu können." Diese — wenn wir Riemer trauen dürfen,
von Goethes Frau angeregte — Kur bestand in gänzlicher
Lostrennung der Oper vom Schauspiel, zusammenhängend
damit in Aufhebung der seinerzeit als Provisorium ge=
schaffenen aber bequem fortgeführten Einrichtung der
Wöchner. Goethe selbst wollte, wenn er bliebe, nur das
Kunstfach des Schauspiels mit Genast als Regisseur be=
sorgen, und sich um die Oper, deren Regie Becker haben
sollte, nicht kümmern. Als eine Art Monolog Goethes,

gleichsam um sich die einzelnen Phasen in der Entwick=
lung dieser Krise vor Augen zu halten, kann man sich
folgende Aufzeichnungen denken, die sich im Nachlaß des
Dichters erhalten haben:

„Nachdem in der letzten Zeit bei dem Theater so
viele Händel vorgefallen, die ich weder zu verhindern
noch zu schlichten im Stande gewesen, habe ich Durch=
laucht den Herzog um Entlassung von dem Geschäft
gebeten. Hierauf ist mir vom Herrn Geheimrath von
Voigt eine neue Organisation der Commission mit
ihren Dependencen vorgelegt, wobei ich zwar als Chef
derselben aufgeführt war, jedoch keine weitere Ein=
wirkung von mir auf die Sache stattfand. Ich nahm
es als eine gnädige Tournüre Serenissimi und als
eine indirecte freundliche Entlassung, erklärte dieses
Herrn Geh. Rath Voigt und machte meine Einrichtung
darnach: denn wie wäre es möglich, daß jemand bei
einem Geschäft das so viele Gefahren und Verant=
wortung hat, sich als Chef benennen ließe, ohne auch
nur im mindesten bei der Sache mitwirken zu können.
Denn von dem übrigen zu schweigen, hatten Serenissi=
mus festgesetzt, daß der jedesmalige Wöchner nach jeder
Vorstellung in die herrschaftliche Loge kommen sollte,
wodurch denn Commission, Chef und jede Art von
Folge des Geschäftes eo ipso vernichtet war. Seit der
Zeit hat man einigemal an mich geschickt um mich zur
Theilnahme an dem Geschäft wieder einzuladen, wobei
es jedoch schien, daß man bei jenen Maximen und
den daherfließenden Anordnungen unabänderlich ver=

harren wolle, worauf mir denn nichts übrig blieb als meine erste Erklärung zu wiederholen; welches ich denn auch so lange thun muß, als die Sache nicht eine ganz andere Wendung nimmt, um so mehr als es so großes Aufsehen gemacht hat. Ich kann gegenwärtig gar nicht mehr stillschweigend beitreten, sondern ich muß eine Instruction erhalten, die mich in den Stand setzt, bei dem Theater reell wirksam zu sein, Instruction wie ich sie den Schauspielern und dem Publicum vorlegen kann, und die mich aus allen unangenehmen Verhältnissen setzt: denn gerade weil ich Durchlaucht dem Herzog so sehr und fürs ganze Leben attachirt bin, so mußte ich mich von einem Geschäft entfernen, bei dessen neuer Einrichtung ich in Gefahr lief, mich selbst entweder für den elendesten Menschen zu halten, oder mich mit meinem Fürsten alle Tage zu überwerfen."

Dazu gehört auch ein „Composimento" überschriebenes Blatt, welches im Entwurf die Bedingungen, die Goethe für seine Weiterführung der Theaterleitung stellte, enthält:

„1) Nichts mehr mit der Oper zu schaffen, besetzen mag wer will und kann.
2) Bloß mit den Dramen.
3) Die Sonnabende zur Oper bestimmt.
4) Montag, Mittwoch zu Schauspiel.
Gegenseitiges Nachsehen. Auch eine Oper wohl des Montags zu wiederholen. Auch ein Schauspiel wohl am Sonnabend zu geben. Daß wegen Ankunft von fremden Herrschaften Abänderungen von Serenissimo getroffen werden, versteht sich.

5) Daß bei Besetzungen der Dramen auch die Operisten bran kommen, versteht sich; wie umgekehrt, daß
6) zu Besetzungen der Oper auch Dramatisten gebraucht werden.
7) Rollen der Dem. Jagemann müssen doppelt besetzt werden, um, wenn sie nicht nach Lauchstädt geht, dort die Stücke geben zu können, und hier, wenn sie krank sein oder Abhaltung haben sollte.

Allenfalls 4 Mal die Woche zu spielen, wenn zwei Opern verlangt werden."

Sollte bei der von Goethe vorgeschlagenen Zerstörung der bisherigen Form das Ganze nicht in Trümmer gehen, so mußte für eine durchgreifende Umgestaltung der Organisation gesorgt werden. Goethe hatte zwar sehr ausführlich, mit Hindeutung auf den konkreten Fall, dargelegt, daß die bisherige Einrichtung unter seiner Leitung nicht mehr zweckdienlich sei, aber Mittel und Wege einer neuen Einrichtung anzugeben für den speziellen Auftrag des Herzogs sich vorbehalten. Dieser erfolgte nun. Bevor aber Goethe sein Gutachten abgeben konnte, trat ein neuer Zwischenfall ein durch eine persönliche Verhandlung mit Kirms. Goethe, den die ganze Angelegenheit krankhaft erregte, war gegen Kirms mistrauisch geworden und hielt ihn nach dieser Unterredung im Verdachte, mit Becker unter Einer Decke zu spielen. Er verbot Kirms sein Haus und suchte am 18. December um gänzliche Entlassung nach, um sich endgültig zur Ruhe zu begeben. Eine Lösung des verwickelten Knäuels geschah durch die Herzogin Luise; die unmittelbare Folge einer wahrscheinlich sehr eindring=

lichen Unterredung mit ihr am 19. war, daß Goethe sich
wieder den Theaterangelegenheiten zuwandte. Und am 24.
erhielt er abermals den Auftrag, eine neue Constitution
des Theaters auszuarbeiten.

Mittheilungen von dem Goethe sehr nahe stehenden
Wolff an Blümner können zur Ergänzung und Illustrirung
dieser Vorfälle beitragen. Er schreibt am 28. November:

„Sie werden mir mein langes Stillschweigen ver=
geben, wenn Sie erfahren werden, wie so manche Um=
stände auf mich wirkten, die mir Zeit und Ruhe
raubten, mich mitzutheilen; auch konnte ich eine Sache
nicht unberührt lassen, die Sie selbst (wenn auch nicht
so nahe und schmerzlich wie mich) als einen Kunst=
kenner und Verwandten angeht, und die mich vor
ihrer Entscheidung immer noch auf eine glückliche
Wendung hoffend hinhielt. Heute ist leider jede Hoff=
nung verschwunden, und ich kann Ihnen mit gepreßtem
Herzen die Nachricht, daß Goethe die Direction des
hiesigen Theaters niedergelegt hat, bestimmt und sicher
ertheilen. Ich würde Sie bitten, mir das Detail
eines so unangenehmen Vorfalls zu erlassen, über den
ich ungern spreche und der mich wie der Verlust eines
liebsten Eigenthums schmerzt. Aber Sie sind durch
die Theilnahme an unseren Kunstübungen und durch
manche Verbindlichkeit die wir Ihnen haben, dazu
autorisirt. Erfahren Sie also, daß Dem. Jagemann
ihre Absicht mit dem Theater nach Belieben zu schalten
und zu walten, welches wahrscheinlich schon lange ihr
Wunsch war, damit erreicht hat, daß sie Goethen

durch Eingriffe in seine Rechte, vom Herzog unter=
stützt, verschiedentlich beleidigte, und diese Kränkungen
so lange wiederholte, bis er dem Herzog die Direction,
welche er 18 Jahre unter sich hatte, zu Füßen legte.
Der Herzog, dem sein Verfahren wahrscheinlich durch
Umwege abgedrungen und manches Wort durch ent=
fernte Gründe abgelockt worden, war anfangs sehr
darüber frappirt, und es kam zu allerhand Vorschlägen,
die aber immer so gedreht wurden, daß Goethe auf
seinem Entschluß beharren mußte. Heute hat Goethe
alles abgeschlossen und nichts mehr zur Unterschrift
das Theater betreffend angenommen. Wie es weiter
gehen wird, weiß der Himmel, denn uns ist vor der
Hand nichts publizirt worden, und auch noch niemand
an die erledigte Stelle vorgeschlagen. Sie können
leicht denken, daß wir die Zeit über immer mit dem
Gedanken Weimar zu verlassen, umgegangen sind und
unser Vorhaben auch wahrscheinlich ausführen, da
aber bis jetzt von der ganzen Veränderung noch nichts
bekannt gemacht worden, so sind wir noch vor der
Hand gebunden zu bleiben. Wie schmerzlich mich
dieser Vorfall kränkt, werden Sie einsehen, da Sie
wissen, daß ich unter Goethes Händen beim Theater
aufgewachsen bin und ihm größtentheils meine künst=
lerische Ausbildung verdanke.... Die erste Beleidigung,
die Goethe widerfuhr, ist folgende. Es ist eine merk=
würdige Geschichte und ein Meisterstreich eines ver=
schmitzten Köpfchens. Morhard, unser Tenorist, wurde
von der Großfürstin unterstützt und war deßhalb Dem.
Jagemann ein Dorn im Auge; es war ihr aber zeither

unmöglich ihm etwas übles zuzuführen, obwohl sie es schon mehreremal versucht hat. Die gegenwärtige Entfernung der Großfürstin gab ihr nun Gelegenheit, denn Morhard wurde zufällig krank, als die Oper „Sargino" zum zweitenmal gegeben werden sollte. Der Herzog, durch die Jagemann angespornt, bestand auf der Vorstellung, ließ weder Morhards Entschuldigung noch das Attestat des Arztes gelten und verlangte noch denselben Abend, daß wenn er nicht singen könnte, er augenblicklich die Stadt verlassen sollte. Morhard hielt sich an Goethe als an seinen Directeur und dieser hatte Mühe genug, ihm 8 Tage Wache als eine gelinde Strafe für seine Unschuld auszuwirken. Dadurch wurde Morhard verabschiedet, und Goethe als Unterstützer seines Ungehorsams verdächtig gemacht. Sie hat sich an Morhard gerächt und ist zugleich in ihrem Plan, Goethen zu verdrängen vorgerückt."

Die glückliche Wendung berichtet er am 28. December:

„Ich schreibe Ihnen in Eile, denn in einigen Stunden spielen wir die „Jungfrau von Orleans", und Sie sollen durchaus von mir zuerst die erfreuliche Nachricht erhalten, daß Goethe das Theater wieder hat. Seit meinem letzten Brief hat sich die Sache hingezogen, ein Vorschlag verdrängte den andern, eine Bedingung die andere, welche alle so schimpflich waren, daß sie Goethe nicht eingehen konnte. Wie denn nun seine Gegner das Heft ganz in Händen zu haben glaubten und sich über seinen Sturz schon laut zu freuen anfingen, trat unsre regierende Herzogin hervor, wie Karl Moor unter die Räuber, und befahl, daß Goethe jede seiner Bedingungen erfüllt werden sollte, und ihn selbst ersuchte sie mündlich, die Direction zu behalten. Gestern Abend wurde ihm die Beendigung der Sache und die Vollmacht schriftlich zugeschickt, das Genauere ist noch nicht bekannt, sollen Sie aber auch nächstens erfahren. Da sich die Sache wieder so gemacht hat, ist unserm Theater sehr zu gratuliren, denn Goethe war wirklich einige Nachlässigkeit vorzuwerfen, und ich bin überzeugt, daß er nun mit neuem Eifer sein Unternehmen beginnen wird. Übrigens wäre es ihm sehr schwer geworden, sich von uns loszureißen, das sah man an seinem ganz veränderten Wesen und an der nun wieder gekommenen Heiterkeit. Uns sind indessen, ohne daß ich mich darum bemüht habe, einige schöne Engagements angetragen worden, die wir nun wahrscheinlich nicht annehmen werden, obschon sie mich in mancher Hinsicht sehr anziehen...." In einer Nachschrift: „Die erste Anordnung, die Goethe bei Übernahme der Direction traf, war, daß er Beckern heute die Regie abnahm, und sie vor der Hand Genasten allein auftrug. Es war früher sogar die Rede davon, daß Becker abgedankt werden sollte, allein das ist vermittelt worden. Er mag sich manches haben zu Schulden kommen lassen; ich will noch nichts sagen, bis ich es mit Bestimmtheit Ihnen mittheilen kann. Stromeyer geht auf Ostern fort, Morhard reist übermorgen nach Kassel, die Jagemann aufs Frühjahr nach Mannheim."

So war der Angriff der Jagemann auf allen Puncten siegreich zurückgeschlagen. Zwar stellte sich das Gerücht von Stromeyers Abgang als unwahr heraus; Becker jedoch hatte seine Rolle in Weimar ausgespielt und schied Ostern 1809 aus dem Verbande des Hoftheaters.

Derartige Stürme gehen nie ohne eine nachtheilige Wirkung vorüber, und Goethe mußte darauf bedacht sein, den gewonnenen Sieg auch zu behaupten. Er hatte manches hingehen lassen, wie es gerade lief. Eine Auf= frischung der bestehenden Theatergesetze im April 1808 sollte eingeschlichene Mißbräuche beseitigen; durch die Winter=Katastrophe wurde die Lage eine andere, und Goethe stellte, für den Fall seines Wiedereintritts in die Theaterleitung, ein strengeres Regiment in Aussicht. In diese Zeit gehört vielleicht das folgende undatirte Schriftstück.

„Auch unsre bisherige Verfassung habe ich diese Tage Zeit und Gelegenheit gehabt durchzudencken. Sie hatte so viele Mängel daß ich nicht wünschen kann: es möge beym Alten bleiben. Trete ich wieder bey; so werde ich mir z. B. das Verschleifen der aus= getheilten Stücke und das ewige umändern der an= gesetzten auf keine Weise mehr gefallen lassen. Und dergl. mehr wozu ich mit Verdruß geschwiegen. Zu dem was man bis zu einer Entscheidung thun und vornehmen wolle kann ich nichts sagen. Mich bestens empfehlend

G."

Der Conflict des Jahres 1808 hatte deutlich gezeigt, daß doch nicht alles in Ordnung war; und wenn auch für den Augenblick ein Ausweg gefunden war, auf die Dauer konnten diese Verhältnisse nicht Bestand haben. Schon im nächsten Jahre beschwor Stromeyer, wie wir im dritten Abschnitt gesehen haben, einen neuen Conflict herauf, aus dem er siegreich hervorging. Goethe gab von vornherein dem hochmüthigen Oppositionsmann in allem nach. Es war entwürdigend für sein Ansehen und seine Stellung. Nach dieser Seite hin war er vollständig machtlos, und von dieser Seite wurde auch die Veranlassung gegeben, die ihn bewog seinen Abschied zu nehmen. Die Ursache ist bekannt und braucht hier nicht nochmals erzählt zu werden. Kurz vorher fanden noch einige Veränderungen in der obersten Leitung statt. Zur Commission trat 1814 Graf Ebling hinzu, und die Commission wurde durch ein Rescript Carl Augusts vom 26. März 1816 zur Hoftheater=Intendanz erhoben. Im Januar des folgenden Jahres wurde August von Goethe zum Mitglied derselben ernannt. Bei Einführung desselben in sein neues Amt (6. Februar) hielt Goethe eine Rede, in der er ein durch diese Feierlichkeit noch einmal aufflackerndes Interesse für die ihm längst lästig gewordene Theaterleitung kund gibt; und „bei merklicher Abnahme an Kräften, durch jugendlichen Muth und Thätigkeit im Bilde wieder hergestellt", spricht er die Hoffnung aus, „von dem Geschäft dereinst nicht ganz abzugehen". Nicht von einer Reform oder Veränderung sei die Rede, sondern das Vorhandene solle erhalten und das Bestehende frisch angeregt werden. Zunächst aber solle alle Aufmerksamkeit auf die „öffentliche Erscheinung unserer Bühne, in der wir, ohne unsere Schuld, zurückgekommen sind", gelenkt werden. Und in der That ist Goethe in der nächsten Zeit eifrig mit dem Theater beschäftigt.

Zum 1. Februar 1817, dem Geburtstag der Großfürstin, war, gegen Goethes Willen, Kotzebues „Schutzgeist" als Festftück angesetzt worden. Goethe bat abermals um Enthebung von den Theatergeschäften; seinem Wunsche wurde jedoch nicht entsprochen. „Ich habe", schreibt er am 23. Februar an Zelter, „die Sache wieder auf den Schultern, wie vor soviel Jahren, fange wieder an wie damals. Den „Mahomet" hab' ich schon wieder auf die Bühne gebracht, als Exercitium der ersten grammatikalischen Übungen. Die Sache steht wunderlich genug, für mich so günstig als möglich. Am eigentlich Artistischen, Technischen, Ökonomischen kann man sich keine Einrichtung besser wünschen, nur erregte zuletzt eine geistlose Behandlung allgemeinen Unwillen, daß endlich eine Explosion folgen mußte. Ich erwartete sie, um auch aus der Sache zu scheiden. Anstatt dessen fühlt' ich mich verpflichtet zur Erhaltung des morschen Gebäudes beizutragen. Dies wird mir möglich und leicht, weil mein Sohn mit zur Intendanz gesetzt worden, und ich eine unumschränkte Gewalt im Kunstfach ausübe, ohne durch Nebendinge gehudelt zu werden. In kurzer Zeit soll alles ein anderes Ansehn haben, und wenn ich bis Johanni fortfahre zu handeln wie diese drey Wochen, so kann ich in die weite Welt gehen und es soll dieser Anstalt besser geholfen sein als durch Solons Gesetze und Abschied den Athenienfern."

Goethe meint hiermit eine abermalige Neueinrichtung
der Regie, die mit lebhaftem Eifer von ihm in Angriff
genommen wurde. Es macht einen wehmüthigen, ja
tragischen Eindruck, Goethe noch kurz vor der Katastrophe
so eingehend mit den alltäglichen Sorgen ums Theater
beschäftigt zu sehen. In der neuen Instruction für die
Regie wird die Incumbenz derselben genau festgestellt:
der Regisseur habe die ihm von der Intendanz über=
reichten Stücke zu prüfen, und alles was ihm brauchbar
erscheine zu melden und einzureichen; er habe ein Votum
bei der Besetzung und sorge für Austheilung der Rollen.
In dieser Instruction ist ein Paragraph gestrichen und
ersetzt durch folgende von Goethe herrührende Fassung:

„Bei neuen und Hauptstücken wird die Intendanz
selbst Leseprobe halten und sich überzeugen daß der
Sinn der Rollen vollkommen gefaßt worden. Das
Gleiche gilt von Theater=Proben, da denn das Kom=
men und Gehen, Stellen, Bewegen, Gruppiren, theils
wie routinirte Schauspieler das Rechte leisten, ge=
nehmigt, theils in besonderen Fällen angegeben und
fortgesetzt wird. (sic!) Bei älteren Stücken bleibt es
bey dem Herkömmlichen, überhaupt aber wäre der Tanz=
meister nicht nur bey Tänzen, Aufzügen und Gefechten
zu Rathe zu ziehen, sondern auch bey Gruppirungen,
ja selbst Stellung, Gehen und Kommen würde mit
seinem Beirath geschehen, weil die Intendanz jedem
einzelnen Schauspieler ihre Wünsche bei öffentlicher
Erscheinung mittheilen kann, wohl aber im Ganzen
einem Manne dessen Metier es ist, in allem was man

Tragen des Körpers nennt andere zu unterrichten"
[bricht hier ab.]

Ein wahrscheinlich von Goethe selbst gestrichener Paragraph lautet:

„Alles was die Kunst angehet leitet S. Excellenz der Herr geheime Rath von Göthe; das Ganze aber die gesammte Intendanz."

Am 21. März 1817 war Goethe nach Jena gefahren, von wo er erst am 18. Mai nach Weimar zurückkehrte. Am 12. April fand die berüchtigte Vorstellung des Dramas „Der Hund des Aubry de Mont=Didier oder Der Wald bei Bondy" statt, worin ein Pudel die Hauptrolle spielte. Schon am nächsten Tage erhielt Goethe durch folgendes officielle Schreiben Carl Augusts den erbetenen Abschied:

„Sehr werther Herr Geheimerrath
und Staatsminister.

Die Mir zugekommenen Äußerungen haben Mich überzeugt, daß der Herr Geheimerath und Staatsminister von denen Geschäften der Hoftheater=Intendanz dispensirt zu werden wünscht, zugleich aber seine Einwirkung durch Rath und That der fortdauernden Hoftheater Intendanz in Hinsicht des artistischen Faches des Theaterwesens nicht versagen wird, wenn er, wie dieses häufig der Fall seyn könnte, darum begrüßt werden wird. Der Herr Geheimerath und Staatsminister empfängt hierbey meinen tiefgefühlten Dank für die vergangenen ausgezeichneten Dienste, die er bey Creirung, Erhaltung und Dirigirung der Theater=

Geschäfte und zwar in allen dahin einschlagenden Fächern geleistet hat, und hoffe, daß er die — bey dieser Veränderung ihm zuwachsende Muße auf die sehr wichtigen Geschäfte der Anstalten für Wissenschaft und Kunst mit demselben Eifer verwenden werde, wie er zeither sich bemüht hat, diese Aufträge mit besonderer Auszeichnung zu besorgen. Übrigens benachrichtige Ich den Herrn Geheimenrath und Staatsminister, daß Ich per Rescriptum die Hoftheater Intendanz von seinem Austritt aus selbiger benachrichtigt habe.

Weimar, den 13. April 1817.

Carl August Grh. z. S.

An
den Herrn wirklichen Geheimenrath
und Staatsminister v. Goethe."

Register.

Ackermann 8.
—, Charlotte 89.
Aeschylus 233. 290.
d'Alayrac 127 (Die beiden Sa=
voyarden). 187. 279 (Die Wil=
ben).
Ambrosch, Frl. 191.

Babo 40. 114 (Der Puls).
Beaumarchais 11.
Beck, Heinrich 19. 25. 61.
—, Frau 19. 61.
—, Mad. XXIV. 55.
Becker 66. 89f. 176. 191. 194.
270. 281. 291. 294. 296f. 301.
315. 318. 322f.
—, Frau (geb. Ambrosch) 294.
296. 298.
Beil 96.
Bellomo XII. 16—20. 23—29. 32.
34. 62: 86. 256.
Benda 108.
Bertuch 12.
Bethmann 177. 187.
Beuther 311.

Blümner 113. 180. 248. 253. 262.
264. 281. 289. 290f. 296. 319.
Böttiger 62. 87. 106f. 127. 234.
Boieldieu 187 (Johann v. Paris).
Bondini 132.
Bose, von 259.
Bossan 282. 288.
Bouilly 126.
Brentano 230ff.
Brizzi 254. 261—264.
Brühl, Graf 173.
Büchner XVIII.

Calderon 233. 242. 249—256.
306.
Castelli 326 (Der Hund des
Aubry).
Cherubini 173. 281 (Faniska).
Cimarosa 256.
Clausewitz 38.
Contessa 241.
Cordemann 155ff.
Cotta 245.
Cumberland 14. 114 (Der Jude).
175.

Dalberg, Herbert von 8. 18 f.
  60 f. 63. 113 (Die eheliche
  Probe).
Deny 202. 293.
Devrient, Eduard 1.
Diderot 11. 73.
Tirzka 293.
Tittersdorf 52 (Doctor u. Apotheker). 256.
Döbbelin, Carl Theophilus 10.
Domaratius 35 f. 42. 47.
Drese 9.
Türckheim, von 10.

Eckermann 151. 154. 162.
Ebling, Graf 20. 324.
Einer (eigentlich Krako) 23. 25. 35. 43.
Einsiedel, von 14. 227. 229. 256.
Ekhof 7 f. 11. 14. 19. 74 f. 97. 100.
Engel 73.
Engels, Dem. 201 f.
Eschenburg 18. 40. 147.

Falk 176 f. 312.
Fischer 35. 38—44. 47. 51. 53.
—, Frau 35. 47.
—, Ludwig F. 187.
Fleck 128. 236. 301.
Frankenberg, von xxvii. 272.
Frey 173 ff.
Fritsch, von 16.

Gatto 47. 279.
Gehler 292.

Geist xiii.
Genast, Anton xix. xxvii. 52. 63 f. 66. 188. 194. 264. 291—295. 315. 322.
—, Eduard 112. 188. 248.
Göchhausen, Louise von 12.
Goethe, August von 315. 324.
—, Christiane von 314 f.
—, Elisabeth 12. 119.
Goldoni 107.
Gotter 16. 89. 147.
Gozzi 14. 41. 224.
Graff xxvii. 79. 83 f. 183. 186. 191. 285. 293. 296 f.
Griesbach 273. 277 f.
Grimmer 162.
Großmann 119. 219.
Grüner xv. 160. 162.
Guglielmi 256.
Guntschmid, von 30 f.

Häsler, Dem. 265.
Hagemann 40. 51 (Ludwig der Springer).
Hagemeister 217 f. 219.
Haide 156. 186. 286. 301. 308.
Hauptmann 13. 15 f.
Hensel=Seyler, Friedrike 11.
Herder 20. 197. 235.
—, Caroline 235.
Himmel 296 (Fanchon).
Humboldt, Wilhelm v. 141. 143 f. 146 f. 163. 225. 237.

Jacobi, Heinrich 33.
Jagemann, Caroline 152 ff. 173.

[Jagemann.]
176. 187. 189. 191. 194. 205.
208. 203 f. 266 f. 286. 293.
297. 300. 312. 315. 318—323.
—, Christian Joseph 267.
Jerome, König von Westfalen
xxviii. 307.
Iffland xiv. xxiv. xxvii. 8. 19.
36. 43. 60—63. 71. 74. 76 f.
79 (Scheinverdienst). 83 f. 89.
92—99. 101—118. 120. 123 ff.
127 ff. 139. 166. 176 f. 203.
218 ff. 238 f. 257. 262 f. 270.
293. 296 f. 301.
Joseph II. 8.

Kauffmann, Angelica x.
Kayser 18.
Kirms xi. xiv f. xvi—xix. xxiii.
xxvii. 4. 20. 25. 26 ff. 30. 34.
38. 40 ff. 54 f. 61. 65 ff. 80.
82. 90 f. 102. 111. 118. 123 f.
136. 154 f. 158 f. 166. 172.
176. 178. 184. 190. 193 ff.
197. 199. 203. 204. 207. 212.
216 f. 238. 257 ff. 265 f. 270.
278. 287. 292—295. 301 ff.
305. 309 f. 318.
Klingemann xxv. 216.
Klinger 216.
Klopstock 223 f.
Knebel, von 12. 19. 20. 34. 45.
Koch 188.
—, Heinr. Gottfr. 10. 11.
Koffka 42.
Körner, Christ. Gottfr. 129. 230.

Kotzebue 114 (Der Wirrwarr).
126. 166. 218 ff. 230. 234.
295. 296 (Fanchon). 297. 325.
Kranz 29. 32. 34.
Kruse xi. 184. 241.

Laube 77.
Leisewitz, von 89 (Julius von
Tarent). 216.
Lessing xxiii f. 6 f. 11. 14. 18.
40. 52. 74 ff. 88. 126. 131.
133. 148. 164. 224. 228. 230.
Lobkowitz, Fürst 261.
Lorenz 9.
Lortzing, Albert 173.
—, Friedrich 173 ff. 212 f.
—, Frau (geb. Elsermann) 173.
Luck, von xi. 66 f. 156.

Maas 159. 178. 203 f.
Mahlmann 179 ff. 289. 292. 300.
Malcolmi 35. 47. 174. 179. 191.
294.
Maria Ludovica, Kaiserin von
Österreich 239.
Martini 63.
Mattstedt 47.
Mayer, Simon 263.
Mehul 296.
Mercier 113 (Der Essighändler).
Merck 17.
Meyer, F. L. W. 186.
—, Heinr. 105. 313.
Mieding 12 f.
Molière 11. 14. 230.
Molke 205.

Morhard 294. 312 f. 320 ff.
Mozart 71. 257 f. 264. 266 f.
Müller, Capellmeister 239.
—, Mad. 55.
—, Frau (Berlin) 187.
Müllner 290.
Musäus 10. 12.

Napoleon XV. 241.
Neumann, Christiane 35. 44 f. 86—92. 152 f.
—, Joh. Christian 23 f. 86.
Neumark 9.
Niemeyer 229.

Oels 202. 293.
Opitz 283. 297.
Osborne 287.

Paer 187. 254. 261. 266. 293. 312.
Paisiello 256.
Pauly 177. 203.
Plautus 229.

Racine 146. 224. 226.
Racknitz, von 29.
Rebenstein 117. 187.
Reichardt 21 f. 37.
Reinecke 282.
Reinhard 248. 313.
Riemer 245. 313 f.
Reinhold 190—194.
—, Frau 190—194.
Rietschel 2.
Rochlitz 230. 284. 289. 291 f. 295. 298. 300.

Röpke 201.
—, Frau 201 f.
Rousseau 107.

Sachs, Hans 14.
Sachsen, Friedrich August III., Kurfürst von 29.
Sachsen-Gotha, Ernst II., Herzog von 113.
Sachsen-Weimar, Anna Amalia 9—12. 14. 17. 19 f. 86.
Sachsen-Weimar-Eisenach, Carl August, Herzog von X. XII. XV. XVII f. XXI f. XVIII. 12. 15. 17. 20 ff. 24. 29. 30. 34. 40. 58 f. 67. 82 f. 84. 91. 120 f. 154 f. 181—184. 205—208. 210 ff. 225. 239. 258. 260. 264. 266. 272. 305. 307. 313 f. 316 ff. 320 f. 324—327.
—, Carl Friedrich, Erbprinz von 265.
—, Constantin, Herzog von 12.
—, Ernst August, Herzog von 9.
—, Ernst August Constantin, Herzog von 9.
—, Luise, Herzogin von 242. 266. 281. 318. 321.
—, Maria Paulowna, Erbprinzessin von 188. 264. 321. 325.
Salieri 52 f. (Das Kästchen mit der Chiffre).
Sariges, von 181.
Sartorius 127. 254.
Savigny 232.
Schall 66. 91. 95. 103. 257.

Schelling 235. 251.
Schlegel, A. W. 108. 129. 134. 147. 228. 231 ff. 235 f. 250 ff. 254 f. 306.
—, Caroline 235.
—, Friedrich 88. 232 f. 235 f. 255.
Schleiermacher 306.
Schlömilch XVIII.
Schmiedecke XVIII f.
Schmidt, Fr. Ludw. 78.
Schöll 89.
Schröder 8. 18. 35 ff. 40 f. 47. 52 (Das Porträt der Mutter). 53. 74. 76. 78. 92. 100. 109. 116. 128. 132. 135—139. 164. 186. 190. 219. 243. 282.
Schröter, Corona 12. 14. 86.
Schuch 10.
Schweitzer 11.
Seckendorf, von 14.
Seconda 25 f. 29. 32. 34. 210. 283. 288. 295. 297 f.
Seyffarth 50.
Seyler, Abel 11.
Shakespeare 18. 40 ff. 88 f. 112 ff. 116. 134. 147. 162. 171. 179. 180. 223 f. 242—249. 251. 256. 262. 280. 290. 306.
Sophokles 289.
Stein, Charlotte von 14.
Stephanie der jüngere 42.
Stieglitz 180.
Strobe 294.
Stromeyer 187 f. 199. 205—

[Stromeyer.] 211. 263. 265 f. 293. 300. 315. 322 ff.

Talma 145.
Terenz 227 ff. 286. 297.
Thouret 68.
Tieck, Ludwig 70. 77. 107. 230. 243. 251.
Tilly, Frl. 91.

Unzelmann, Carl 157 ff. 162. 187. 194. 200. 205. 265 f.
—, Frau (geb. Petersilie) 200.
Unzelmann-Bethmann, Friederike 119—129. 157 f. 178. 187. 236. 270 ff. 279.

Vogel 114 (Der Amerikaner). 115.
Voß XIX. XXII f. XXVI. 46 f. 50. 53 f. 63—66. 80. 83. 91. 257.
—, Frau (geb. Porth) 66. 83.
Voigt XXVII. 184. 269. 281. 313. 316.
Voltaire 147 f. 154. 171. 225. 227. 241 f. 325.
Vulpius 40. 91. 136. 256. 280.

Wall 159 (Die beiden Billets, Der Stammbaum).
Weber, Anselm 238.
—, Carl Maria von 275.
Weiße 296.
Weißenthurn 281 (Die Erben).
Werner XVIII.

Werner, Zacharias 117 (Der
24. Februar).
Weyrauch 279.
Wieland 11. 17. 89.
Willms xxiii. 50 f.
Witzel 201.
Wöllwarth, Frl. von 12.
Wolff, Ernst Wilh. 10.
—, P. A. xxi. 87. 113. 160 ff.
166. 178 ff. 185 ff. 189. 199.
248 f. 253. 262 ff. 291. 293.
303—306. 319 f.

Wolff, Amalie (geb. Malcolmi)
87. 179 f. 185. 187 ff. 199. 249.
292 f. 297. 299. 303—306.
320.
Wolzogen, Caroline von 150.
245.

Zech, Graf von 81.
Zelter 111.
Ziegler 53. 132. 219.
Zschokke 52 (Abällino).
Zünkel 91.

Inhalt.

                                                        Seite

Zur Einführung: Urkunden aus den Zeiten der Theaterdirektion Goethes. Vortrag, gehalten in der Generalversammlung der Goethe-Gesellschaft am 8. Mai 1891 von Bernhard Suphan VII

Nachwort, 22. März 1892. B. Suphan XXX

Einleitung 1
I. Begründung und erste Entwicklung des Hoftheaters . 6
II. Schauspielkunst und Schauspieler 70
    Disciplin 95
III. Das Repertoire 215
    Oper 256
IV. Auswärtige Gastspiele 269
V. Conflict und Ausgang 312

Register 329

www.ingramcontent.com/pod-product-compliance
Lightning Source LLC
Chambersburg PA
CBHW020315240426
43673CB00039B/818